ullstein

Das Buch

Die Juden seien Feinde der Muslime, Frauen sollten nicht aufreizend sprechen und Ungläubige verdienten es, gequält zu werden – diese und weitere problematische Botschaften vermitteln Schulbücher, die der Fernsehjournalist Constantin Schreiber untersucht hat. Seine Frage: Was wird der jungen muslimischen Generation in den Schulen beigebracht? Und welche Auswirkungen kann das haben? Dutzende Unterrichtswerke aus islamischen Ländern hat sich Schreiber angesehen. Fünf Bücher aus Afghanistan, Ägypten, dem Iran, Palästina und der Türkei stellt er detailliert vor.

Weite Abschnitte aus den untersuchten Büchern werden übersetzt wiedergegeben, damit sich jeder Leser ein eigenes Bild machen kann. Wie solche Lehrinhalte auf Kinder wirken können, erläutern Expertinnen und Experten aus dem deutschen Bildungswesen. Auch ging Schreiber der Finanzierung und Entstehung der Bücher nach – und kam zu teils beunruhigenden Ergebnissen. Der Autor von »Inside Islam« leistet einen weiteren unverzichtbaren Beitrag dazu, muslimische Gesellschaften besser zu verstehen.

Der Autor

Constantin Schreiber (*1979) moderiert die Tagesschau. Er spricht fließend Arabisch. Einen Namen gemacht hat er sich als Moderator von arabischen TV-Sendungen, zum Beispiel in Ägypten. Für die deutsch-arabische Talkshow *Marhaba – Ankommen in Deutschland,* in der er Flüchtlingen das Leben in unserem Land erklärt, wurde er 2016 mit dem Grimme-Preis ausgezeichnet. Schreiber arbeitete nach einem Jura-Studium mehrere Jahre als Reporter in Beirut und Dubai, volontierte bei der Deutschen Welle und war drei Jahre als Medienreferent im Auswärtigen Amt tätig. Seit 2012 war er Moderator und Chef vom Dienst bei n-tv und wechselte 2017 zur ARD.

Constantin Schreiber

Kinder des Koran

Was muslimische Schüler lernen

Ullstein

Besuchen Sie uns im Internet:
www.ullstein.de

MIX
Papier | Fördert gute Waldnutzung
FSC® C021394

PRODUZIERT MIT VERANTWORTUNG

Ungekürzte Ausgabe im Ullstein Taschenbuch
1. Auflage August 2020
3. Auflage 2026

Bei Fragen zur Produktsicherheit wenden Sie sich bitte an
produktsicherheit@ullstein.de
Umschlaggestaltung: zero-media.net, München,
nach einer Vorlage von FHCM ® Designagentur, Berlin
Autorenfoto: © Hans Scherhaufer
Satz: Pinkuin Satz und Datentechnik, Berlin
Gesetzt aus der Aldus nova Pro und der Myriad Pro
Druck und Bindearbeiten: ScandBook, Litauen
ISBN 978-3-548-06247-1

Inhaltsverzeichnis

Einführung

»Schulbücher spiegeln den Stand einer Gesellschaft, auf dem sie sich aktuell befindet«, sagt die Vorsitzende des Deutschen Philologenverbandes, Susanne Lin-Klitzing. Wer also wissen will, wo sich muslimische Gesellschaften in Sachen Freiheiten, Grundhaltungen und Werten heute befinden, der sollte sich ansehen, was der jungen Generation dort beigebracht wird. Genau das habe ich mir mit diesem Buch vorgenommen.

Es hat eine Weile gedauert, bis ich aus acht verschiedenen Ländern eine breite Auswahl von Schulbüchern zusammengetragen hatte, insgesamt weit mehr als 100 Bücher aus dem Irak, Jordanien, Libanon, Palästina, Ägypten, dem Iran, der Türkei und Afghanistan. Bücher aus fünf dieser Länder habe ich schließlich ausgewählt. Sie erlauben einen Blick in eine andere Welt, oder besser: Sie zeigen einen anderen Blick auf die Welt. Dabei geht es mir nicht darum, gezielt nach Negativem, beispielsweise nach Antisemitismus zu suchen und diesen zu brandmarken. Es geht mir darum, einen Querschnitt dessen zu zeigen, was Schüler in diesen Ländern lernen. Und ja, einige der Inhalte, die ich gefunden habe, sind aus westlicher Sicht unerfreulich bis erschreckend und haben – wie mir deutsche Bildungsexperten bestätigten – nach unseren Maßstäben nichts in einem Schulbuch verloren.

Ein Beispiel: In einem ägyptischen Schulbuch zum Fach Haushaltskunde wird Stylingunterricht »für dicke und dünne Mädchen« gegeben. Dicke Mädchen – so steht es dort – sollten »keine engen Kleidungsstücke« und »keine breiten Gürtel tragen«. Der Glaube, dass sie das dünner aussehen ließe, sei ein »Irrglaube«. Breite Gürtel würden vielmehr »die Nachteile ihrer Körper hervorheben«. Dicke Mädchen sollten stattdessen »dunkle Farben« tragen. Dazu lächeln Models wie Claudia Schiffer in eng taillierten Kostümen den Schülerinnen von der Schulbuchseite entgegen. Dahinter steht natürlich der Gedanke, die Mädchen möglichst attraktiv für künftige Ehemänner zu machen. Denn der Platz der Frau ist das Heim, vermittelt das Lehrbuch.

Wer aus einem Land, in dem diese Denkweisen gelehrt werden, zu uns kommt, erlebt einen Kulturschock. Selbstverständlich kleiden sich in Europa Frauen so, wie sie es wollen – unabhängig von ihrer körperlichen Beschaffenheit. Selbstverständlich ist Jude kein Schimpfwort und das Existenzrecht Israels nicht verhandelbar. Selbstverständlich kann in Deutschland jeder seine Religion leben – oder sogar ohne leben. Selbstverständlich? Ja, für uns. Doch an Schulen im Iran, in Afghanistan oder Gaza sieht es anders aus.

Mir ist wichtig zu betonen: Es ist nicht alles schlecht, was ich zu lesen bekam. Die Naturwissenschaften hatten häufig ein gutes Niveau, soweit ich das beurteilen konnte. An Schulen in Ägypten wird sehr früh Philosophie gelehrt. Schüler in der sechsten Klasse müssen sich mit Texten von Sokrates oder Aristoteles auseinandersetzen. Das hat mir durchaus imponiert. Aber es fällt auf: Wissensvermittlung ist häufig nur mit ideologischem oder religiösem Unterbau möglich, etwa wenn sich in einem iranischen Mathematikbuch eine Abbildung befindet, auf der mathematische Formeln und daneben Militärraketen zu sehen sind. Die Botschaft: Wenn du gut in Mathe bist, kannst auch du eines Tages Raketen bauen.

Nun könnte man meinen, dies alles sei weit weg, Schulen in Ägypten, dem Iran und Afghanistan. Aber möglicherweise ist der Schaden, den schlechte Bildung in muslimischen Ländern anrichtet, auch bei uns spürbar. Außerdem erscheinen die Inhalte der Schulbücher als ein Symptom dafür, dass sich Gräben zwischen dem Westen und der islamischen Welt nicht schließen, sondern vergrößern. Denn wir werden in den Büchern häufig als Gegner dargestellt, als Kolonialisten, Imperialisten, Judenfreunde, Ungläubige und vieles mehr. »Unsere Feinde sind all diejenigen, die nicht Muslime sind«, lautet sinngemäß die Botschaft eines palästinensischen Schulbuchs.

Die arabischen Bücher konnte ich selbst durchsehen, da ich die Sprache verstehe. Trotzdem wurden alle Übersetzungen, die hier wiedergegeben werden, von einem zertifizierten Übersetzer angefertigt. Bei Türkisch, Persisch und Dari konnte ich mir zunächst keinen ersten Eindruck verschaffen, da ich diese Sprachen nicht beherrsche. Ich konnte aber auch nicht alle Bücher aus diesen Ländern komplett übersetzen lassen. Das hätte jeglichen Rahmen gesprengt. Also habe ich drei junge Kollegen, die aus den jeweiligen Ländern nach Deutschland gekommen sind, gefragt, ob sie sich die Bücher anschauen und mich auf Interessantes, Auffälliges und Berichtenswertes hinweisen könnten.

Als wir zusammensaßen und ich fragte, was ihnen aufgefallen sei, zuckten alle drei mit den Schultern und sagten: »Nichts Besonderes. Die Schulbücher sind eigentlich ganz normal.« Ich nahm ein Buch und blätterte es durch. In dem Schulbuch aus dem Iran tauchte gleich im ersten Kapitel eine Abbildung auf. Sie zeigt, wie amerikanische Soldaten auf Leichenbergen von Müttern, Kindern und Greisen eine Stars-and-Stripes-Fahne hissen. »Und das ist ganz normal?« Die Antwort: »Ja, das ist normal in unseren Schulbüchern.« Dies mag ein extremes Beispiel sein, doch befanden sich mehr oder weniger heftige antiwestliche Tendenzen in der großen Mehrzahl der von mir ausgewerteten Schulbücher.

Das ließ mich verwundert zurück. Junge Muslime mit ausländischen Wurzeln, die ich als absolut modern und reflektiert kennengelernt habe, die zudem noch in deutschen Medienunternehmen arbeiten, sagen, es sei »normal«, wenn in »unseren Schulbüchern« extreme Gewaltdarstellungen auftauchen, die die Unterdrückung von Muslimen abbilden sollen. Oder wenn offen die Rechte von Minderheiten und Frauen in Abrede gestellt werden. Das hat mich lange beschäftigt, sodass ich mich frage: Was bleibt von einer solchen Schulzeit hängen und wie sehr prägt das?

Ich bin kein Pädagoge. Daher habe ich die Einschätzung von Experten in Anspruch genommen, zum Beispiel von Susanne Lin-Klitzing. Sie ist die Vorsitzende des Deutschen Philologenverbandes, Erziehungswissenschaftlerin und Professorin an der Universität Marburg. Ihre grundlegende Einschätzung: »Bildung hat immer auch übergeordnete Aufgaben wie Friedenserziehung, Menschenrechtsbildung, Rechtserziehung. Gleichzeitig wird bei uns strikt darauf geachtet, dass in Schulbüchern kein geschlechts-, behinderten-, religions- oder rassendiskriminierendes Verständnis gefördert wird. Das war in den Schulbüchern, die ich aus muslimischen Ländern hier vorliegen habe, anders.« Dieses Resümee zieht Lin-Klitzing, nachdem sie die übersetzten Schulbücher studiert und analysiert hat. Für einzelne Bücher habe ich außerdem andere Forscher und Experten zurate gezogen.

Mir ist bewusst, wie sensibel das Treffen einer Auswahl ist. Zuerst dachte ich daran, aus den insgesamt mehr als hundert Schulbüchern, die ich besorgt habe, die prägnantesten, überraschendsten, bedenklichsten Ausschnitte zu zeigen und zu übersetzen. Das hätte den Vorteil gehabt, dass ich viel mehr Details aus einer wesentlich größeren Anzahl an Büchern hätte referieren können. Ich habe mich dagegen entschieden. Unter anderem hätte ich sonst mit dem Vorwurf rechnen müssen, ich würde die krassesten Aussagen aus dem Kontext reißen und moderatere Stellen ausblenden. Stattdessen habe ich exemplarisch mehrere Schulbücher annähernd in Gänze übersetzen lassen. Annähernd heißt behutsam gekürzt, zum Beispiel wurden immer wiederkehrende Aufgaben oder Inhaltsverzeichnisse ausgelassen. Es entsteht ein authentischer Blick darauf, wie Fakten, Ideologie und Religion miteinander verwoben werden. Und jeder Leser kann sich einen eigenen Eindruck davon verschaffen, was manche junge Menschen in muslimischen Ländern an Lehrstoff vorgesetzt bekommen.

Im ersten Teil eines jeden Kapitels schaue ich auf die Inhalte, die in muslimischen Ländern verbreitet werden. Im zweiten Teil schaue ich auf die Auswirkungen bei uns, die insbesondere wegen der Migration aus muslimischen Ländern spürbar werden, an Schulen zum Beispiel. Lehrer stehen immer häufiger vor Klassen mit einem hohen Anteil muslimischer Schüler. Sie sollen vermitteln, was Generationen muslimischer Zuwanderer häufig nicht kennengelernt haben: Bildung, die bildet und Chancen schafft und die nicht ideologisieren will.

Aber es geht auch darum, ob Deutschland seine Zusammenarbeit mit muslimischen Staaten nicht an klare Reformen in den Bildungssystemen dieser Länder knüpfen sollte. Bisher läuft es so, dass das Geld fließt, unabhängig davon, welche Inhalte letztlich damit verbreitet werden. Und so kommt es, dass ein Teil der frauenfeindlichen, rassistischen und antisemitischen Ausfälle in Schulbüchern von deutschen Steuergeldern mitfinanziert werden, im Namen der Entwicklungshilfe. Das muss aufhören.

Kinder des Koran schließlich heißt das Buch, weil in allen Büchern ein muslimisches Weltverständnis in mehr oder weniger ausgeprägter Form eine Rolle spielte. Ich habe viele Jahre im Nahen Osten gelebt, bin bis heute zahlreichen Freunden in arabischen Ländern verbunden und berichte regelmäßig als Korrespondent für die ARD aus der Region. Ich bin der Überzeugung, die jungen Menschen in der muslimischen Welt haben etwas Besseres verdient als das, worauf ich bei der Recherche für dieses Buch gestoßen bin. Ihnen sollte die Möglichkeit zustehen, sich entsprechend ihren Fähigkeiten zu bilden.

Kinder Afghanistans

Es ist eines der gefährlichsten Länder der Welt. Kein Tag vergeht, an dem nicht Menschen in Afghanistan als Opfer von Konflikt und Terror sterben. Allein in der ersten Jahreshälfte 2018 wurden, unter anderem durch Drohnenangriffe und Selbstmordanschläge, laut den Vereinten Nationen 1692 Zivilisten getötet, 3430 verletzt. Die radikalislamischen Taliban sind nach wie vor aktiv. In den Provinzen, in denen sie herrschen, organisieren sie den Alltag der Menschen nach ihrem steinzeitlichen Weltbild. Westliche Bildung sehen die Islamisten als Bedrohung an. Knapp vier Millionen Kinder können wegen der andauernden Gewalt im Land keine Schule besuchen, schätzen die Vereinten Nationen. Im Sommer 2018 schlossen im Osten Afghanistans rund hundert Schulen, weil die Lehrer von Taliban bedroht wurden. Und dort, wo es Schulen gibt, sind diese in katastrophalem Zustand, nicht nur, was die Gebäude, sondern auch, was den Unterricht angeht. 41 Prozent der Schulen befinden sich nicht einmal in festen Häusern,[1] die Kinder werden in Zelten, Wohnungen oder unter freiem Himmel unterrichtet. 2,5 Millionen afghanische Schulkinder müssen mehr als 2,5 Kilometer Schulweg zurücklegen. Nur 43 Prozent der Lehrer sind für ihren Job qualifiziert. Die meisten von ihnen arbeiten in den städtischen Zentren, auf dem Land unterrichten in der Regel unzureichend ausgebildete Lehrer. Afghanistan weist mit 69 Prozent eine der höchsten Analphabetenraten der Welt auf.[2] Unter den afghanischen Mädchen und Frauen liegt die Rate noch weitaus höher – 83 Prozent von ihnen können weder lesen noch schreiben.

Die Religion des Islams ist die letzte Mission und die Ordnung Allahs des Allmächtigen für die Menschheit. (…) Der Aufruf zu Allah ist eine religiöse Pflicht. (…) Jeder Muslim, sowohl männlich als auch weiblich, ist verpflichtet, soweit seine Fähigkeit und sein Wissen es ihm erlauben, alles dafür zu tun, die Religion des Islams an andere weiterzugeben.

Ich halte ein afghanisches Religionsbuch in den Händen. Es trägt den Titel Auslegung des Heiligen Koran und erschien 2011. Die Seiten sind hauchdünn, verschlissen. Die Bindung aus zwei Heftklammern hält kaum noch. Nur der Umschlag ist farbig gestaltet. Darauf zu sehen sind ein Koran und eine Weltkugel. Die Kugel ist so dargestellt, dass der Nordpol im Mittelpunkt steht. Das heißt, die gesamte Südhalbkugel ist nicht zu sehen, sondern vor allem Nordamerika und Russland. Und aus irgendeinem Grund ist Grönland farblich hervorgehoben. Es ist leuchtend gelb dargestellt, im Gegensatz zu dem Braun, in dem die anderen Länder gekennzeichnet sind. Mein erster Gedanke: Was hat der Koran mit Grönland zu tun? Und warum schwebt der Koran vor allem über Ländern, die überhaupt nicht muslimisch geprägt sind? Er hätte ja auch dort dargestellt werden können, wo sich der Nahe Osten oder Afghanistan befinden. Er fließt aber grafisch in die USA und Kanada. Es könnte einfach eine Unbedachtheit sein, was ich für nicht unwahrscheinlich halte, weil das ganze Buch in seiner Aufmachung nicht besonders hochwertig oder professionell wirkt. Der Herausgeber ist auf dem Cover festgehalten: »Bildungsministerium der Islamischen Republik Afghanistan«.

Aus Afghanistan hatte ich mir Schulbücher aller Fächer einer zehnten Klasse besorgt. Das erste Paket wurde von den Taliban abgefangen und kam nie an. Weitere Pakete waren wochenlang unterwegs. Ein vereidigter Übersetzer übertrug die Inhalte schließlich von Dari, einer der beiden Amtssprachen, ins Deutsche. Das Religionsbuch, das ich ausgewählt habe, behandelt in jedem Kapitel einige Koranverse, übersetzt sie aus dem Arabischen und bespricht dann einige Aspekte des Textes. Mein Problem: Die Besprechungen helfen kaum, die Bedeutung der Zitate zu verstehen.

Gleich im ersten Kapitel, das den Titel »Der Mensch ist nicht umsonst erschaffen« trägt, fällt mir auf, dass der muslimische Gott als zorniger Gott dargestellt wird. Er fordert »Rechenschaft«, er »straft«. »Wer einen anderen Gott außer Allah anruft – für den er keinen Beweis hat, der wird seinem Herrn Rechenschaft ablegen«, heißt es da. Diese Drohungen ziehen sich als roter Faden durch das gesamte Buch. Sicher, es gibt auch christliche Gruppierungen, die ihre Anhängerschaft damit an sich binden wollen, dass sie mit göttlichen Strafen drohen. Aber nach unserem allgemeinen Verständnis ist Gott doch eher gütig, er vergibt und liebt die Menschen. Ist der muslimische Gott also per se zornig?

Ein eigenes Kapitel widmet das Schulbuch der Missionierung, der so genannten Da´aa. Im Kapitel »Einladung zu Allah« heißt es: »Und wer ist besser in der Rede als jemand, der zu Allah ruft und Gutes tut und sagt: ‚Ich bin von denen, die dem Allah gehorsam und unterwürfig sind'? Gut und Böse sind nicht gleich. Wehre das Böse mit Gutem ab, sodass die Person, die mit dir in Feindschaft war, wie dein bester Freund wird.« Ich weiß, dass es im Islam die Vorstellung gibt, Muslime müssten missionieren. Aber, dass sich dies so explizit in einem Schulbuch widerspiegelt, finde ich bedenklich.

Eine weitere Lektion des Lehrbuchs irritiert mich besonders. Es geht um die Sure Al-Baqarah, Verse 42–46, um das Thema Wahrheit und Falschheit – und um offenen Antisemitismus. Denn in der Auslegung der Verse steht: »Insbesondere die Juden, die vom Recht gewusst hatten, änderten aber aufgrund von Vorurteilen und Rache das Recht, um die Menschen vom rechten Weg abzuhalten, indem sie, die Juden, das Recht verdeckten und es mit Nichtigem vermischten, wohlwissend, dass die Wahrheit jenes ist, was Mohammed, der Prophet des Islam (Friede sei mit ihm), gebracht hat.« Juden werden also als falsch dargestellt, als Gefahr. Ich weiß, dass im Islam die Ansicht vertreten wird, Juden und Christen hätten die Offenbarung verfälscht und nur der Islam entspreche der wahren Offenbarung. Diese Passage geht aber darüber hinaus, weil den Juden unterstellt wird, dass sie willentlich Muslime in die Irre führen wollten. Außerdem werden die Juden später im Text gemahnt, »ihr Buch« richtig zu verwenden, damit auch sie in der Lage seien, daraus Nutzen zu ziehen.

In dem Religionsbuch finden sich auch Bezüge zum weltlichen Leben, zum Staat und zur Gesellschaft. Im hinteren Teil des Buches, im Kapitel »Vertrauen und seine Bedeutung im Islam«, fällt mir eine Passage auf: »Dazu befiehlt Allah der Allmächtige den Gläubigen, ihren Befehlshabern und ihren muslimischen Herrschern zu gehorchen und zu folgen. (…) Wenn aber der Befehl und das Urteil der Befehlshaber und der Herrscher gegen das Gesetz Gottes sind, ist es niemandem gestattet, ihnen zu gehorchen oder zu folgen.« Eine Trennung zwischen Staat und Religion ist nicht vorgesehen, anders kann ich diese Passage nicht verstehen. Muslimischen Anführern sei zu gehorchen, so lange ihre Befehle im Einklang mit dem Islam stehen. Muslime haben also nichtmuslimischen Anführern ohnehin nicht zu folgen. In letzter Instanz sind religiöse Gebote bindend, nicht weltliche Gesetze. Diese Aussage entspricht dem allgemeinen islamischen Verständnis, dass Gottes Wort, wie es im Koran steht, das oberste Gesetz sei.

Weiter fällt mir auf, dass es in den Texten immer wieder um die Erhabenheit der Muslime gegenüber den »Ungläubigen« geht. In der neunten Lektion heißt es beispielsweise: »Die Aufrufer zu Gott (Muslime) sind das beste Volk.« Außerdem wird sehr viel mit Angst gearbeitet. Es gibt Regeln und Weisungen. Das Buch teilt die Welt in Gut und Schlecht, und gut seien die Muslime und schlecht die anderen.

Insgesamt frage ich mich, wie ein solches Schulbuch überhaupt im Unterricht eingesetzt werden kann. Von der Art und Weise der Gestaltung ist es darauf angelegt, dass ein Lehrer oder ein Schüler das Buch vorliest und die anderen zuhören und es verinnerlichen sollen. Transferaufgaben, Diskussionen, Einordnungen, die mir die Bedeutung der religiösen Texte für das Leben hier und heute erklären, finden de facto nicht statt. Sicher, die Inhalte sind antiquiert, zum Teil ohne Vorwissen schwer verständlich – etwas wenn historische Personen auf einmal ohne nähere Erläuterung erwähnt werden. Wenn ein Schüler diesen Texten nicht nur einmal, sondern immer und immer wieder ausgesetzt wird, dann muss man schon sehr gefestigt sein und auch gut informiert über Quellen außerhalb der Schule, damit nicht irgendetwas von den kruden religiösen Inhalten hängenbleibt. Bevor ich auf einzelne Aspekte des Schulbuchs detaillierter eingehe, hier die wortgetreue Übersetzung dessen, was diese afghanischen Schüler über Religion lernen …«

Religionsbuch aus Afghanistan, 10. Klasse

Auslegung des Heiligen Koran

Der Mensch ist nicht umsonst erschaffen

Sure Al-Mo'minun, Verse 115–118:

»Glaubt ihr wohl, dass wir euch nur zum Scherz erschaffen hätten? Und dass ihr nicht zu uns zurückgebracht werdet? Ja, Gott ist hoch erhaben, der wahrhaftige König. Es gibt keinen Gott außer ihm, dem Herrn des edlen Thrones. Wer außer Gott noch eine andere Gottheit anruft, für die er keinen Beweis beibringen kann, für den gibt es die Abrechnung bei seinem Herrn. Siehe, den Ungläubigen wird es nicht wohlergehen. Sprich: ›Mein Herr, vergib, und erbarme Dich! Du bist der beste Erbarmer!‹«[3]

Auslegung: Allah der Allmächtige sagt zu den Ungläubigen: Denkt ihr, dass wir euch falsch und sinnlos erschaffen haben? Nein, das ist nicht der Fall. Wir haben euch jedoch erschaffen, um Gottes Gebote zu verfeinern, zu lehren und zu befolgen. Und habt ihr vermutet, dass ihr nach dem Tod nicht wieder zur Rechenschaft und zur Strafe herangezogen werdet?

Gott der Allmächtige ist rein und herrlich, der in Weisheit etwas erschafft. Er ist der einzige Gott und es gibt keinen anderen Gott außer Ihm. Es gibt keinen Schöpfer außer Ihm und er ist der Herr des edlen Thrones.

In diesem heiligen Vers ist der Thron als edelmütig beschrieben, weil dieses Attribut vom Attribut des Herrn »Edelmütigster der Edelmütigen« abgeleitet ist. Dann sagte der Allmächtige Gott mit Drohung und Tadel zu denjenigen, die ihn als Sohn oder als Partner und Gefährten beschrieben hatten: »Wer außer Gott noch eine andere Gottheit anruft, für die er keinen Beweis beibringen kann, für den gibt es die Abrechnung bei seinem Herrn.«

Es ist eine große Anmaßung, wenn manche neben Allah ein anderes Pendant anbeten, andere Elemente mit Gott zusammen anbeten, obwohl sie keinen Grund dafür haben. Wahrlich wird Gott sie schwer bestrafen. Solche Menschen werden nie Erfolg haben, sondern sie werden in die Hölle gehen, wo sie Leid und Qual erleiden werden.

Verderben der Ungläubigen und Erlösung der Gläubigen

Die erwähnten Verse, die das Ende der »Al-Mo'minun«-Sure bilden, enden damit, die Erfolglosigkeit und die Unerreichbarkeit der Erlösung für die Ungläubigen zu betonen.

Im Gegenzug werden der Erfolg der Gläubigen und deren Erlösung zugesichert, die auch am Anfang dieser Sure hervorgehoben wurden, sodass der offensichtliche Unterschied zwischen den beiden Gruppen festgestellt und offenbar wird.

Auf diese Weise lehrt der Allmächtige Gott seine lieben Propheten und seine Gemeinde (Ummah), sich um Vergebung und Gnade nur an ihn zu wenden, denn Gott ist der Allerbarmherzigste und Allergnädigste.

Die Gelehrten Bukhari, Muslim, Tarmezi und Ibn Habban haben von Abu Bakr (Friede sei mit ihm) erzählt, dass er zum großen Propheten Mohammed sagte: »Oh Gesandter Gottes, lehre mich ein Gebet, das ich in meine Gebete einbringe.« Der Prophet (Friede sei mit ihm) wies ihn an, er solle sagen: »Oh Herr, ich habe meine Seele sehr unterdrückt. Wahrlich, niemand vergibt Sünden außer Dir, so lass mich also von Dir lernen. Sei mir gnädig, denn Du bist der gnädigste Erbarmer.«

Der Heilige Koran heilt

Die Kommentatoren des Korans haben gesagt, dass die letzten zwei Verse dieser Sure heilende Verse sind. Ibn Abi Hatam hat von Abdullah ibn Mas'ud berichtet, dass Abdullah ibn Mas'ud an einem kranken Mann vorüberging. Er flüsterte den Vers »denke jedoch nicht, wir haben euch umsonst erschaffen« bis zum Ende der Sure dem Kranken in sein Ohr, so wurde der Kranke geheilt. Ich (Abdullah ibn Mas'ud) habe dieses Ereignis dem Propheten Gottes (Friede sei mit ihm) erzählt. Der Prophet (Friede sei mit ihm) sagte zu Abdullah ibn Mas'ud: »Was hast du ins Ohr dieser Person geflüstert?« Er erzählte die Geschichte dem Propheten Gottes. Der Prophet (Friede sei mit ihm) sagte: »Ich schwöre beim Herrn, in dessen Macht meine Seele steht: Wenn eine Person mit Überzeugung diese Verse auf einem Berg skandiert, wird der Berg zerstört werden!«

Was hier maßgebend und wichtig ist, sind der Glaube und die Gewissheit des Rezitators sowie die Begabung und die Fähigkeit des kranken Menschen zu glauben, dass er mit dem Koran behandelt und geheilt wird.

Einige **Vorteile und Erkenntnisse** aus den obigen Versen sind:

- Allah der Allmächtige hat die Menschheit nicht ohne Zweck und Weisheit erschaffen, sondern er hat die Menschen für die Erfüllung einer großen und besonderen Verantwortung erschaffen. Dies ist der Wille zu Anbetung und Leben unter der islamischen Ordnung und dem islamischen Recht. Allah der Allmächtige sagt hierzu: »Ich habe die Geister (Dschinn) und die Menschen nur für meine Anbetung erschaffen.« Hier sollte angemerkt werden, dass laut der Definition der Kommentatoren jedes Versprechen oder jede Tat, die Gott liebt und mit der er zufrieden ist, ein Gottesdienst ist. Daher kann man sagen, dass es eine Vielzahl von Anbetungen gibt. Sie umfasst alle guten Taten. Sie beschränkt sich nicht nur auf die berühmten »islamischen Säulen« und die bekannten Riten wie Gebet, Fasten, Pilgerfahrt und die Armensteuer (Zakat).

Für einen Muslim ist es unerlässlich, sein ganzes Leben in allen Aspekten und Bereichen, ob klein oder groß, in der Verehrung Allahs des Allmächtigen zu verbringen. Das heißt: seiner Ordnung und seinem Gesetz zu folgen und zu gehorchen, und der Mensch soll sein Leben und seinen Tod Gott widmen. Dasselbe wird in einem anderen Vers des Heiligen Korans sehr beredt und deutlich gesagt: »Sprich, oh Mohammed, zweifellos sind mein Gebet, das Opfer, das Leben und der Tod dem Allah, dem Herrn des Universums, gewidmet.«

Imam Termezi sagte: »Der Allmächtige Gott schuf die Geschöpfe als seine Knechte, damit sie ihn anbeten. Er belohnt sie nach ihrer Anbetung oder er bestraft jene, die die Anbetung verweigern. Wenn also Menschen Gott anbeten, werden sie als freie und würdige Knechte aus der weltlichen Knechtschaft befreit und sie werden im Jenseits Könige sein. Aber wenn sie seine Anbetung verweigern, werden sie Abtrünnige und hässliche Knechte sein und am Tag der Auferstehung werden sie als Feinde über den Flammen aufgehängt sein.«

- Ohne Zweifel wäre es eine Unwissenheit, Beschränktheit und Ignoranz der Menschen, wenn sie als Materialisten glaubten, dass es nur diese Welt gibt. Sie werden nicht zu Gott und ins Jenseits zurückkehren, um entsprechend ihren Handlungen belohnt zu werden.
- Diejenigen, die neben Gott an andere Götter glauben, haben keinen Grund dafür. Sie verdienen es also, bestraft zu werden.

Mann im Schatten göttlicher Segnungen

Sure Ibrahim, Verse 32–34:

»Gott ist es, der die Himmel und die Erde erschuf und der vom Himmel Wasser herniedersandte und daraus Früchte wachsen ließ, zum Unterhalt für euch. Er machte euch die Schiffe dienstbar, dass sie auf dem Meere fahren nach seinem Geheiß, und machte euch die Flüsse dienstbar und machte euch die Sonne dienstbar und den Mond, in stetem Wirken, und machte euch die Nacht dienstbar und den Tag. Er gab euch von allem, worum ihr batet. Wenn ihr die Gnade Gottes aufzählen solltet, ihr könntet sie doch nicht berechnen. Siehe, der Mensch ist wahrlich frevlerisch und gottlos.«

Auslegung: Allah der Allmächtige nennt in diesen Versen seinen Dienern seine Segnungen, weist auf die Gründe für seine Präsenz und auf die Zeichen seiner Macht hin und identifiziert diese Segnungen für die Menschheit.

Gott erschuf den Himmel und die Erde aus dem Nichts, und in der Erschaffung des Himmels und der Erde offenbarte er die Gründe seiner Macht und die Zeichen seiner Majestät.

Gott brachte den Regen aus den Wolken, und dadurch ließ Er reichlich Pflanzenarten und -gattungen in verschiedenen Farben, Mengen, Geschmäckern und mit verschiedenen Vorteilen wachsen, sodass Menschen davon sich ernähren und auf verschiedene Weise davon profitieren können. Der Allmächtige Gott hat für euch die Schiffe gezähmt, damit sie dem Befehl des Herrn im Meer folgen können. Das bedeutet, dass Er euch beibrachte, wie man das Schiff baut und es euch leicht machte, es zu benutzen, und den Wind in die Richtung richtete, wohin ihr euch mit der

Vorsehung und Gnade Allahs bewegen sollt. Allah ist der Allmächtige, der die Flüsse auf der Erde fließen ließ, damit ihr Wasser getrunken und es für die Bewässerung des Landes und für andere Bedürfnisse genutzt werden kann.

Der heilige Vers beginnt in dieser Lektion mit dem Namen Gottes, mit dem Wort »Allah«. Dieser Stil des Korans erweckt das Gefühl der Furcht vor dem Allmächtigen in den Herzen der Menschen und lenkt die Aufmerksamkeit der Polytheisten auf die Notwendigkeit des Glaubens an Allah, an den Allmächtigen.

Die Bahn von Mond und Sonne

Diese Verse machen uns Gott bewusst und lassen uns Ihn als Gott erkennen. Es ist Gott, der die Sonne und den Mond in die Bahn gebracht hat zum Wohl der Menschen und für das Leben auf der Erde. Damit, dass sie fortlaufend ihre Bahnen ziehen, entstehen Tage und Nächte, die ihre Naturaufgabe erfüllen, und die zu unserer Verfügung stehen. Somit erfüllen wir mit Gottes Gnade während des Tages unsere Bedürfnisse und während der Nacht ruhen wir uns aus, um neue Kräfte zu sammeln. Wie Gott der Allmächtige sagt: »Wir verhüllten die Nacht und erhellten den Tag, damit ihr euren Lebensunterhalt verdient.«

Und es wird gesagt: »Er gab euch von allem, worum ihr batet. Wenn ihr die Gnade Gottes aufzählen solltet, ihr könntet sie doch nicht berechnen. Siehe, der Mensch ist wahrlich frevlerisch und gottlos.«

Einladung zu Allah

Sure Fussilat, Verse 33–35

»Und wer führt wohl eine bessere Rede als der, welcher zu Gott aufruft und Gutes tut und spricht: ›Siehe, ich bin einer der Gottergebenen‹? Die gute und die schlechte Tat sind nicht einander gleichzusetzen. Entgegne mit etwas Besserem! Und wenn zwischen dir und ihm Feindschaft ist, dann soll es sein, als wäre er dein enger Freund.«

Auslegung: Abdullah Ibn Abbas (möge Allah mit ihm zufrieden sein) sagte, dass die Erklärung der Verheißung Gottes das Gebot an den Propheten (Friede sei mit ihm) war, der Gott anrief und ehrlich handelte und die Religion des Islams als göttliche Gabe hinterließ.

Eine andere Erzählung von Ibn Abbas (möge Allah mit ihm zufrieden sein) besagt, dass dieser Vers die Begleiter und Gefährten des Gesandten Gottes betrifft.

In Bezug auf die Herabsendung des Verses »Und wenn zwischen dir und ihm Feindschaft ist, dann soll es sein, als wäre er dein enger Freund« haben Kommentatoren gesagt, dass dieser Vers sich auf Abu Sufyan Ibn Harb bezieht, der ein hartnäckiger und unnachgiebiger Feind des Propheten war, aber schließlich ein Freund des Gesandten Gottes wurde.

Beste Worte

Die obigen Verse haben drei herausragende Merkmale als die besten Zeichen für einen Menschen genannt:

- Einer, der zum Monotheismus und zur Einheit Gottes und zu seinem Gehorsam und seiner Anbetung einlädt.

- Jemand, der sich an die guten und wohlwollenden Taten, die Allah ihm geboten hat, hält und die verbotenen Handlungen meidet.
- Ein Mensch, der ein Gefährte der guten und wohlwollenden Muslime ist und mit ihnen in Freundschaft und Zuneigung verbunden ist und sie in Schutz nimmt.

Aufruf zu Gott – eine Verpflichtung der Scharia

Die Religion des Islams ist die letzte Mission und die Ordnung Allahs des Allmächtigen für die Menschheit. Durch den Aufruf ist es möglich, diese Religion zu anderen zu bringen und Menschen zu überzeugen, den Lehren, Geboten und Werten des Islams zu folgen. Der Aufruf zu Allah ist eine religiöse Pflicht und sie hat ihre eigenen Prinzipien und Regeln, die aus dem Heiligen Koran und aus der überlieferten und praktizierten Tradition des Propheten (Friede sei mit ihm) abgeleitet werden.

Jeder Muslim, sowohl männlich als auch weiblich, ist verpflichtet, soweit es ihm seine Fähigkeit und sein Wissen erlauben, die Religion des Islams an andere weiterzugeben. Im Heiligen Koran gibt es viele Verse über die Einladung und ihre Methoden. In diesen Versen wurde betont, dass die Einladung zur Religion mit Sanftheit, guten Sitten, guten Ratschlägen und guten Gesprächen erfolgen sollte. Allah der Allmächtige sagte zum Imam und zum Predigtoberhaupt, zum Propheten Mohammed (Friede sei mit ihm): »Rufe auf zum Wege deines Herrn mit Weisheit und mit schöner Predigt, und streite mit ihnen auf gute Weise!«

Rituale der Einladung auf dem Weg Gottes

Nachdem Er die Prinzipien und Grundsätze der Einladung zum Herrn zum Ausdruck gebracht und die Beziehung zwischen seinem Diener und seinem Herrn gestärkt hat, gibt Allah der Allmächtige die Rituale der Aufrufer und der Herstellung guter Beziehungen unter den Dienern Gottes an:

Die Aufrufer zu Gott (Muslime) sind das beste Volk, daher ist es notwendig, dass sie gute Beziehungen zu den Menschen pflegen, die Verfolgung durch andere dulden und ertragen und auf das Böse mit Gutmütigkeit antworten. Allah der Allmächtige hat erklärt, dass gute und schlechte Reden und Taten nicht gleich sind, denn Gott freut sich über gute Worte und Taten und belohnt diese Menschen mit Gutem. Allah der Allmächtige sieht widerliche und böse Worte und Taten als schlecht an und bestraft diese Menschen. Daher ist es notwendig, dass der Aufrufer der Gläubigen auf das Böse des Volkes mit Gutmütigkeit reagiert und das Böse mit Güte behandelt, denn diese entspricht ihm mehr und ist vereinbar mit seiner Großartigkeit und Überlegenheit.

Wann immer ein Aufrufer zu Gott das Böse mit Güte beantwortet und die Sünde und Widerlichkeit anderer mit Vergebung und Geduld abwehrt, hat er die Freundschaft der Menschen gewonnen und ihren Pessimismus und ihre Bosheit abgelenkt, und sein Feind wird als sein ehrlicher und treuer Freund erscheinen.

Dies ist eine große Eigenschaft derjenigen, die sich selbst widersetzen und angesichts von Aggression, Wut und Verfolgung durch andere Geduld zeigen. Diese Qualitäten der guten Eigenschaften besitzen nur diejenigen, die die Seligkeit und das Glück in dieser Welt haben und versuchen, Gutes zu tun, und Belohnungen erhalten.

Ibn Abbas (möge Allah mit ihm zufrieden sein) sagte in der Interpretation des Verses: »Und nur diejenigen, die Geduld haben, werden belehrt … Der Allmächtige Allah hat die Gläubigen um Geduld und Toleranz gegenüber Zorn und Wut, um Ergebenheit und Bescheidenheit gegenüber Unwissenheit, um Verzeihung und Vergebung gegenüber dem Bösen befohlen; wenn sie dies tun, wird Allah sie vor dem Bösen bewahren und ihren Feind zu ihrem gehorsamen und engen Freund und Gefährten machen.«

Guter Glaube und gute Tat

Sure Al-Asr, Verse 1–3:

»Beim Nachmittag [oder: der flüchtigen Zeit]! Siehe, der Mensch ist wahrlich in Verlorenheit, nur die nicht, welche glauben und gute Werke tun, einander zur Wahrheit ermuntern und zum Geduldigsein ermuntern.«

Auslegung: Gott schwört bei der Zeit und betont, dass die Menschen ratlos sind, außer denen, die in der Fortsetzung dieser Verse ausgenommen sind.

Das Geheimnis von Gottes Schwur auf die Zeit

Dass Allah der Allmächtige bei der Zeit schwor, weist darauf hin, dass die Zeit in Allahs Gegenwart eine große Bedeutung hat. Der Prophet (Friede sei mit ihm) sagte: »Beleidige die ›Zeit‹ (Dahr) nicht, denn Gott ist Zeit in dem Sinne, dass Gott der Treiber und Beherrscher der Zeit ist.«

Eine andere Bedeutung der Zeit

Einige Kommentatoren sagten, dass mit dem Wort »Asr« das Nachmittagsgebet oder die Zeit des Nachmittagsgebets gemeint ist. In dieser Hinsicht sind die Bedeutung, Ehre und Tugend des Nachmittagsgebets festgelegt. Und deshalb haben viele Gelehrte das »Mittlere Gebet« als das Nachmittagsgebet gedeutet.

Nach Meinung mancher Gelehrter bezieht sich dies auf die Tatsache, dass der Rest des weltlichen Lebens so kurz ist wie die Zeit zwischen dem Nachmittag und dem Sonnenuntergang.

Daher soll der Mensch diese kurze Zeit, die das wertvollste

Gut ist, für ein Geschäft nutzen, das nicht sinnlos ist, denn es ist eine sehr kurze Zeit, und was tot ist, wird nicht wiedererlangt werden.

Die vor Verlusten Geretteten

Nachdem Er ein öffentliches Dekret über den Menschen und sein Schicksal erließ, hat Gott der Allmächtige die aufrichtigen Gläubigen von diesem allgemeinen Dekret ausgeschlossen: »Wer sich im Glauben an Gott und an gute Taten versammelt, wird niemals Schaden erleiden«, weil er für das Jenseits arbeitet und die weltlichen Interessen ihn nicht davon abhalten, für das Jenseits tätig zu sein, weil er seinem Herzen glaubte und entsprechend seinem Glauben handelte.

Andere Menschen, die keinen Schaden erleiden, sind diejenigen, die sich gegenseitig von einem festen und unantastbaren Recht und einer Pflicht leiten lassen – das ist der Glaube an Gott und seine Einheit.

Es sollte gesagt werden, dass das Recht gegenüber dem Unrecht steht und alles Gute und andere Taten einschließt, wie zum Beispiel: die Einheit Gottes, der Gehorsam gegenüber seinen Geboten, das Festhalten an den Büchern und an den Gesandten Gottes und die Überlegenheit des Jenseits gegenüber der Welt.

Dennoch bewahrte Gott diejenigen vor Verlusten und Schäden, die einander angesichts von Schwierigkeiten und Anstrengungen zum Gehorsam aufrufen, Sünden vermeiden und Geduld üben trotz jeglicher Versuchung, die ein Mensch in dieser Welt erfahren wird. »Diejenigen, die sich gegenseitig zur Geduld ermuntern, werden keinen Schaden erleiden.«

Das Wort »Geduld« heißt, Gehorsam zu üben, schlechtes Handeln zu vermeiden, Elend zu ertragen und alles zu tun, was der Mensch für Gott tut – »das Gute zu tun und das Böse zu vermeiden«.

Die von Verlusten und Schäden befreiten Menschen haben so die folgenden vier Eigenschaften: Glaube, gute Tat, Recht und Geduld.

Vertrauen und seine Bedeutung im Islam

Sure An-Nisa, Verse 58–59:

»Siehe, Gott befiehlt euch, die euch anvertrauten Güter ihren Eignern zu übergeben. Und, wenn ihr zwischen den Menschen richtet, in Gerechtigkeit zu richten. Siehe, wie wunderbar ermahnt euch Gott darin! Siehe, Gott ist hörend, sehend. Oh ihr, die ihr glaubt! Gehorcht Gott, und gehorcht dem Gesandten und denen unter euch, die Befehlsgewalt besitzen! Und wenn ihr über etwas streitet, dann bringt es vor Gott und den Gesandten, wenn ihr an Gott glaubt und an den Jüngsten Tag. Das ist gut und nimmt den besten Ausgang.«

Auslegung: Allah der Allmächtige befahl seinen Dienern, die euch anvertrauten Dinge ihren Besitzern zurückzugeben und während einer gerichtlichen Verhandlung nach Gerechtigkeit zu entscheiden. Allah der Allmächtige befahl seinen Dienern, Gott und seinem Gesandten zu gehorchen und zu folgen und den Befehlshabern zu gehorchen. Allah der Allmächtige hat in dem heiligen Vers zwei gute Taten zum Ausdruck gebracht:

Erfüllung der Treuhandschaft

Treuhandschaft bedeutet, dass der Mensch dazu gewonnen werden soll, sie zu bewahren, sei es materiell oder spirituell.

Manchmal ist diese Treuhandschaft ein Abkommen mit Gott, dessen Erfüllung ein Gebot Gottes ist, und die Vermeidung davon ist eine Verweigerung der Gebote.

Manchmal ist die Treuhandschaft den Menschen gegenübergestellt. Zum Beispiel bedeuten die vertraulichen Dinge und Geheimnisse der Menschen, dass die Erfüllung [der Treuhandschaft] nur gegeben ist, wenn sie ohne jeglichen Betrug und ohne Verrat ihren Besitzern zurückgegeben werden. Wenn eine Person im öffentlichen Dienst oder in einem Privatunternehmen beziehungsweise in einer privaten Angelegenheit mit einer Aufgabe betraut wurde, diese vernachlässigte und ihre Arbeit nicht ordnungsgemäß verrichtete, dann beging diese Person Verrat. Der Missbrauch des öffentlichen Eigentums oder dessen Vernachlässigung ist eine Form des Verrats in der Treuhandschaft. Dieser Koranvers und andere heilige Verse und prophetische Lehren befahlen den Gläubigen und ermutigten sie, all diese Arten von Treuhandschaft zu befolgen und zu ehren.

Natürlich gibt es viele Verse und prophetische Lehren über die Aufrechterhaltung der Treuhandschaft und deren Bedeutung, wie Allah der Allmächtige in der Sure den Parteien sagte: »Wir haben dem Himmel, der Erde und den Bergen die Treuhandschaft geboten, aber alle weigerten sich und hatten Bedenken, sie anzunehmen, aber der Mensch nahm sie an.«

Anderswo ehrt der Allmächtige Gott die Treuhänder: »Und die Erfolgreichen sind diejenigen, die ihre Treuhandschaft und ihre Nachkommenschaft bewahren und respektieren.«

In seinen zahlreichen Lehren betonte auch der Prophet Mohammed (Friede sei mit ihm) auf verschiedene Arten, wie die Treuhandschaft gewahrt und erfüllt werden kann. In dem folgenden heiligen Hadith hat er den Glauben mit Treuhandschaft eng verbunden: »Wer keine Treuhandschaft erfüllt, hat keinen Glauben, und wer sein Versprechen und seine Vereinbarung nicht einhält, hat keine Religion.«

Entscheidung und Urteil nach Gerechtigkeit

Gott hat den Gläubigen befohlen, das Recht und die Gerechtigkeit in ihrer Entscheidung und in ihrem Urteil zu berücksichtigen. Gott hat sein Reich auf zwei Prinzipien gegründet – das Recht und die Gerechtigkeit. Wenn die Ungerechtigkeit regiert, dann führt dies zur Brutalität und zum Elend der Menschen und der Gesellschaft. Die Rechte gehen verloren und die Korruption breitet sich unter den Menschen aus.

Darüber gibt es viele Verse und prophetische Lehren, einschließlich der Verheißung Allahs des Allmächtigen: »Allah befahl Gerechtigkeit und Wohltat.«

Gerechtigkeit in der Rede

Allah der Allmächtige betont die Einhaltung der Gerechtigkeit und Fairness beim Reden, indem er sagt: »Und wann immer ihr redet, haltet euch an die Gerechtigkeit, auch wenn es um Verwandte geht.«

Anas bin Malik (möge Allah mit ihm zufrieden sein) erzählte, dass der Gesandte Gottes sagte: »So lange lebt diese Gemeinde (meine Anhänger) im Guten und im Wohlbefinden, wenn sie streng redet, das Richtige sagt und bei einem Urteil Gerechtigkeit übt und wenn von ihr Barmherzigkeit verlangt wird und sie Mitgefühl zeigt.«

Dann sagt Allah der Allmächtige wieder zu den Gläubigen: Gott gab euch eine gute und angemessene Aufgabe, nämlich die Treuhandschaft zu bewahren und gerecht zu entscheiden, damit ihr eure Arbeit in dieser Welt verbessern und euer Glück am Jüngsten Tag finden könnt. Dann seid ihr, oh Gläubige, verpflichtet, den Geboten Allahs zu gehorchen, denn Allah weiß, hört und sieht, was von euch ausgeht.

Gehorche Allah und dem Propheten und dem Befehlshaber

Dann befehlen die Koranverse den Gläubigen, Allah dem Allmächtigen zu gehorchen und zu folgen und seinem Gesandten (Friede sei mit ihm) zu gehorchen und zu folgen. Dazu befiehlt Allah der Allmächtige den Gläubigen, ihren Befehlshabern und ihren muslimischen Herrschern zu gehorchen und zu folgen. Die Befehlshaber oder Herrscher sind die Emire, Herrscher und Oberhäupter der Muslime, denen gegenüber sie zum Gehorsam verpflichtet sind, vorausgesetzt, dass diese keine Sünde begehen. Wenn aber der Befehl und das Urteil der Befehlshaber und der Herrscher gegen das Gesetz Gottes sind, ist es niemandem gestattet, ihnen zu gehorchen oder zu folgen, weil der Prophet des Islams (Friede sei mit ihm) gesagt hat: »Der Gehorsam gegenüber einem Geschöpf, das sich gegen Gott versündigte, ist unzulässig.«

Dann leitet und führt Allah der Allmächtige die Gläubigen in Zeiten von Konflikten und des Ungehorsams dazu, sich auf das Buch Gottes und auf die Sunna des Propheten zu beziehen. Der Gesandte Gottes (Friede sei mit ihm) sagte: »Verzichte auf das, was ich euch verboten habe, und tue, was ich euch befohlen habe gemäß eurer Leistung und euren Fähigkeiten. Wahrlich wurden die Anhänger vor euch wegen ihrer vielen Fragen und ihrer Differenzen über ihre Propheten vernichtet.«

Konsequent in Wort und Tat

Sure Al-Baqarah, Verse 42–46

»Vermengt die Wahrheit nicht mit Nichtigem, und verbergt sie nicht, wo ihr Wissen habt. Verrichtet das Gebet, gebt die Armensteuer, beugt euch mit den sich Beugenden! Wollt ihr den Menschen Frömmigkeit gebieten und euch selbst dabei vergessen, wo ihr doch das Buch vortragt? Wollt ihr denn nicht begreifen? Sucht Hilfe in Geduld und im Gebet! Es ist wahrlich schwer, außer für die Demütigen, die der Meinung sind, dass sie ihrem Herrn begegnen und dass sie zu ihm heimkehren.«

Auslegung: Allah der Allmächtige befahl in diesen Versen allen Menschen und Völkern auf der Erde, zu denen er seine Propheten und Gesandten zu ihrer Führung sandte, nicht die Wahrheit zu verschleiern und nicht die Gebote Gottes durch ihre falschen Wünsche zu verändern. Insbesondere die Juden aber, die vom Recht gewusst hatten, änderten aufgrund von Vorurteilen und Rache das Recht, um die Menschen vom rechten Weg abzuhalten, indem sie, die Juden, das Recht verdeckten und es mit Nichtigem vermischten, wohl wissend, dass die Wahrheit diejenige ist, die Mohammed, der Prophet des Islams (Friede sei mit ihm), brachte.

Dann befahl Gott den Gläubigen, an den Säulen ihrer Religion festzuhalten, damit ihre Herzen die Wahrheit finden und ihre Ehrerbietung und Demut gegenüber Gott wachsen.

Der Heilige Koran beschreibt hier zwei Hauptsäulen des Islams, von denen die erste das Gebet ist, das die größte physische Verehrung ist. Zusammen mit der Aufrechterhaltung der Säulen und mit den damit verbundenen Umständen liefert das Gebet einen guten Segen und verhindert die Obszönität und das Böse. Die zweite Säule ist die Armensteuer, die größte finanzielle Verehrung. Zweifellos reinigt das Bekenntnis zu dieser Verehrung die Herzen, säubert die Seele, und derjenige Mensch, der in der Praktizierung dieser Verehrung zögert, wird in dieser Welt und im Jenseits Demütigung und Erniedrigung erleiden.

Übereinstimmung in Rede und Tat

Nach diesen Geboten, die Allah der jüdischen Gemeinde befahl, macht Gott der Allmächtige sie für ihre unvernünftigen Verhaltensweisen und Handlungen verantwortlich: »Wollt ihr den Menschen Frömmigkeit gebieten und euch selbst dabei vergessen, wo ihr doch das Buch vortragt?« Der Zweck der Frage hier ist, die Taten der Juden abzulehnen und zu schmähen, die das Volk zu guten Taten anhielten, aber selbst nicht verwirklichten, was sie sagten, obwohl sie diese Hässlichkeit aus der Thora gut kannten. Daher appellieren die Koranverse an die Vernunft und Weisheit der Juden, halten sie zurück und warnen sie, dass dies gegen Weisheit und Klugheit ist.

Bitte um Geduld und um Gebet

In diesen Versen lehrt der allmächtige Gott auch die Juden, ihr Buch in richtiger Weise zu verwenden, damit sie aus dem, was ihnen herabgesandt wurde, Nutzen ziehen können, um ihre Herzen zu reinigen und ihre Absichten zu verbessern. Deshalb hat der Allmächtige Gott ihnen befohlen, zuerst Geduld zu üben. Denn Geduld sichert den Menschen die Verheißung Gottes zu, denn Gott hat den Geduldigen eine große Belohnung verkündet, weil die Geduldigen ihre Seelen von ihren Wünschen fernhielten und mit viel Anstrengung sich vor der Sünde schützten.

Außerdem weisen die Koranverse dazu an, im Gebet Hilfe zu suchen, damit Prostitution und verwerfliche Taten vermieden werden. Denn beim Verrichten des Gebets, offen oder bedeckt, erinnert sich der Mensch an Gott und betrachtet Ihn als seinen Beschützer. Zweifellos ist das Gebet unter solchen Bedingungen und Ritualen schwierig, außer für diejenigen, die Gott fürchten und sich an seine Strafe erinnern. Für sie ist das Gebet einfach und angenehm. Der Gesandte Gottes (Friede sei mit ihm) sagt: »Wahrlich, das Licht meines Auges ist im Gebet fixiert.«

Und der Allmächtige Gott sprach zu seinen betenden Dienern, dass sie am Tag der Auferstehung mit ihrem Herrn zusammentreffen werden und dass alle zu Allah zurückkehren. Und Er wird den Lohn für jenes gewähren, was sie getan haben. Deshalb erachten solche Diener Gottes das Gebet nicht als schwer, sondern suchen Hilfe im Gebet, und wenn sie einmal mit einer Schwierigkeit konfrontiert sind, wenden sie sich mit Beten an ihren Herrn. Wann immer der Prophet (Mohammed) eine wichtige Sache zu erledigen hatte, betete er.

Folge der namentlichen Ablehnung Allahs

Sure Al-Zukhruf, Verse 36–40

»Wer blind ist angesichts der Mahnung des Erbarmers, dem bestimmen wir einen Satan, dass er ihm Gefährte sei. Siehe, die halten sie vom Wege Gottes ab, während sie doch meinen, sie seien rechtgeleitet. Doch wenn er dann zu uns kommt, spricht er: ›Oh wäre es doch zwischen mir und dir so weit wie zwischen Ost und West!‹ Was für ein schlimmer Gefährte! Heute wird es euch nichts nützen – da ihr ja gefrevelt habt –, dass ihr die Strafe miteinander teilt. Willst du denn die Tauben hören machen oder die Blinden führen und jeden, der in klarem Irrtum ist?«

Auslegung: die Folge der Begleitung durch die Bösen. Diese heiligen Verse verkünden, dass derjenige, der sich weigert, Allah zu erwähnen und nicht seinen Weg geht, die ersichtlichen Gründe für die Existenz Gottes im Universum und in seinem Buch (dem Heiligen Koran) ignoriert und den falschen Weg geht, dem wird Gott der Allmächtige einen Teufel zu seinem Begleiter machen. Dieser wird stets bei ihm sein und ihn vom rechten Weg weiter abbringen wie ein Feind, der einen Menschen erobert und sich an ihm rächt.

Wie der Hadith des Propheten laut dem Gelehrten Muslim berichtet: »Für jeden Muslim gibt es einen Geist (Dschinn) als Begleiter, und der Satan kann sich in der Blutbahn von Adams Kindern bewegen.«

So halten die Teufel ihre Anhänger und ihre Ungläubigen vom richtigen Weg ab. Und sie denken, dass sie den Eingang zum richtigen Weg gefunden haben, in Wirklichkeit befinden sie sich in einem deutlichen Irrtum, bis der Tod sie erreicht und sie später auferweckt werden. Wie der Allmächtige Gott sagt: »Die Teufel halten diese unwissenden Menschen immer vom Weg Allahs fern, und sie denken, dass sie geführt worden sind.«

Der Herr warnt uns, dass ein Ungläubiger, wenn Gott ihn am Tag der Auferstehung auferweckt, sich wünscht, dass die Distanz zwischen ihm und seinem bösen Gefährten wie die Entfernung zwischen Osten und Westen sein wird. Und sie sagen zu ihren Begleitern: »Ich wünschte, ich hätte euch nicht gekannt und ihr hättet mich nicht gekannt. Ich wünschte, ich hätte euch nicht gesehen und ihr hättet mich nicht gesehen. Was für ein böser Begleiter!« Aber das Gebot des Herrn für alle ist wie folgt: »Euer Zorn und euer Fluch gegeneinander werden euch nichts bringen, sondern ihr habt es verdient, gequält zu werden. Und diese schmerzhafte Qual werdet ihr miteinander teilen und nichts wird eure Qual lindern.«

Ich gehe mit dem Pädagogen und Islamwissenschaftler Samuel Schidem, der mit Jugendlichen zu Islam und Schoah arbeitet, einige zentrale Punkte durch, die mir zu dem Religionsbuch für Zehntklässler auch aufgefallen sind. So wie ich, findet er die Darstellung Gottes in diesem afghanischen Schulbuch einseitig. »Das Bild Gottes als ein zorniger Herrscher ist eigentlich im Judentum besonders ausgeprägt. Das ist kein spezifisches Element des Islams. Der zornige Gott im Islam tritt vor allem da auf, wo nach Ansicht der verantwortlichen Personen die Gesellschaft noch nicht in allen Aspekten des Lebens nach muslimischen Regeln funktioniert«, erklärt er mir. »Im Falle Afghanistans spielen konservative muslimische Auslegungen eine sehr starke Rolle.«

Der konservative Zug falle, so Schidem, auch bei den Ausführungen über die Missionierung auf. Denn im Laufe des vergangenen Jahrhunderts habe sich das Konzept der Missionierung im Islam verändert, vor allem durch die Entstehung neuer Staaten im Nahen Osten, die eindeutig muslimisch geprägt sind. In diesen Ländern sei Missionierung daher nicht mehr notwendig, dafür aber in Europa. Wer nämlich unter der Herrschaft der Ungläubigen lebt, ohne sich darum zu bemühen, seine Umgebung von der Wahrheit des Islams zu überzeugen, lebt nicht nach islamischen Regeln. Wenn aber in muslimischen Ländern Missionierung eigentlich keine Rolle mehr spielt, warum ist das Thema dann in einem afghanischen Schulbuch so wichtig? »Das hat mit der Instabilität des afghanischen Staates zu tun«, erklärt Schidem. Er weist auf die großen ethnischen Unterschiede im Land hin. In Afghanistan leben unter anderem Paschtunen, Tadschiken, Hazara und Usbeken. Eine homogene Gesellschaft existiere daher nicht. »Nach dem Selbstverständnis der Menschen dort ist Afghanistan kein Kernland des Islams«, erklärt er mir. Dass der Islam die Afghanen einen müsse, wird deshalb umso mehr hervorgehoben. Ich frage den Pädagogen, wie er den theologischen Charakter dieses Buches beschreiben würde. »Dogmatisch«, lautet Schidems Antwort.

Ich lege das übersetzte Schulbuch auch der Erziehungswissenschaftlerin Susanne Lin-Klitzing vor. Ihr Urteil ist eindeutig: »Das hat in der Schule nichts zu suchen, auch nicht im Religionsunterricht. Das ist enge religiöse Unterweisung. Mit diesen Texten ist eine individuelle Auseinandersetzung mit Religion schlicht nicht möglich.« Sie greift sich einen Satz heraus: »Jeder Muslim soll, soweit es seine Kraft erlaubt, sich für die Weitergabe der Religion einsetzen.« Ist es zulässig, einen solchen Satz – nach unseren Wertvorstellungen und Maßstäben – in einem Schulbuch abzudrucken? Dafür gebe es nur ein pädagogisches Mittel, erklärt mir Lin-Klitzing: Man müsse die Schüler dazu bringen, ihn zu hinterfragen. »In welchen Kontext würdest du diesen Satz verorten? Wie stehst du selbst dazu? Was ist daran gegebenenfalls problematisch? Begründe! Dann könnte ein solcher Satz in einem Religionsbuch stehen«, sagt sie. Doch in dem afghanischen Schulbuch, das ich ihr vorliege, werde wenig hinterfragt und offenbar viel auswendig gelernt. Das inhaltliche Niveau des Buches werde dem kognitiven Anspruch eines Pubertierenden nicht gerecht, urteilt Lin-Klitzing. Eine didaktische Reflexion sei nicht erkennbar. »Das inhaltliche Niveau kreist stets darum, dass ich etwas annehmen soll, wie es da geschrieben steht.«

Kritischen Bemerkungen zum Koran oder muslimischen Lehren wird gern entgegnet, in der Bibel und im Christentum sei es auch nicht besser. Auch dort werde die Allmacht Gottes propagiert. Aber lässt sich das wirklich mit dem Religionsbuch aus Afghanistan vergleichen? Als Jugendlicher besuchte ich neun Jahre lang eine katholische Schule. Die Lehrerinnen und Lehrer dort waren Nonnen, Priester, aber auch Laien. Ich kenne christliches Leben, christliche Erziehung und Wertevermittlung aus meiner Schulzeit sehr gut, und ich glaube, meine schulische Erfahrung war für deutsche Verhältnisse überdurchschnittlich konservativ. Eine geschiedene Klassenlehrerin musste, als sie ein zweites Mal heiraten wollte, die Schule verlassen. An sogenannten »Besinnungstagen« wurde viel gebetet und gesungen.

Die Ordensschwestern an meiner Schule sahen in der katholischen Kirche gewiss eine ebenso hohe Autorität wie die Autoren des afghanischen Schulbuchs im Islam. Aber wir lernten eben auch die Grundlagen des muslimischen Glaubens, lasen auch im Koran. Wir waren alle überrascht, wie schwer verständlich er war. Wir hatten erwartet, der Koran sei mehr wie die Bibel, ein Buch voller Geschichten. Und ich kann mich an keine einzige Situation erinnern, in der uns eingetrichtert werden sollte, wir müssten Menschen missionieren und Angst vor Gott haben. Religionsunterricht leistete bei uns – und das vor inzwischen immerhin 25 Jahren – deutlich mehr als die Darlegung christlicher Dogmen. Das Buch aus Afghanistan hingegen erwähnt Christen mit keinem Wort, stellt jedoch den Islam ganz klar an die Spitze einer Glaubenshierarchie, an deren unterem Ende die »Ungläubigen« stehen. Hätte man uns in meiner Schulzeit so etwas vorgesetzt, hätten wir dem Lehrer eine ziemlich ungemütliche Zeit beschert. Unsere Eltern wären wahrscheinlich Sturm gelaufen.

Zurück zu Afghanistan. Eingangs erwähnte ich, dass fast kaum irgendwo auf der Welt die Analphabetenrate höher ist als in Afghanistan. Man könnte ja nun sagen, wenigstens würde dies unter Einsatz dieser Schulbücher verbessert. Dem widerspricht Lin-Klitzing: »Ich kann vermutlich nicht einmal positiv sehen, dass Kinder hierdurch möglicherweise lesen und schreiben lernen, denn sie bekommen das über diesen hochproblematischen Inhalt vermittelt.« Es handele sich um Ideologisierung, nicht um das wertneutrale Vermitteln einer Fähigkeit. Das Urteil ist hart: Lieber keine Bildung als solche Bildung.

Dieser Befund ist umso bitterer, als dass die internationale Gemeinschaft seit 2002 versucht, Afghanistan aus der totalen Rückständigkeit zu befreien. 2016 war Afghanistan der zweitgrößte Empfänger von ODA-Mitteln weltweit; die Aufwendungen für das Land erreichten einen Umfang von etwa 4,2 Milliarden US-Dollar. »ODA« steht für »Official Development Assistance« und bezeichnet Gelder, die direkt oder durch internationale Organisationen an Schwellenländer gehen, damit diese Entwicklungsvorhaben umsetzen können. »Afghanistan ist weltweit einzigartig, was die Abhängigkeit des Landes von ausländischer Hilfe angeht«,[4] diagnostizierte die Weltbank 2016. Ganze

45 Prozent des Bruttosozialprodukts machten 2013 ausländische Hilfsgelder aus.

Deutschland ist mit jährlich 250 Millionen Euro für die Entwicklung und 180 Millionen Euro für die zivile Stabilisierung der zweitgrößte bilaterale Geber, heißt es im »Bericht der Bundesregierung zu Perspektiven des deutschen Afghanistan-Engagements« von 2018[5]. Und obwohl die Erfolge in dem Bericht als »unzureichend und brüchig« bezeichnet werden, wurden die finanziellen Hilfen immer wieder angehoben. Um ganze 281 Prozent stiegen die ODA-Mittel an Afghanistan von 2002 bis 2013. 2016/2017 flossen mehr als 300 Millionen Dollar an ODA-Mitteln in den Bildungsbereich. Und nach all den Jahren, all den Milliarden, all der Arbeit von Entwicklungshelfern und politischen Gipfeltreffen besteht eines der Ergebnisse darin, dass Kinder mit einem Schulbuch wie dem vorliegenden unterrichtet werden. Ein Buch, das sie dazu anleitet, die Welt in muslimisch und nicht muslimisch, gut und schlecht zu unterteilen. Ein Buch, in dem die Trennung von Religion und Politik infrage gestellt wird, das zum Missionieren aufruft, zur Unterwerfung. Ein Buch, das Homogenität propagiert und Vielfalt abwertet – und das plumpen Antisemitismus fördert.

Wer hat dieses Buch finanziert?

Afghanistan ist eines der ärmsten Länder der Welt, seine Wirtschaft generiert kaum steuerliche Einnahmen. Kurzum: Der Staat hat eigentlich gar kein eigenes Geld, um ein solches Buch massenhaft herzustellen. Kann es sein, dass westliches Geld, vielleicht auch Geld aus Deutschland, das in der Absicht gegeben wurde, Menschen im unterentwickelten Afghanistan zu helfen, missbraucht wird, um unter anderem Antisemitismus in Schulen zu lehren?

Die Recherche war ernüchternd bis erschütternd. Denn sie zeigte mir, wie angesichts einer kaum noch überschaubaren Zahl an Projekten, Organisationen und Initiativen offenbar niemand mehr nachzuvollziehen vermag, was mit welchem Hilfsgeld in Afghanistan passiert. Ich begriff, dass der gut gemeinte Ansatz der Entwicklungshilfe zu einer Versorgungsindustrie degeneriert ist. Nachdem ich unterschiedlichste Informationen zusammengetragen hatte, musste ich zu dem Schluss kommen: Deutsches Steuergeld finanziert auch antisemitische Inhalte in afghanischen Schulbüchern. Aber der Reihe nach.

Zunächst frage ich bei der GIZ nach. Die GIZ, die Deutsche Gesellschaft für internationale Zusammenarbeit, ist die größte staatliche Organisation für Entwicklungszusammenarbeit in Deutschland. Sie existiert in dieser Form seit 2011, als sich die drei Institutionen Gesellschaft für technische Zusammenarbeit (GTZ), der Deutsche Entwicklungsdienst (DED) und die Internationale Weiterbildung und Entwicklung gGmbH (InWEnt) zusammenschlossen. Die GIZ verfügt über 19000 Mitarbeiter und ein Jahresbudget von fast 2,5 Milliarden Euro. In Afghanistan ist die Organisation unter anderem im Bildungsbereich aktiv.

Von der GIZ erhalte ich die Antwort, dass sich diese in Afghanistan vor allem auf Fortbildungskurse für Lehrer konzentriere. »Für diese Kurse stellen wir Handbücher und Unterrichtsmaterial zur Verfügung, die der Lehrer in seinem Unterricht später auch einsetzen kann«, erklärt mir ein GIZ-Vertreter. Das seien aber keine Schulbücher im klassischen Sinne. »Dafür ist in Afghanistan die UNESCO zuständig.« Er betont, dass sich die Partner vor Ort abstimmen.

Die UNESCO setzt sich weltweit für »inklusive, gerechte und hochwertige Bildung« ein und finanziert sich aus den Pflichtbeiträgen der Mitgliedsstaaten. Deutschland ist nach den USA und Japan drittgrößter Geldgeber der Institution, die 2018/2019 595,2 Millionen US-Dollar durch Mitgliedsbeiträge erhielt. Das heißt: Wurde das mir vorliegende Buch mit finanzieller Hilfe der UNESCO erstellt und gedruckt? Hat also auch Deutschland dazu beigetragen? Auf meine Anfrage bei der UNESCO teilt man mir mit, dass, anders als die GIZ mir erklärte, die UNESCO keine Schulbücher in Afghanistan finanziere. Eine Vertreterin der UNESCO verweist auf das Transparency-Portal der Organisation und schreibt mir in einer Mail: »Dort ist leider kein einzelnes Projekt zu Schulbüchern aufgeführt, aber einige mit Bezug zu den UNESCO-Tätigkeiten vor Ort zum Bildungswesen.«

Das lässt mich etwas überrascht zurück. Weiß der GIZ-Experte in Kabul nicht, wer die Bücher finanziert, mit denen die von der GIZ ausgebildeten Lehrer später arbeiten sollen? Ich finde bei meiner Recherche eine ältere Pressemitteilung der UNESCO aus dem Jahr 2002[6]. Darin geht es um ein Abkommen über die »Einrichtung eines Treuhandfonds zur Finanzierung der Modernisierung von Lehrbüchern und der Erneuerung des Lehrplans für rund drei Millionen Schüler in Afghanistan«, das von der UNESCO und der Bundesregierung unterzeichnet wurde. Dieses Projekt solle den Startschuss für einen Modernisierungsprozess im afghanischen Bildungssystem geben. »Deutschland hat 450 000 US-Dollar zu dem Projekt beigetragen, das Teil eines langfristigen Programms ist, das mit der afghanischen Regierung zur Erneuerung des gesamten Lehrplans unternommen wurde«, heißt es weiter. Ich frage mich, ob die UNESCO von ihrem eigenen Programm nichts weiß beziehungsweise davon, was daraus geworden ist. Aber weder die Zentrale der UNESCO in Paris noch die deutsche UNESCO-Kommission können mir zu dem Programm, dem Verlauf und der Verwendung des Geldes Angaben machen. Offenbar handelt es sich um ein Phantomprogramm.

Aber zurück zu dem mir vorliegenden Schulbuch. Ich frage direkt bei der Bundesregierung an, und zwar beim Bundesministerium für wirtschaftliche Zusammenarbeit und Entwicklung (BMZ). Meine Frage lautet: »Trägt Deutschland über seinen Beitrag zur internationalen Hilfe für Afghanistan zur Finanzierung von Lehrmaterialien (beispielsweise Schulbüchern) in dem Land bei? Wenn ja, wie hoch ist die Summe dafür? Über welche Strukturen beziehungsweise Organisationen erfolgt diese Finanzierung?« Innerhalb kürzester Zeit erreicht mich eine Rückmeldung. Sie bestätigt zunächst, dass deutsche Steuermittel in die Finanzierung afghanischer Schulbücher fließen. Wörtlich heißt es: »Deutschland trägt über seinen Beitrag zur internationalen Hilfe für Afghanistan auch zur Finanzierung von Lehrmaterialien wie beispielsweise Schulbüchern in Afghanistan bei. Die Unterstützung erfolgt über das Kinderhilfswerk der Vereinten Nationen UNICEF als

Durchführungsorganisation der globalen Partnerschaft für Bildung (Global Partnership for Education – GPE).«

Nun soll also UNICEF die Organisation sein, über die Deutschland zur Finanzierung von Schulbüchern in Afghanistan beiträgt. Ich frage bei der Pressestelle von UNICEF an, in welcher Höhe das Kinderhilfswerk die Produktion von Schulbüchern fördert. In der Antwort erklärt man mir, dass UNICEF dafür nicht zuständig sei. Die Antwort: »UNICEF ist nicht der federführende Partner für die Produktion und das Verteilen von Schulbüchern. Dies erfolgt durch bilaterale Abkommen zwischen dem afghanischen Bildungsministerium und anderen Partnern.«

Meine Rückfrage, wer diese anderen Partner sein sollen, kann UNICEF leider nicht beantworten. Dann stellt die Organisation aber klar, dass sie doch in Einzelfällen zur Finanzierung von Schulbüchern für Afghanistan beiträgt: »2015 hat das afghanische Bildungsministerium eine Notfallanfrage an die an Bildungsprogrammen beteiligten Partner Norwegen, USAID und UNICEF gerichtet, um den außerplanmäßigen Druck von 3,8 Millionen Schulbüchern (insgesamt 45 Titel) für Schüler in der Mittel-Stufe (7.–9. Klasse) zu finanzieren. 3,5 Millionen Schulbücher wurden von den drei Partnerorganisationen gedruckt. Dies war aber eine einmalige Intervention, an der UNICEF sich beteiligt hat.« Als Beitrag zur »Community Based Education (CBE)« habe UNICEF 2018 mit Genehmigung des Bildungsministeriums einige Schulbücher gedruckt und für das CBE verteilt. »Es ist aber keine direkte finanzielle Unterstützung von UNCIEF an das afghanische Bildungsministerium geflossen«, stellt das Kinderhilfswerk klar.

Das mir vorliegende Schulbuch stammt aus dem Jahr 2011. Es kann also durch diese Projekte nicht gefördert worden sein. Ich forsche weiter nach. Das BMZ nannte in seiner Antwort auf meine Anfrage noch die GPE, einen Zusammenschluss von Geber- und Entwicklungsländern sowie internationalen staatlichen und nicht staatlichen Organisationen, Stiftungen und der Privatwirtschaft. Die GPE will »Kindern weltweit den Zugang zu qualitativ hochwertiger und kostenfreier Grundbildung ermöglichen«, heißt es auf der Seite des

Ministeriums. Afghanistan erhalte einen Zuschuss in Höhe von rund 55 Millionen Dollar zur Unterstützung der Regierung bei der »Implementierung ihres Bildungssektorplans«. Wird durch die GPE also die Schulbuchproduktion finanziert? Ich möchte nachfragen, was das genau umfasst und rufe bei der Zentrale in Washington an. Eine Frau am anderen Ende der Leitung rät mir, ich solle den Newsletter abonnieren, dann würde ich alles Wesentliche erfahren. Auf der Website finde ich ein Bild, auf dem die GPE-Präsidentin mit dem Popstar Rihanna posiert. Eine ordentliche Antwort auf meine Frage wäre mir lieber gewesen. Was ich auf der Website finde, ist der Jahresbericht des GPE für Afghanistan. Ich gehe jede Seite durch. Unter Punkt 2.3.3. auf Seite 34 des Jahresberichts ist ein Finanzierungspunkt aufgeführt, in dem es heißt:[7] »Verteilen von Schulbüchern und Lernmaterialien an Studenten und Lehrer«. Ob damit aber auch die direkte Finanzierung von Schulbüchern gemeint ist, bleibt letztlich unklar. Es klingt eher nicht danach.

Jetzt bin ich so schlau wie am Anfang: Wer finanziert denn nun dieses Buch, das ich in den Händen halte? Eine Frage, die die vor Ort handelnden Institutionen offenbar nicht beantworten können. Ich versuche, die Finanzströme innerhalb der afghanischen Behörden zu rekonstruieren. Grundsätzlich ist das Bildungssystem in Afghanistan zentral organisiert. Als Herausgeber des Buches kann ich das Bildungsministerium selbst ausmachen. Das Buch wurde im Jahr 2011 gedruckt. Das heißt, das Ministerium hat den Druck in Auftrag gegeben und dafür Geld bereitgestellt. Auf der Website des afghanischen Bildungsministeriums finde ich spärliche Informationen. Dort steht, dass das Ministerium – wie in anderen Ländern auch – sein Budget vom Finanzministerium erhält. Und das Finanzministerium? Woher hat es das Geld, das es für den Druck des Buches gibt?

Die afghanische Regierung erstellt einen Haushaltsplan. Dieser gliedert sich, wie ich nach einiger Recherche feststelle, in einen »Operating part«, also operativen Teil, und einen »Development part«, also Entwicklungsteil. Das Development-Budget wird ausschließlich durch ausländische Finanzhilfe erbracht. Aus dem Development-Teil wiederum werden Investitionen im Bildungsbereich, etwa in Schulgebäude, die Lehrerausbildung und die Entwicklung und das Drucken von Schulbüchern bestritten.

Interessant ist: In seinem EFA-Bericht (»Education for all«)[8] kam das afghanische Bildungsministerium 2012 zu dem Ergebnis, dass es weit mehr Geld bekommen hat, als es ausgeben konnte. 2012 flossen demnach nur 32,3 Prozent des Budgets des Bildungsministeriums aus dem Development-Teil des Haushalts ab. Die vielen Milliarden Euro an ausländischen Geldern haben zu einer Überversorgung geführt, denn, so erläutert das Bildungsministerium, man könne das ganze Geld nicht so schnell ausgeben, unter anderem, weil Banken in entlegenen Provinzen gar nicht ausreichend Devisen auszahlen könnten. In einem europäischen Land wäre es wohl schwer vorstellbar, dass ein Ministerium um ganze zwei Drittel seines Haushalts überversorgt ist.

Aber welcher Staat steuert eigentlich was genau zu diesem »Operating part« des afghanischen Haushalts bei? Das afghanische Finanzministerium erteilt keine Auskünfte. Ich stelle erneut eine Anfrage an die Bundesregierung, dieses Mal an das Bundesfinanzministerium, das ja den Überblick darüber haben sollte, wer welches Geld erhält, um es dann nach Afghanistan zu schicken. Dort sei man aber nicht zuständig, erklärt ein Sprecher, und verweist mich erneut an das Bundesentwicklungsministerium. Nach einiger Zeit erhalte ich von dort eine Antwort: »Deutschland zahlt nicht direkt in den afghanischen Haushalt ein. Wir beteiligen uns aber über den von der Weltbank gemanagten Afghanistan Reconstruction Trust Fund (ARTF) an Investitionen und laufenden Kosten des afghanischen Staates.« 2018 habe das BMZ mit 62,5 Millionen zum ARTF beigetragen. Der ARTF wiederum steuere 20 Prozent zum »Development part« des afghanischen Haushalts bei, aus dem dann eben auch das mir vorliegende Schulbuch finanziert wurde. Das bedeutet, dass auch deutsche Finanzhilfe zur Produktion und Verbreitung antisemitischer Inhalte an afghanischen Schulen beiträgt.

Die großzügigen Finanzhilfen für Afghanistan über internationale Organisationen oder den Staatshaushalt des Landes sind das eine. Das andere ist die Arbeit, die die deutsche Entwicklungshilfe direkt und in Eigenregie leistet, etwa die Aus- und Weiterbildung afghanischer Lehrerinnen und Lehrer durch die GIZ. Dort findet man, »dass das alles in die richtige Richtung geht« – so sagt es mir ein Projektleiter der GIZ vor Ort. Aus den Inhalten halte man sich bewusst heraus. »Für die Schulbücher ist das afghanische Bildungsministerium zuständig«, sagt der GIZ-Experte. Und wenn in den Schulbüchern problematische Inhalte auftauchten wie jene, auf die ich bei meiner Recherche gestoßen bin? »Genau für solche Dinge« habe man ein Handbuch für die Lehrerausbildung entwickelt, erklärt mir der Projektleiter. Das Buch *Gender and Human Rights* werde künftig in einem Kurs eingesetzt, der für alle angehenden Lehrerinnen und Lehrer verpflichtend sei. Das Buch werde auch gut angenommen, denn »es wurde geprüft, dass dieses Handbuch nicht den islamischen Werten widerspricht«, so der GIZ-Vertreter.

Während afghanische Lehrer also einerseits auf antisemitische Schulbücher, die von Deutschland mitfinanziert wurden, stoßen, erfahren sie andererseits aus dem Islam-konformen Handbuch, das deutsche Entwicklungshelfer ihnen geben, wie sie sich dazu verhalten sollen. Das macht mich sehr neugierig. Ich würde mir das Handbuch gern einmal ansehen. Leider gehe das nicht, teilt mir die GIZ mit, weil es noch nicht vorliege. Ich wundere mich, wie man dann schon wissen könne, dass es gut akzeptiert wird.

17 000 Lehrerinnen und Lehrer habe man bisher mit Aus- und Fortbildungsmaßnahmen erreicht, erklärt mir der GIZ-Experte in Kabul. Es finde ein Richtungswechsel in der Lehrerausbildung statt, die nun »professionalisiert« werde. Die GIZ entwickele einen Studiengang für Grundschullehrer und Kurse für Sekundarschullehrer, in denen es darum gehe, »die Ausbildung der Lehrer auf methodisch und fachdidaktisch solide Grundlagen« zu stellen.

Einer der Kritiker der Entwicklungshilfe vor Ort ist Peter Schwittek.

Der Franke engagiert sich über seinen Verein Ofarin e.V. seit vielen Jahren für Bildung in Afghanistan. Über Ofarin versucht er ein alternatives Schulsystem zu etablieren, das dem Analphabetismus den Kampf angesagt hat. Der GIZ attestiert er absolute Unwissenheit. »Die GIZ hat kein Sensorium, was in den Schulen stattfindet. Sie machen Lehrerfortbildung und bauen Schulgebäude, von den Inhalten im Unterricht bekommen sie nichts mit«, erklärt er mir. Was in den Fortbildungen vorgetragen werde, habe mit der Wirklichkeit in afghanischen Schulklassen nichts zu tun. »Die GIZ-Mitarbeiter verbringen nahezu ihre gesamte Zeit im Hochsicherheitsviertel Green Village, das sie aus Sicherheitsgründen gar nicht verlassen dürfen. Woher sollen sie wissen, was in afghanischen Schulen los ist«, sagt Schwittek. Wegen der extrem hohen Geburtenrate in Afghanistan, die 2016 bei 4,6 Geburten pro Frau lag, gäbe es niemals genug Schulgebäude. In einer Eingangsklasse säßen durchschnittlich siebzig Schüler. »Wir bekommen immer wieder geschildert, dass Schüler bis zur zwölften Klasse in die Schule gehen und extrem wenig lernen. Lehrer kommen häufig nicht zum Dienst. Schule fällt häufig aus. Die Abläufe an den Schulen sind haarsträubend: Sie haben ein Pensum für ein Jahr, und das müssen sie ohne Rücksicht auf das Verständnis der Schüler durchbringen. Prüfungen spielen eigentlich keine Rolle. Seit jeher ist es so, dass Schmiergelder für Versetzungen gezahlt werden.« Ich möchte von Schwittek wissen, wie die Schüler mit problematischen Inhalten umgingen. Seine Antwort fällt knapp aus: Dafür seien sie gar nicht sensibilisiert. Ginge es nach ihm, sollten die Zahlungen an Afghanistan eingestellt werden. »Man kann gar nicht kontrollieren, was mit dem ganzen Geld passiert, und letztlich wird mit dem vielen Geld nur die Korruption gefördert. Ich sehe gar keine Möglichkeit, dieses Geld in Afghanistan schadlos einzusetzen.«

Es drängt sich tatsächlich der Eindruck auf, dass bei der Vielzahl an Projekten, Organisationen und Partnern für den Aufbau von Afghanistan die eine Hand nicht weiß, was die andere tut. Deutschland überweist offenbar Gelder in Milliardenhöhe blanko als Afghanistanhilfe, ohne konkret zu wissen, was damit passiert, und ohne die Verwendung inhaltlich ausreichend kritisch zu prüfen. Es ist davon auszugehen, dass das vorliegende, antisemitische Schulbuch mit deutscher finanzieller Hilfe in afghanische Schulen gelangt und dort Schaden anrichtet.

»Man hat in verschiedenen Studien festgestellt, dass emotional geprägte Erziehung gravierende Folgen haben kann«, führt die Erziehungswissenschaftlerin Julia Schwanewedel von der Humboldt-Universitiät Berlin dazu aus. Junge Menschen könnten beispielsweise dadurch Ängste entwickeln. In westlichen Ländern laute auch deshalb ein zentraler pädagogischer Grundsatz, dass Angst kein pädagogisches Mittel sei. Sie bewirke Schäden in der Entwicklung von Kindern und Jugendlichen und führe meist zu Abwehrhandlungen. Doch in dem Religionsbuch aus Afghanistan werde Angst beziehungsweise auf Angstmachung zielende Erziehung bewusst eingesetzt. »Das kann dazu führen, dass junge Menschen nicht mehr offen in einen Diskurs gehen können«, sagt Schwanewedel. »Man wird so sehr in einer bestimmten Weltsicht gefangen gehalten, dass man starr wird und hilflos gegenüber anderen Ansichten. Und das sitzt so tief, dass es später im Zweifel fast unmöglich wird, ein anderes Weltbild zu vermitteln.« Sei man auf emotionaler Ebene von etwas überzeugt, könnten noch so viele Fakten einen nicht mehr erreichen. »Emotion wird in der Regel nicht durch Wissen geschlagen«, resümiert die Erziehungswissenschaftlerin.

Gut kann ich mir vorstellen, mit welchen Argumenten jemand meinen Befund beschwichtigend einschätzen würde. Es werde ja nicht zur Tötung von Juden aufgerufen. Es sei ja nur eine kurze Passage in einem einzigen Buch. Vielleicht seien alle anderen Bücher ja frei von problematischen Inhalten. Doch das verfehlt nach meiner Ansicht den Punkt: Wenn Experten zu dem Schluss kommen, so ein Schulbuch habe nichts im Unterricht verloren, es bringe Schülern eine Schwarz-Weiß-Sicht bei und treffe antisemitische Aussagen, dann darf sich eine westliche Wertegemeinschaft, die bestimmten moralischen Grundsätzen verpflichtet ist, nicht an dessen Entwicklung, Herstellung oder Einsatz im Unterricht beteiligen. Das gilt beim Thema Antisemitismus für Deutschland natürlich in ganz besonderer Weise.

Kinder des Iran

Ajatollah Khomeini ist allgegenwärtig in iranischen Schulbüchern. Sein Porträt ist auf jeder ersten Seite der Schulbücher abgedruckt. Er blickt den Schülern ernst entgegen, häufig umrankt von Blumen. Darunter stehen Zitate von ihm, etwa im Buch »Naturwissenschaften«: »Die Wissenschaft gehört allen. Die Frömmigkeit gehört allen. Der Versuch, Wissenschaft und Frömmigkeit zu erreichen, ist unsere und Ihre Aufgabe.« Lehrer sollten versuchen, den Schülern beizubringen, dass sie fragen und kreativ sind. Dann geht es um die Beziehung zwischen Gott und den Naturwissenschaften: »Gemäß dem Bildungsplan ist Naturwissenschaft der Versuch des Menschen, die Wirklichkeit der Schöpfung und die Taten Gottes zu verstehen.« Das klingt nicht unbedingt nach einem Plädoyer für Unabhängigkeit der Naturwissenschaften von der Religion.

Der Iran ist, dank Erdöl und Erdgas, eines der wohlhabenderen Länder im Nahen Osten. Der Staat nennt sich »Islamische Republik Iran«, seit 1979 der Schah gestürzt und aus dem Land gejagt wurde. Seitdem herrschen die Mullahs, die schiitischen Geistlichen. Die Schiiten bilden weltweit die zweitgrößte muslimische Strömung nach den Sunniten. Der Iran gehört mit dem Irak, Aserbaidschan und dem kleinen Golfstaat Bahrain zu den wenigen Ländern, in denen Schiiten die Bevölkerungsmehrheit stellen. Bis zum Sturz des Schahs war das Land ein Partner des Westens, doch verfolgen die Mullahs eine gegensätzliche Politik. Der Westen und insbesondere die USA werden als Feinde angesehen.

Die Grundzüge des iranischen Schulsystems lasse ich mir von der Kulturabteilung der iranischen Botschaft erklären. Die Schulzeit dauert in der Regel zwölf Jahre, sechs Jahre Grundschule und sechs Jahre Sekundarschule. Nach dem zwölften Schuljahr erhalten die Schüler ihr Abiturzeugnis und damit die Zugangsberechtigung zum Studium. In Grund- und Sekundarschule sind die Geschlechter getrennt, an der Universität nicht mehr. Ein morgendlicher Appell sei nicht vorgeschrieben, vielmehr könnten die Schulleiter selbst darüber entscheiden, wie sie den Schulalltag ritualisieren.

Gemeinsam mit einem iranischen Kollegen schaue ich die staatlichen Schulbücher aus dem Iran durch, die ich mir über eine Bekannte habe zuschicken lassen. Ich habe alle Bücher einer Jahrgangsstufe »bestellt«, um einen möglichst lückenlosen Überblick über das zu bekommen, was Schüler einer bestimmten Altersgruppe lernen sollen. Da ich selbst kein Farsi spreche, habe ich ein renommiertes Übersetzungsbüro und einen zertifizierten Übersetzer beauftragt, die Texte für mich zu übersetzen und somit deutschsprachigen Lesern zugänglich zu machen.

Wir blättern in einem Buch, das den Titel *Koran* trägt und sich mit den »Wundern«, die die Heilige Schrift der Muslime erzählt, beschäftigt. Auch diesem Schulbuch ist ein Porträt des gütig lächelnden Ajatollah Khomeini (1902–1989), dem Führer der Islamischen Revolution von 1979, vorangestellt. Auf die Frage, warum das Bild des Ajatollah jedes Schulbuch eröffnet, antwortet mir die iranische Botschaft, »dass sein Bild und seine Empfehlungen an die iranischen Schülerinnen und Schüler bezüglich der Notwendigkeit und Bedeutung der Bildung und Wissenschaft und deren Weitergabe an die nächste Generation auf der ersten Seite abgedruckt« würden.

In der Mitte des Buches stoßen wir auf das Bild einer jungen Frau mit mitteleuropäischen Gesichtszügen, die ein Kopftuch trägt. Sie wird als »Dörte« vorgestellt und stammt angeblich aus Norddeutschland. Über eine Seite hinweg beschreibt sie, wie sie zum Islam konvertiert sei und was ihr diese Glaubensänderung ermöglicht habe.

»Eine Muslimin genießt mehr Respekt und Rechte als eine nicht muslimische Frau.« Ich frage mich, ob es »Dörte« wirklich gibt. Bei meiner Suche im Internet stoße ich auf eine Frau, die zu der Beschreibung passt. Sie lebt in Norddeutschland, in Wilhelmshaven, heißt Dörte und beschreibt in einem Blog ihren Weg zum Islam. Unter der auf der Seite angegebenen E-Mail-Adresse frage ich an, ob wir einmal sprechen könnten. Kurz darauf antwortet mir ein Mann mit türkischem Namen, man habe kein Interesse, sich mit mir zu unterhalten. Ich finde heraus, dass es sich um den Betreiber einer extrem konservativen islamischen Webseite handelt, auf der unter anderem antisemitische Inhalte verbreitet werden.

Auch im Buch *Kultur und Kunst* wird Khomeini mehrfach zitiert: »Kunst heißt, Engagement in die Seelen der Menschen zu bringen.« Und: »Wenn ich mich richtig erinnere, habe ich einmal Romain Rolland (den französischen Literaturnobelpreisträger des Jahres 1915) damit zitiert, dass jede künstlerische Arbeit ein Prozent Kunst ist und 99 Prozent Ethik. Nehmen wir einmal vorsichtig an, dass jede künstlerische Arbeit zu 10 Prozent aus Kunst und zu 90 Prozent aus Ethik besteht. Inzwischen ist mir klar, dass Rollands Aussage nicht ganz richtig ist. Wenn man mich fragt, so würde ich sagen, dass jede künstlerische Arbeit 100 Prozent Kunst und 100 Prozent Ethik ist. Beides ist nicht zwangsläufig verschieden. Man sollte 100 Prozent einer künstlerischen Arbeit durch künstlerische Innovation zeigen und 100 Prozent davon mit Inhalt füllen, der Werte und erleuchtende Ideen verbreitet.« Für mich klingt das nach einer freundlich formulierten Einschränkung künstlerischer Freiheit. Was genau meint Khomeini, wenn er hier von Ethik spricht, frage ich mich. Im Zweifel meint er gesellschaftliche Grundregeln, die seiner muslimischen Weltanschauung entsprechen. Dann würde er durch dieses Zitat aussagen, dass Kunst auch immer muslimische Regeln im Blick haben muss.

An verschiedenen Stellen geht es um Kalligrafie, insbesondere am Beispiel von originalsprachlichen Koranversen oder religiösen Texten. Außer einer kleinen arabischen Minderheit sprechen Iraner aber nicht Arabisch als Muttersprache. Deswegen verstehen die meisten die Bedeutung der kalligrafisch dargestellten Wörter nicht, sie dienen allein als Übung für Schönschrift, zum Beispiel »Märtyrertum ist ewige Ehre« – ein weiteres Zitat von Khomeini. Oder: »Wenn der Dämon geht, kommt der Engel.« Ich finde heraus, dass dieser Satz ein weit verbreiteter Slogan während der Iranischen Revolution war. Als Khomeini 1979 aus dem französischen Exil zurück nach Teheran flog, wurde er von seinen Anhängern mit diesem Ausruf begeistert empfangen.

Im Lehrbuch für Mathematik fallen mir gleich mehrere Dinge auf. Hier steht zu Beginn das Khomeini-Zitat: »Der Mensch ist die Essenz von allen Wesen der Welt.« Weiter heißt es: »Mithilfe richtiger Erziehung kann es nicht passieren, dass ein Land unter den Einfluss des Kolonialismus gerät. [...] Wenn eine Nation zur Seligkeit fliegen möchte, muss sie die zwei Flügel Selbstreinigung und Wissenschaft haben.« Was hat Mathematik mit Abwehr des Kolonialismus zu tun, frage ich mich. Es ist aber nicht die einzige Merkwürdigkeit in dem Buch. Immer wieder sind Abschnitte mit militärischen Motiven illustriert. Ein Kapitel zur Vektor-Rechnung ist mit Raketen bebildert. An anderer Stelle sind Mostafa Ahmadi Roschan und sein Kind abgebildet. Roschan war ein leitender Nuklearwissenschaftler und wurde vermutlich von Mitarbeitern des israelischen Geheimdienstes Mossad getötet, was ihn zu einer Art Märtyrer werden ließ.

In dem Schulbuch *Gedanken und Lebensführung* stechen mir zahlreiche Stellen ins Auge. Hier lautet das Khomeini-Zitat zu Beginn: »Erfüllen Sie Ihre islamischen Aufgaben, bilden Sie die Menschen. (...) Versuchen Sie, für den Islam, die Islamische Republik und Ihr Land nützlich zu sein.« Auch hier steckt also wieder die Aufforderung drin, dass Bildung auch immer den Islam im Blick haben solle. Das Buch erscheint in zwei Ausgaben, eine für Jungen und eine für Mädchen. Ich beziehe mich auf die Ausgabe, die sich an Jungen richtet. Im Abschnitt »Medien« heißt es: »In vielen Fällen versuchen fremde Fernsehsender der Feinde des Iran und des Islams, den Glauben, die moralischen Werte oder die nationale Einheit unseres Landes zu bedrohen. […] Weltenfresser [Imperialisten], freizügige Personen und geflüchtete Konterrevolutionäre gründen Satellitenkanäle, um unsere Religion, Moral, Kultur und nationale Einigkeit zu verletzen. Diese Kanäle stehen unter Kontrolle von Spionage-Zentren. Sie verbreiten moralische Freizügigkeit, falsche Informationen und Gewalt und greifen den Islam an, um ihre eigenen, finsteren Ziele zu verfolgen. […] Die Vernichtung der Moral und eine feige und unfähige Generation zu bilden, sind wichtige Ziele des Medienkriegs des Feindes.« Das alles behauptet das Schulbuch, ohne eine einzige Quelle zu nennen. Es klingt für mich nach einer Verschwörungstheorie, die den Schülern präsentiert wird. Dabei fällt mir auf, dass die genannten Personengruppen explizit den Islam »angreifen« wollen. Da wird Schülern ein Feindbild eingeimpft, nämlich Imperialisten, Konterrevolutionäre und Islamfeinde, wobei die einzelnen Gruppen ja zu einem guten Teil der eigenen Definition überlassen werden. Ich frage mich auch, wer mit »freizügige Personen« gemeint ist.

Ein weiterer Abschnitt heißt »Kolonialismus und Opium«. Darin heißt es: »Seit 400 Jahren benutzten die Briten das Opium für die Verbreitung der Faulheit und Unfähigkeit in den Nationen und zur Plünderung ihrer (Wohlstands-)Quellen. Sie verkauften das Opium billig und kauften den Rückstand [was nach dem Rauchen übrig bleibt] teuer. Die Leute wurden allmählich wegen dieser englischen Maßnahme süchtig.« Später wird ausgeführt, wie Kolonialisten versuchen würden, den Iran zu destabilisieren. Dafür planten sie zwei Maßnahmen: »1. Verbreitung von Hurerei und Verbotenem unter jungen Menschen. 2. Verbreitung von Drogen. […] Heutzutage verbreiten sich Hurerei und Verbotenes durch Satellitenfernsehen und widerwärtige CDs, die von den Feinden des Iran, Schmugglern oder Süchtigen eingeführt werden.«

Aber: Mir fallen in dem Buch auch Ausführungen auf, wonach Nichtmuslime zu respektieren seien. So heißt es: »Imam Sajad [der vierte Imam]: Im Umgang mit den ›Ahl al-Kitab‹ [Leute des Buches:

Juden und Christen] befolge Gottes Befehle und da sie unter dem Schutz des Islams sind, halte göttliche Abkommen und unterdrücke sie nicht. Weil der Prophet sagte, wer die Ahl al-Zimmah [Juden und Christen und andere anerkannte religiöse Minderheiten] unterdrückt, dessen Feind bin ich.« Und weiter: »Menschen sind in ihren Wertesystemen verschieden, deswegen ist es möglich, dass sie Meinungsverschiedenheit haben. Das ist ein natürliches Phänomen. Die Konfrontationen in der heutigen Welt sind wegen Unstimmigkeit der Werte der Staaten oder der Menschen entstanden. Dabei könnten die Menschen allgemeingültige Werte akzeptieren und zusammen in Frieden und Ruhe leben.«

Nun würde es den Rahmen dieses Buches sprengen, jedes der 16 von mir besorgten iranischen Schulbücher zu besprechen. Ich will auch nicht, wie eingangs beschrieben, aus allen Büchern die reißerischsten Details herausziehen, die – wie manche einwenden mögen – Klischees und Vorurteile bedienen. Es handelt sich hier auch nicht um eine wissenschaftliche Studie. *Kinder des Koran* ist vielmehr ein Blick in eine mir unbekannte Welt, verbunden mit einem ganz simplen Anliegen: Ich will erfahren, was Kinder in diesen Ländern aus ihren Schulbüchern lernen.

Ich wähle ein iranisches Schulbuch aus, dessen Inhalt ich originalgetreu und ungekürzt übersetzen lasse. Meine Leser sollen die Chance haben, ein Buch in einer ihnen unbekannten Sprache zu lesen und sich einen Überblick über dessen Inhalte zu verschaffen. Wir entscheiden uns für das Buch *Nachrichten des Himmels*, das an staatlichen iranischen Schulen für den Ethik-Unterricht in der neunten Klasse eingesetzt wird. Es ist ein eher kleines Buch mit gelblichem Einband, 128 Seiten stark. Beim Durchblättern fällt mir sofort eine Abbildung auf: Vier Soldaten hissen eine US-Flagge – auf einem Berg aus Leichen und Skeletten. Bei den Leichen handelt es sich offenbar vor allem um Menschen aus der arabischen und afrikanischen Welt. Eine hochschwangere Frau, ein Mann mit Kufiya,[1] eine Frau mit Kopftuch.

Das Bild ist offenbar eine Adaption von einem der bekanntesten Kriegsfotos der Welt – »Raising the Flag on Iwo Jima« von Joe Rosenthal. Er nahm das Bild am 23. Februar 1945 auf, dem fünften Tag der US-Landung auf der japanischen Pazifik-Insel Iwo Jima. Zwei Tage später zierten die sechs US-Soldaten mit der Flagge die Titelseite der *New York Times.* Doch anders als auf der Abbildung in *Nachrichten des Himmels* standen die US-Soldaten in Japan nicht auf Leichenbergen, sondern auf Schutt und Kriegsgerät. Die Aufgabe an die iranischen Schüler unter dem Bild lautet: »Diskutiert untereinander die Aussage des Bildes!«

Bei der weiteren Durchsicht des Buches fällt mir auf, dass es weniger um Ethik als vielmehr um Religion geht. Vor allem im letzten Abschnitt »Islam und Gesellschaft« wird mir das sehr deutlich. Dort heißt es unter anderem:

Bereits heute leben mehr als eineinhalb Milliarden Muslime in 57 islamischen Ländern (Länder mit mehrheitlich muslimischer Bevölkerung). Denken sie [die Kolonialmächte, Anm. d. Autors], wenn dieses massive Volk vereint ist und wahrhaftig an Brüderlichkeit glaubt, kann sie dann irgendeine Macht besiegen? Glauben sie, die Feinde der Religion sind bereit, die Einheit und Macht der Muslime zu akzeptieren?

Der allwissende Gott sagt über die Feinde des Islams:

»Oh die ihr glaubt! Nehmt euch nicht Vertraute, die nicht zu euch gehören. Sie werden nicht von euch ablassen, Verwirrung zu stiften. Sie haben es darauf abgesehen, dass ihr Schaden leidet. Schon aus ihrem Munde geht ihr Hass klar hervor, doch schlimmer noch ist das, was sie im Herzen hegen.«

Und: »Die Kolonialmächte wissen, dass, wenn die Muslime sich einigen, sie nicht mehr in der Lage sein werden, den Reichtum der Muslime zu plündern. Aus diesem Grund bemühen sie sich, diese Allianz zu verhindern. [...]

Diese Gruppen, die mit der finanziellen und geheimdienstlichen Unterstützung der USA und einiger anderer westlicher Länder und unter Anwendung von unwissenden und radikalen Personen gebildet werden, versuchen einerseits, mit fadenscheinigen Ausreden Muslime in den Zermürbungskrieg zu ziehen, und andererseits, mit der Verbreitung eines hässlichen und gewalttätigen Gesichts des Islams zu verhindern, dass die Menschen zum Islam und zum Propheten des Erbarmens Mohammed tendieren.«

Die Muslime werden explizit als »Volk« dargestellt. Die Darstellung zeichnet, so verstehe ich es, eine Schwarz-Weiß-Welt mit Muslimen und Nichtmuslimen. Und die Muslime könnten, wenn sie sich vereinen, die Welt übernehmen.

Mir fallen besonders die Stellen auf, in denen es um die Verhaltensregeln für Frauen geht. So heißt es zum Beispiel:

Im Koran steht: »Frauen dürfen nicht aufreizend sprechen, damit lüsterne Männer nicht gierig werden. Sie sollen stets lobenswert sprechen.«[2] [...] Eine angemessene Kleidung der Frau (Hidschab) schütze ihre Schönheit vor Blicken der lüsternen Männer und ihrer Gier. So könnten die Frauen in Sicherheit ihre privaten und gesellschaftlichen Aufgaben erledigen. Dadurch bleibe die Umgebung auch für positive und konstruktive Aktivitäten der Männer gesund. [...] Unangemessene Kleidung führt dazu, dass von Gier erfüllte Männer die Frau nur als Sexobjekt betrachten und ihren wahren Charakter und ihre Stellung in der Gesellschaft außer Acht ließen. Eine Dame mit Hidschab und mit ihrem anständigen Verhalten gibt den anderen zu verstehen, dass sie nicht bereit sei, sich für gierige Blicke zur Schau zu stellen. Sie kenne ihre Werte und achte auf ihren eigenen Wert.

Eine weitere Folge der Nichtbeachtung des Hidschab, und sogar die wichtigste, ist, dass man fernbleibt von Gott.

An einer weiteren Passage, in der es um die Situation der Frauen geht, bleibe ich hängen: »Die wachsende Anzahl der Scheidungen hat das Gefühl der Unsicherheit und Depression unter Frauen verbreitet und die Gewalttaten gegen sie vermehrt. Diese Tatsachen haben die Politiker und Denker veranlasst, ernsthafte Lösungen für dieses Problem zu suchen. Eine der wirkungsvollen bisherigen Lösungen ist die Verhinderung der unnötigen Versammlung der Männer und Frauen an einem Ort.« Eine wissenschaftliche Begründung für diese Darstellung bleibt das Buch schuldig. Ich halte die Behauptung für unhaltbar. Ein Abschnitt in dem Schulbuch handelt von Geschlechtertrennung:

»Der Fernsehsender Sky News berichtete: Untersuchungen an amerikanischen Schulen haben gezeigt, dass die Leistungen der Schüler in [nach Geschlechtern] getrennten Schulen im Vergleich zu gemischten Schulen besser waren. Der amerikanische Bildungsminister hat in diesem Bericht betont, dass diese Entscheidung die größte Änderung im amerikanischen Bildungssystem in den letzten 31 Jahren war. Eine weitere wichtige Änderung, die in den letzten Jahren in westlichen Ländern zu beobachten ist, ist die Verbreitung angemessener und bedeckender Kleidung unter Frauen.

Die amerikanische Schriftstellerin Frau Wendy Shalit schreibt in ihrem Werk *Rückkehr zur Unschuld:* ›Die Nachforschungen zeigen, dass im Laufe der Zeit amerikanische Mädchen bedeckende Kleider tragen. Nach Erkenntnissen der Forscher haben junge Frauen in New York in den letzten Jahren weniger Interesse an knappen Kleidern gezeigt. Diese Forscher sind der Auffassung, dass bedeckende Kleidung ihnen mehr Sicherheit gibt und ihre Selbstkontrolle steigert. Allgemein kann man sagen, dass die Neigung zur Religion und zum Widerstand gegen die herrschende Kultur des großzügigen Umgangs mit dem anderen Geschlecht an Boden gewinnt. Dadurch will die junge Generation mehr Selbstkontrolle üben.‹«

Die Autorin Wendy Shalit gibt es tatsächlich. Der Abschnitt bezieht sich auf deren Buch *Return to modesty: Discovering the lost virtue* aus dem Jahr 1999. Darin propagiert Shalit konservative Umgangsformen, eine Rückbesinnung auf überkommene Anstandsregeln und Rückbesinnung auf klassische romantische Ideale zwischen Männern und Frauen. Sie attestiert der sexuellen Revolution im Westen ein umfassendes Scheitern. Das Buch löste in den USA eine Welle der Empörung aus, insbesondere bei Feministinnen. Ganz sicher kann man dieses Einzelwerk einer Autorin nicht als repräsentativ für eine angebliche Anstandsbewegung in den USA nehmen. So wird ein falsches Bild von der gesellschaftlichen Vielfalt in den USA und den diversen Meinungsäußerungen zu diesem Thema vermittelt.

Bevor ich mit Experten über diese Passagen und die Auswirkungen des Buches auf Schüler spreche, hier die »Nachrichten des Himmels« im Wortlaut.

Ethikbuch aus dem Iran, 9. Klasse

Nachrichten des Himmels

Oh der Allmächtige

Oh Gott,
Du, der Eigentümer des Fastenmonats und Freund derjenigen, die fasten:
Gib mir die Langmut zum Fasten
und hilf mir, ein Gast des Korans zu sein.
der Allmächtige
Du hast selbst mich aufgefordert, Gast Deines Festes zu werden,
dann erfülle meinen täglichen Fastenbeginn mit Gebeten und das tägliche Fastenbrechen mit Liebe.
Und gib, dass meine Augen, meine Zunge und meine Ohren ebenso fasten,
damit ich Schlechtes nicht sehe, Schlechtes nicht sage und Schlechtes nicht höre.

Mein Herr,
der Gnädigste und der Reinste,
verzeih mir und verordne das beste Ende für alle Menschen.

Auch Sie können einige Wörter mit Ihrem Gott reden, wenn Sie gerne möchten.

Ethik

Im vergangenen Jahr haben wir im Buch Ethik über die Bedeutung der Wissenschaften (Abschnitt »Auf Engelsflügeln«), die Auswahl guter Freunde (Abschnitt »Perfektion der Gefährten«), das Erkennen der schlechten moralischen Eigenschaften und den Weg, sie zu verlassen (Abschnitt »Handlanger des Teufels«) und die Einhaltung des Hidschabs [Das Tragen des weiblichen Kopftuchs] (Abschnitt »Zeichen der Wertschätzung«) einiges gelernt. Auch in diesem Jahr werden wir in diesem Buch Folgendes lernen:

Abschnitt 8 (Zeichen der Wertschätzung): Der Hidschab ist eine bindende Weisung des Islams, die von Gott zum Erreichen der Glückseligkeit durch Männer und Frauen als notwendige Pflicht angeordnet worden ist. In diesem Abschnitt werden wir die Bedeutung des Schutzes des Blicks, die Wahrung des Schamgefühls und die Beibehaltung einer angemessenen Bekleidung kennenlernen.

Abschnitt 9 (Das Leben organisieren): Der liebevolle Gott hat in dieser Welt uns viele Gaben zur Verfügung gestellt, damit wir durch ihre Verwendung sein schönes Paradies erreichen können. In diesem Abschnitt werden wir lernen, diese Gaben so zu verwenden, wie Gott es wünscht, und verschwenderischen Umgang und blinde Nachahmung in unserem Lebensstil zu vermeiden.

Abschnitt 10 (Zwei kostbare Vermögenswerte): Wir haben in dieser Welt zwei sehr kostbare Vermögenswerte. Wenn wir ihren Wert nicht kennen und nicht lernen, sie richtig zu benutzen, werden wir großen Schaden erleiden. In diesem Abschnitt werden wir die beiden sehr wertvollen Gaben, die der weise Gott uns gegeben hat, (die Gabe »Lebenszeit« und die Gabe »Nachdenken«), kennenlernen und lernen, durch ihre richtige Verwendung ewige Erlösung zu finden.

Abschnitt 11 (Sprachsünden): Die Sprache und die Fähigkeit des Sprechens ist eine der größten Gaben Gottes. Der Mensch kann mit richtigem Sprechen und Fernbleiben von Sprachsünden die Zufriedenheit Gottes erreichen. Es gibt aber Menschen, die mit dieser wertvollen Gabe Gottes Zorn wecken. In diesem Abschnitt werden wir einige Sprachsünden (Lügen, üble Nachrede und Schimpfen) erläutern und lernen, wie man diesen Sprachsünden fernbleiben kann.

Abschnitt 12 (Der Wert der Arbeit): Der Mensch kann mit der Arbeit unabhängig von anderen leben und muss nicht ständig andere Menschen um Hilfe bitten. Mit der Wahl einer legalen Arbeit und durch Fleiß verdient man ein täglich ehrliches Brot. Dies spielt eine große Rolle bei der Entwicklung der Menschen und ihrem materiellen und geistigen Fortschritt. In diesem Abschnitt lernen wir, wie wertvoll die Arbeit für den Gott ist, und werden Dinge kennenlernen, die zum widerrechtlichen und unerlaubten Einkommen führen.

Abschnitt 13 (Der Schlüssel der Schätze): In dieser Welt hat der Gott die alleinige Macht. Wenn jemand etwas erreichen will, muss er für seinen Erfolg, trotz geeigneter Bemühung und Bestrebung, den Gott um Hilfe bitten. In diesem Abschnitt lernen wir, wie wir beten sollen und wie die Rituale für das Beten sind und welche Stellung das Beten in der Religion hat.

Abschnitt 8 – Das Zeichen der Wertschätzung

Das Fenster des Autos war offen. Die reine und kühle Gebirgsluft streichelte ihr Gesicht. Als sie die Landschaft betrachtete, sah sie ein Verkehrsschild. Sie fragte ihren Vater: »Was bedeutet dieses Schild?« Während das Auto langsamer wurde, antwortete der Vater: »Dieses Verkehrsschild bedeutet, dass wir uns einer gefährlichen Kurve nähern.« Nach einer kurzen Weile fragte sie erneut: »Was bedeutet dieses Schild?« Der Vater sagte: »Dieses Schild bedeutet, dass Überholen verboten ist. Deshalb müssen wir mit Geduld auf unserer Spur fahren.«

Kurz darauf zeigte der Vater, ohne dass seine Tochter gefragt hatte, auf ein Schild und sagte: »Dieses Schild warnt uns vor glatter Fahrbahn. Deshalb müssen wir mit einer Geschwindigkeit fahren, die uns die Kontrolle über das Auto garantiert.«

Reyhaneh wiederholte leise: »Gefährliche Kurve! Überholverbot! Glatte Fahrbahn! Vorsicht! Freies Überholen! …«

Klassenaufgabe: Ist Ihrer Meinung nach das Autofahren bei so vielen Schildern nicht schwierig? Warum sollen solche Verkehrsschilder an den Straßen aufgestellt werden?

Die Gesetze für Glückseligkeit

Der weise Gott hat aufgrund seiner Einsicht in die Bedürfnisse seiner Geschöpfe Schilder wie Verkehrsschilder an unserem Weg aufgestellt. Diese Schilder bestehen aus zwei Arten von Hinweisen: Manche von ihnen sind Hinweise auf notwendige Handlungen und manche von ihnen halten uns von gefährlichen und schädlichen Taten ab. In allen Fällen ist die Glückseligkeit der

Menschen der Maßstab und Grund für die göttlichen Weisungen. Deshalb kann man sagen, dass die islamischen Regeln und Weisungen in Wirklichkeit Gesetze sind, die für die Gesundheit des Körpers und die seelische Ruhe der Menschen erlassen worden sind. Die Beachtung dieser Weisungen kann die Menschen vor dem Abweichen von der Wahrheit und vorm Sturz in gefährliche Tiefen schützen.

Die Regeln über nahe Verwandte (Mahram) und Fremde (Namahram) gehören zu den gesellschaftlichen Regeln im Islam.

Wir haben in den vergangenen Jahren das Thema »Mahram«[3] und »Namahram« kennengelernt und wissen, dass eine Gruppe von Menschen für uns als »Mahram« gilt und eine andere als »Namahram«.

Klassenaufgabe: Ergänzen Sie die folgende Tabelle nach einer Diskussion mit Ihren Freunden:

Mahram		**Namahram**	
1) …	6) …	1) …	6) …
2) …	7) …	2) …	7) …
3) …	8) …	3) …	8) …
4) …	9) …	4) …	9) …
5) …	10) …	5) …	10) …

In diesem Abschnitt werden wir einige andere gesellschaftliche Regeln im Islam kennenlernen:

1. **Schutz des Blicks**: Jeder männliche und jeder weibliche Moslem hat die Pflicht, gegenüber »Namahram« den Blick nicht auf sie zu richten.

Imam Dschafar al-Sadiq hat über die Nichtbeachtung dieser göttlichen Weisung gesagt: »Der Blick auf ›Namahram‹ ist ein giftiger Pfeil des Teufels, der den Samen der Sünde ins Herz der Menschen sät. Dies reicht für die betroffene Person völlig aus, um ungläubig zu werden. Es gibt viele kurze Blicke, die langfristige Wehmut verursachen.«

Ein verbotener Blick ist nicht nur selbst eine große Sünde, sondern ist auch die Voraussetzung und das Fundament für weitere große Sünden.

Manche Straftaten und große Verbrechen fingen mit einem kurzen Blick an. Die Distanz zwischen Blick und Sünde ist sehr gering. Manchmal bleibt das Gift solcher Blicke lebenslang im Körper erhalten, weil es kein Gegengift gibt. Wenn jemand die »roten Linien« des Blicks überschreitet und das »verbotene Gebiet« erreicht, bleibt er dort gefangen. Er wird traurig, bekommt Sorgen, wird ungeduldig und unruhig.

Wenn man aber seinen Blick kontrolliert, wird dies sowohl in dieser Welt als auch im Jenseits von Gott auf besondere Weise honoriert.

Der Prophet Mohammed sagte dazu: »Wenn jemand seine Augen gegenüber ›Namahram‹ schließt, wird er die süße Verbindung mit Gott in seinem Herz fühlen.«[4]

Deshalb ist es sinnvoller, die eigene Ruhe für kurzen und vorübergehenden Genuss nicht zu opfern, um so die Süße der göttlichen Liebe und Ruhe zu fühlen.

2. **Schutz des Sprechens**: Die zweite Pflicht jedes Muslims gegenüber Fremden (Namahram) ist das Sprechen im Rahmen der religiösen Regeln. Wir sollen stets so sprechen, dass es keine Anregung verursacht.

Im Koran steht: »*Frauen dürfen nicht aufreizend sprechen, damit lüsterne Männer nicht gierig werden. Sie sollen stets lobenswert sprechen.*«

Jede Handlung, die zur Erregung eines Fremden (Namahram) führt, ist verboten. Das Sprechen in unangemessenem Ton und die Verwendung vulgärer Wörter und ordinärer Ausdrücke gegenüber Fremden sind Beispiele für verbotene Handlungen.

3. **Passende Bekleidung**: Der große Gott erlaubt keinem Mann und keiner Frau, durch unpassende Bekleidung und die Zurschaustellung seines/ihres nackten Körpers andere Menschen zu sündhaften Taten zu ermutigen und dadurch die moralische Atmosphäre der Gesellschaft zu beschmutzen.

Bemerkenswert ist, dass, obwohl alle Menschen verpflichtet sind, ihre Körper zu bedecken, die Art der Bedeckung des Körpers bei Männern und Frauen unterschiedlich geregelt ist. Der Grund dafür ist die unterschiedliche Art ihrer Schöpfung.

Je zierlicher ein Ding und je größer seine Anziehungskraft ist, umso genauer achtet man auf seine Aufbewahrung und seinen Schutz. Deshalb legen weise Menschen ihre wertvollen Gegenstände, wie kostbaren Schmuck und Juwelen, nicht in die Reichweite der Fremden und vor die Augen der Diebe. Sie bewahren solche Wertsachen in der Regel an behüteten Orten und fern von Räubern auf.

Eine angemessene Kleidung der Frau (Hidschab) schützt ihre Schönheit vor den Blicken der lüsternen Männer und ihrer Gier. So können die Frauen in Sicherheit ihre privaten und gesellschaftlichen Aufgaben erledigen. Dadurch bleibt die Umgebung auch für positive und konstruktive Aktivitäten der Männer gesund.

Die Auswirkungen der unpassenden Bekleidung

Die Nichtbeachtung der Weisungen und Regeln für Hidschab bringt die Menschen mit unzureichendem Hidschab in Gefahr. Außerdem werden ihre Familien und sogar die gesamte Gesellschaft mit Problemen konfrontiert. Die Unsicherheit und Belästigung durch lüsterne Männer ist eines dieser Risiken.

Eine andere Folge dieses Verhaltens ist die Abwertung der Frau in der Gesellschaft. Die unangemessene Bekleidung führt dazu, dass lüsterne Männer die Frau nur als Sexobjekt betrachten und ihren wahren Charakter und ihre Stellung in der Gesellschaft außer Acht lassen. Eine Dame mit Hidschab und mit anständigem Verhalten gibt den anderen zu verstehen, dass sie nicht bereit ist, sich gierigen Blicken zur Schau zu stellen. Sie kennt ihre Werte und achtet auf ihren eigenen Wert.

Eine weitere Folge der Nichtbeachtung des Hidschabs und sogar die wichtigste, ist die Ferne von Gott. Wenn wir ganz allein dastehen. Wenn sogar unsere besten Freunde, auf deren Unterstützung wir angewiesen sind, uns verlassen, und wenn wir sonst keinen Rückhalt mehr haben, ist Gott der Einzige, der uns nicht verlässt und bei uns bleibt. Ein Gott, der uns trotz seiner unendlichen Größe liebt. Ein Gott, der unsere Unterstützung nicht braucht, uns aber trotzdem seine Gaben anbot, obwohl er von uns nur Undankbarkeit erlebte.

Ist es denn richtig, statt eines solchen Gottes den schmutzigen Augen und Herzen zu folgen? Ist es richtig, seinen liebevollen Blick zu verlieren? Ist es richtig, mit falschem Verhalten, sündigem Sprechen, mit sündigen Blicken und Lächeln, die unsere Keuschheit und Würde vernichten, sein Paradies zu verlieren?

Unser Leben ist eine Straße zu Gott. Jeder Tag bringt uns Gott näher. Deshalb müssen wir genau aufpassen. Aufpassen, auf unserem Weg nicht in den Abgrund zu stürzen. Aufpassen, dass unterwegs unsere Reinheit nicht verloren geht.

Die Nichtbeachtung von Hidschab ist einer der tiefsten Abgründe auf diesem Weg. Ein Abgrund, der uns vom Weg Gottes entfernt und für eine vorübergehende Freude unser Leben, unseren Glauben und unsere geistigen Fähigkeiten vernichtet.

Klassenaufgabe: Sie sollen mit der Hilfe der anderen Gruppenmitglieder feststellen, wie sich passende und/oder unpassende Bekleidung auf den Einzelnen und die Gesellschaft auswirkt.

Mehr wissen: Suche nach einer Lösung. Die wachsende Anzahl der Scheidungen verbreitete ein Gefühl von Unsicherheit und Niedergeschlagenheit unter den Frauen und vermehrte die Gewalttaten gegen sie. Diese Tatsachen haben die Politiker und Denker veranlasst, ernsthafte Lösungen für dieses Problem zu suchen. Eine der wirkungsvollen bisherigen Lösungen ist die Verhinderung unnötiger Versammlungen von Männern und Frauen an einem Ort.

In diesem Sinne hat die Gesellschaft für städtische Bahnen in Japan im Jahr 2009 bekannt gegeben, dass sie zum Wohl der weiblichen Passagiere spezielle Wagen für sie vorsieht.

Auch das amerikanische Bildungsministerium hat endlich nach 31 Jahren, im Jahr 2006, die Genehmigung für die Einrichtung von separaten Schulen für Schüler und Schülerinnen erteilt. Der Fernsehsender Sky News berichtete: Studien zu den amerikanischen Schulen zeigten, dass die Leistungen der Schüler in getrennten Schulen im Vergleich zu den gemischten Schulen besser waren. Der amerikanische Bildungsminister hat in diesem Bericht betont, dass diese Entscheidung die größte Veränderung im amerikanischen Bildungssystem in den letzten 31 Jahren war.

Eine weitere wichtige Veränderung, die in den letzten Jahren in westlichen Ländern zu beobachten ist, ist die Verbreitung angemessener und bedeckender Bekleidung unter Frauen.

Die amerikanische Schriftstellerin Frau Wendy Shalit schreibt in ihrem Werk *Return to modesty*«: »Die Studien zeigen, dass im Laufe der Zeit die amerikanischen Mädchen mehr bedeckende Kleider verwenden. Nach Erkenntnissen der Forscher haben junge Frauen in New York in den letzten Jahren weniger Interesse an offenen Kleidern gezeigt. Diese Forscher sind der Auffassung, dass die bedeckenden Kleider ihnen mehr Sicherheit geben und ihre Selbstkontrolle steigern. Allgemein kann man sagen, dass die Neigung zur Religion und Widerstand gegen die herrschende Kultur des freizügigen Umgangs mit dem anderen Geschlecht sich ausbreiten. Auf diese Weise will die junge Generation mehr Selbstkontrolle üben.«

Prüfe dich selbst!

1. Welche Ähnlichkeiten bestehen zwischen den Verkehrsschildern und religiösen Regeln?
2. Was sind die wichtigsten Aufgaben der Männer und Frauen gegenüber fremden Personen (Namahram)?
3. Nennen Sie zwei Auswirkungen und Folgen der Nichtbeachtung von Hidschab.

Oh der Allmächtige

Oh Gott,
nimm meine Bekleidung und Hidschab als Zeichen dafür an, dass ich Deine ergebene Dienerin bin.
Mein Hidschab ist ein Zeugnis dafür, dass ich der Tochter des Propheten Zahra als meinem Vorbild folge.
Oh Gott,
hilf mir, damit das Gerede der anderen mich nicht entmutigt.
Hilf mir, damit ich mit Stolz Deinem Weg folge. Der Weg, der im Paradies endet.
Oh Gott,
ich werde meine Augen vor all dem verschließen, was Du verboten hast.

Ich bitte Dich, den süßen Geschmack der Gebete in mein Herz zu geben.
Oh Gott,
ich will meine Augen für Dich
ich versuche mit Deiner Unterstützung nicht zu sehen, was Du nicht willst.

Wenn du möchtest, kannst auch du einige Wörter mit deinem Gott reden.

Abschnitt 9 – Das Leben organisieren

Im Laufe der Geschichte gab es Menschen, die ihre Vollkommenheit darin sahen, auf materielle Dinge zu verzichten, und vorhandene Möglichkeiten nicht nutzten. Sie dachten, dass Gott mit ihrer Einstellung zufrieden sei. Sie waren der Auffassung, dass die Personen, die sich für ein besseres Leben und das Ausnutzen der von Gott geschaffenen Möglichkeiten einsetzten, ungläubige Menschen seien.

Auf der anderen Seite gibt es eine Reihe von Menschen, die es als ihr Recht betrachten, rechtmäßig erworbenen Reichtum beliebig auszugeben. Sie sagen »Geld ist zum Ausgeben da« und »Gott hat die Dinge geschaffen, damit wir sie benutzen«, »Geld ist Macht«.

Klassenaufgabe: Welche Gruppe hat Ihrer Meinung nach recht? Gibt es einen dritten Weg?

Was ist der richtige Weg?

Der liebe Gott hat uns geschaffen, damit wir mit unserem Leben und guten Taten glücklich werden. Wenn es möglich wäre, die Erlösung in dieser Welt und im Jenseits ohne den Gebrauch göttlicher Segnungen zu erreichen, dann gäbe es keine Notwendigkeit, sie zu erschaffen.

Deshalb kritisiert der Koran die Personen, die freiwillig und ohne Grund auf göttliche Gaben verzichten:

> *»Wer hat Gottes Schmuck verboten, den Er für seine Knechte hervorgebracht hat, und die guten Dinge von den Lebensgütern?« [7:32]*

So wird klar, dass die Ansicht der ersten Gruppe vom Islam nicht akzeptiert wird.

Klassenaufgabe: Lesen Sie den folgenden Koran-Vers und versuchen Sie seine Bedeutung zu verstehen: *»Esst und trinkt, seid jedoch nicht verschwenderisch! Siehe, Er liebt nicht die Verschwender.« [7:31]*

Was meinen Sie? Inwieweit wird die Ansicht der zweiten Gruppe von Gott befürwortet?

Verschwenderischer Umgang:

- das Zimmer verlassen, ohne das Licht auszuschalten.
- mehr essen als nötig.
- noch brauchbare Haushaltsgeräte wegwerfen, nur weil sie älter sind.
- statt einfachen Schreibwaren, die vollkommen ausreichen, verwendet er teure Schreibwaren.
- um andere zu übertreffen, kauft er Dinge, die er in Wirklichkeit nicht braucht.

Solche Personen gehören alle zur Gruppe der Menschen mit verschwenderischem Umgang. Verschwenderischer Umgang bedeutet übertriebenen Konsum. Er gehört zu den großen Sünden und wird von Gott bestraft.

Klassenaufgabe: Beschreiben Sie die richtigen und falschen Vorgehensweisen in folgenden Fällen:

	Richtige Vorgehensweise	**Falsche Vorgehensweise**
Hochzeitsfest	1. Es gibt bei Verwandten einen geeigneten Ort für das Fest. 2. 3.	1. 2. Obwohl ein geeignetes Auto für Braut und Bräutigam vorhanden ist, wird ein teures Auto gemietet. 3.
Einkauf von Schultasche und Schreibwaren	1. 2. 3. Die Schultasche vom letzten Jahr ist noch gut und kann noch verwendet werden. Deshalb wird keine neue Tasche gekauft.	1. 2. Die Stifte vom letzten Jahr werden weggeworfen, obwohl sie noch brauchbar sind. 3.

	Richtige Vorgehensweise	Falsche Vorgehensweise
Einkauf von Haushaltsgeräten	1. Sie kaufen nur Dinge, die sie brauchen. 2. 3.	1. 2. Sie will ein Gerät nur kaufen, weil sie es bei Verwandten gesehen hat. 3.

Konsumismus

Ein Anzeichen für verschwenderischen Umgang ist Konsumismus. Konsumismus bedeutet übersteigertes Konsumverhalten und die ständige Neigung, mehr Waren zu kaufen. Vielleicht haben auch Sie Personen kennengelernt, die auf die Frage nach dem Grund für ihren Einkauf eine der folgenden Antworten parat haben:

- Es war ein Schlussverkauf und sehr billig! Ich habe das Ding eigentlich nicht gebraucht!
- Solche Sachen sind jetzt Mode!
- Meine Freunde waren der Meinung, dass das Ding mir gut passt!
- Viele sagen, dass solche Sachen bald teurer werden!
- Es ist nicht schlecht, wenn man davon mehr zu Hause hat!
- Alle meine Verwandten haben das Gleiche gekauft!

Solche Antworten zeigen, dass der Käufer beim Einkauf der Ware sie nicht wirklich brauchte. Er hat nur aufgrund äußerer Einflüsse gehandelt.

Warum ist es falsch, mehr als für den eigenen Bedarf zu kaufen?

Wenn eine Familie zweimal so viel Lebensmittel kauft, als sie benötigt, hat sie zwei Möglichkeiten: A) Sie muss diese schnell und noch vor Ablauf des Verfallsdatums verbrauchen. Das Ergebnis ist Völlerei mit den bekannten Folgen (Übergewicht und diverse Krankheiten). B) Oder sie wegschmeißen (Verschwendung, Vergeudung der göttlichen Gaben, Armut).

Ein solches Konsumverhalten hat auch gesellschaftliche Folgen. Übertriebene Einkäufe führen zu Warenknappheit und Preiserhöhungen. Wie man sieht, können gestiegene Preise eine Folge des Konsumismus sein.

Außerdem macht Konsumismus ein Land von anderen Ländern abhängig. Wenn Waren in einem Land knapp werden, muss es sie aus anderen Ländern importieren. Und wenn ein Land von anderen abhängig ist, wird es keine andere Wahl haben, als ihre Forderungen zu akzeptieren.

Die Wege zur Behandlung des Konsumismus

Aufgrund der negativen Folgen des Konsumismus und des verschwenderischen Umgangs ist es das Beste, wenn man folgende Punkte beachtet:

1. Bei der Auswahl der Konsumgüter die eigenen Erfahrungen und die Erfahrungen von Bekannten als Maßstab nehmen und nicht, was in der Werbung gesagt wird.
2. Die Gerüchte über bald steigende Preise für eine Ware nicht ernst nehmen.
3. Der Kauf von teuren Waren kann niemals die Persönlichkeit eines Menschen verbessern.
4. Die Modetrends, die mit viel Glanz und Gloria vorgestellt werden, können schnell wieder verschwinden. Deshalb soll man das Leben nicht auf solch wackelige Vorbilder aufbauen.

Klassenaufgabe: Auch Sie sollen mithilfe der Mitglieder Ihrer Gruppe neue Wege gegen den Konsumismus finden.

Modebewusstsein

Um den Verkauf der Produkte zu steigern, versuchen die großen Firmen mit viel Werbung die Menschen davon zu überzeugen, dass ihre Produkte etwas Besonderes sind und man ohne sie in der Gesellschaft nicht akzeptiert wird. Durch derart massive Werbung bekommen viele das Gefühl, dass sie das Produkt unbedingt brauchen. Kurz nachdem sie das Produkt gekauft haben, kommt es aus der Mode und ein neues Produkt gelangt auf den Markt. Dieser Wettlauf nimmt kein Ende. Manche nehmen sogar für den Kauf eines Produkts Kredite auf.

Die wichtigste Methode der großen Firmen ist es dabei, neue Moden auf den Markt zu bringen. Die Moden werden von vielen als Muster für ihren Lifestyle genutzt.

Die Modeschöpfer engagieren für ihre Werbung oft Schauspieler, Sportler und andere bekannte Persönlichkeiten. Sie versuchen die Verbraucher davon zu überzeugen, dass sie durch ihre Moden die anderen beeindrucken können. Wichtig dabei ist, dass die junge Generation wegen ihrer Neigung zur Abwechslung viel mehr beeinflusst wird als andere Schichten der Gesellschaft.

Die Neigung zur Mode schadet nicht nur der Wirtschaft des Landes. Sie schwächt auch die kulturelle Struktur eines Landes. Die Vorbilder für neue Moden und von ihnen vorgestellte Lifestyles stehen in Widerspruch zur Kultur und Zivilisation eines islamischen Landes und was sie vorstellen, ist gegen die Weisungen der großen Weltreligionen. Die Nachahmung der fremden Verhaltensweisen ändert allmählich die Denkweise der Muslime und macht aus ihnen einen Haufen blinder Nachahmer. Wir können sogar solche entfremdeten Menschen in unserer Gesellschaft antreffen. Menschen, die ein T-Shirt tragen, ohne zu wissen, was darauf steht. Männer mit einem besonderen Haarschnitt, nur weil er Mode ist und ein bekannter Sportler diese Frisur trägt.

Klassenaufgabe: Finden Sie mithilfe Ihrer Mitschüler Beispiele für blinde Nachahmung der fremden Moden, die in unserer Gesellschaft verbreitet sind, und erklären Sie, wie diese Nachahmung den Charakter und das Verhalten einer Person verändern können.

Prüfe dich selbst!

1. Nennen Sie fünf Beispiele für verschwenderischen Umgang, die in der Gesellschaft verbreitet sind.
2. Welche persönlichen und gesellschaftlichen Schäden werden durch Konsumismus verursacht?
3. Beschreiben Sie, wie die Verschwendung und der Konsumismus eine Gesellschaft in die Abhängigkeit treiben.
4. Was ist der richtige Konsum aus islamischer Sicht?

Vorschlag: Schreiben Sie eine kurze Geschichte über die Lebensweise einer großen religiösen Persönlichkeit und lesen Sie sie in der Klasse vor.

Oh der Allmächtige

Oh Gott,
im Vertrauen auf Deinen Beistand, werde ich in meinem Leben auf dem Mittelweg bleiben
und [mit Deinen Gaben] nicht verschwenderisch umgehen.
Oh Gott,
hilf mir, damit ich beim Verbrauch von dem, was Du für mich bestimmt hast, maßhalten kann.
Ich werde nur so viel von meinem Reichtum und meinem Eigentum behalten, wie für meinen Bedarf ausreicht. Den Rest

werde ich in Deinem Sinne verschenken. Diese Schenkungen brauche ich für mein Leben im Jenseits.

Lieber Gott,

halte mich von unbewusster Nachahmung der fremden Lebensweisen ab

und behüte mich vor der Benutzung von Kleidern, die Du nicht akzeptierst.

Abschnitt 10 – Zwei kostbare Vermögenswerte

Lesen Sie einmal folgende Zahlen vor: 1001, 1002, 1003, 1004, 1005. Während Sie die Zahlen gelesen haben, haben Sie fünf Sekunden Ihres Lebens verbracht.

Haben Sie schon einmal die Bewegung der Wolken beobachtet? Die Wolken bewegen sich durch Wind sehr schnell. Wir aber können diese Geschwindigkeit nicht erkennen. Kennen Sie andere Dinge, die sich wie Wolken bewegen?

***

Der Anpfiff ertönt und das Spiel beginnt. In der ersten Mannschaft kennt jeder Spieler seine Aufgabe und ist bereit, die Anweisungen des Trainers haargenau zu befolgen. Ihr Plan ist, das Spiel zu gewinnen und von der ersten Minute an mit voller Kraft zu spielen, ohne eine Gelegenheit auszulassen.

Aber in der zweiten Mannschaft haben die Spieler das Spiel noch nicht ernst genommen und geben sich wenig Mühe. Sie denken: Wir haben noch neunzig Minuten Zeit …

Wie wird Ihrer Meinung nach das Spiel enden?

Stellen Sie sich Folgendes vor: Wenn mit dem Pfiff des Schiedsrichters das Spiel endet, gehen die Spieler der zweiten Mannschaft, die ihre Chancen verpasst haben, zum Schiedsrichter und bitten ihn um eine Verlängerung des Spiels! Sie sagen zu ihm: »Wir waren gar nicht auf das Spiel konzentriert und haben nicht wahrgenommen, wie schnell das Spiel endete. Geben Sie uns noch einige Minuten, damit wir unsere verpassten Chancen wiedergutmachen können ...!«

Wie wird Ihrer Meinung nach der Schiedsrichter auf diese Bitte reagieren?

Klassenaufgabe: Welche Ähnlichkeiten gibt es Ihrer Meinung nach zwischen unserem Leben in dieser Welt und einem Fußballspiel? Und was sind die Unterschiede?

Die Lebensdauer ist eine Gelegenheit für ...

Gottes Worte über die Menschen, die den wahren Wert ihrer Lebensdauer nicht erkennen, vorhandene Gelegenheiten während ihrer Lebenszeit grundlos verpassen und mit leeren Händen diese Erde verlassen:

> *»Wenn dann der Tod zu einem von ihnen kommt, dann spricht er: ›Mein Herr, hole mich zurück, dass ich vielleicht noch Gutes tue in dem, was ich zurückgelassen habe!‹ Oh nein! Das ist nur ein Wort, das er so daherspricht.« [23:99f.]*

Wie würde man die Gelegenheit nutzen, wenn man weiß, dass die guten Dinge im Paradies die Belohnung für die guten Taten in dieser Welt sind?

Weiß überhaupt jemand, bis wann er für gute Taten in dieser Welt Zeit hat?

Imam Ali sagt:

»Die Gelegenheiten ziehen wie Wolken vorbei. Deshalb muss man die guten Gelegenheiten wahrnehmen.«

In unserem Leben gibt es Faktoren, die eine bessere Nutzung der Lebenszeit verhindern. Hier werden wir einige davon kennenlernen:

1. **Faulheit und Trägheit:** Ein Mensch, der nicht täglich Sport treibt und für seine Tätigkeiten keinen Plan hat, wird lustlos und träge. Solche Personen kümmern sich nicht um ihre Zeit und die Zeit der anderen und vergeuden damit Stunden und sogar Tage.
2. **Die Arbeit hinausschieben:** Jemand, der im Leben keinen Plan hat und kein bestimmtes Ziel verfolgt, kann seine Aufgaben nicht rechtzeitig erledigen. Er schiebt stets alles von heute auf morgen hinaus. Es ist nicht klar, wann dieses Morgen sein wird. Sie vergeuden das Heute in der Hoffnung auf ein Morgen, das nie kommt.
3. **Nichtbeachtung der Prioritäten:** Wenn man im Leben keine Prioritäten setzt und einfach das tut, was einem einfällt, vergisst man die wichtigen Dinge und findet keine Zeit für sie. Nichtbeachtung der Prioritäten führt zu Eile. Weil man immer das Gefühl hat, wenig Zeit zu haben. Wenn man aber nach einem Plan und festen Prioritäten vorgeht, kann man mit Geduld und Selbstvertrauen alles rechtzeitig erledigen.
4. **Freundschaft mit unordentlichen Personen:** Freundschaft mit Personen, die in ihrem Leben keinen Plan haben und kein Ziel verfolgen, kann unser Verhalten negativ beeinflussen. Auch wir werden mit der Zeit unser Leben nicht wertschätzen.

Wegen der Wirkung von Menschen um uns herum auf unser Verhalten gibt es viele Ratschläge für die Auswahl von Freunden.

Klassenaufgabe: Nennen Sie mithilfe Ihrer Freunde andere Faktoren, die zur Vergeudung der Lebenszeit führen können. Wie kann man, Ihrer Meinung nach, diese Faktoren beseitigen?

Der erste Vermögenswert für das Glück in dieser Welt und im Jenseits ist das Leben. Wenn jemand das Leben verliert, kann er andere Geschenke des Himmels auch nicht nutzen. Reicht aber die Gottesgabe Lebenszeit allein für das Glück in der Welt und im Jenseits aus?

Wenn wir uns kurz überlegen, merken wir, dass alle Wesen in der Welt eine Lebenszeit haben. Was ist dann der Unterschied zwischen den Menschen und anderen Wesen?

Ein wichtiger Unterschied zwischen Menschen und anderen Lebewesen und Pflanzen ist das Denkvermögen und die Vernunft des Menschen.

Wir Menschen haben, neben einem glücklichen Leben, durch diese wertvolle Fähigkeit die Gelegenheit, über unsere Fortschritte nachzudenken und mithilfe der Gesandten Gottes den besten Weg zu unserer Erlösung auszuwählen.

Nachdenken über die Zeichen Gottes ist im Islam sehr wichtig. Der Prophet Mohammed war der Auffassung, dass ein solches Nachdenken wertvoller sei als viele Gebete. Er sagte dazu:

»Eine Stunde Nachdenken über Zeichen Gottes ist viel wertvoller als ein mehrstündiges Gebet [ohne Nachdenken].«

Leider gibt es Menschen, die zum Denken fähig sind, aber diese Fähigkeit nicht nutzen. Sie haben Augen, lernen aber nicht aus dem, was sie sehen. Sie haben Ohren, hören aber die Gottesweisungen nicht.

Im Koran werden solche Menschen so beschrieben:

»[…] die meisten von ihnen hören oder begreifen? Siehe, sie sind nicht anders als das Vieh, sie sind sogar am weitesten vom rechten Wege abgeirrt.« [25:44]

Was ist Denken und was bedeutet es, dass der Mensch ohne Denken schlimmer wird als das Tier?

Imam Ali sagt: »Das Denken ruft die Menschen zu den guten Taten auf.«

Wenn der Mensch sich gut überlegt, dass alle seine Taten von Gott registriert werden und er später für seine Taten vor Gott die Verantwortung übernehmen muss, wenn er sich überlegt, dass er mit seinen Taten und Worten jemanden glücklich machen oder kränken kann, wird er mit Sicherheit zu guten Taten verlockt und von der Sünde ferngehalten. Wenn aber jemand über solche Dinge nicht nachdenkt und ohne Weitblick etwas tut, muss er seine Taten später zutiefst bereuen.

Klassenaufgabe: Nennen Sie einige falsche Taten, die oft im Leben vorkommen, und beschreiben Sie ihre Folgen. Würden Sie Ihrer Meinung nach solche Taten immer noch tun, wenn Sie vorher über die Folgen nachgedacht hätten?

Prüfe dich selbst!

1. Was sind die Ähnlichkeiten zwischen ziehenden Wolken und dem Vergehen der Zeit?
2. Reicht uns die Lebenszeit für das Glück in dieser Welt und im Jenseits aus? Erklären Sie das.
3. Welche Personen sind vor Gott schlimmer als Tiere und warum?
4. Nennen Sie drei Faktoren, die die Lebenszeit vergeuden.

Oh der Allmächtige

Oh Gott,
Dein Segen sei mit Mohammed und seiner Familie,
und
gib mir ein langes Leben, solange ich Deinen Weisungen folge
und

wenn mein Leben vom Teufel erfasst wird, nimm mein Leben,
bevor es zu spät wird.
Oh Gott, der Barmherzige!
Du hast mir das Denkvermögen geschenkt,
hilf mir, nichts zu tun, ohne zu denken.
Du hast mir das Denkvermögen als einen Vermögenswert
gegeben und es wichtiger eingestuft als jedes Gebet,
gib mir die Möglichkeit, das Denkvermögen als Mittel für meine
Führung zu benutzen.

Abschnitt 11 – Sprachsünden

Das Sprachvermögen ist eine der wichtigsten Segnungen Gottes. Auf diese Weise kommuniziert der Mensch mit anderen, erzählt von seinen Bedürfnissen und Wünschen, berät sich mit anderen, drückt seine Gefühle aus und weist anderen den Weg.

Auf der anderen Seite kann der Mensch mit der Sprache andere kränken, diffamieren, lügen und sonstige Sünden begehen.

Tatsache ist, dass Sprechen den inneren Charakter der Menschen enthüllt.

Imam Ali sagt: »*Wenn Sie sprechen, werden Sie erkannt, weil der Mensch sich unter der Zunge versteckt.*«

Klassenaufgabe: Welche Auswirkungen hat Ihrer Meinung nach das Sprechen auf unser Leben in dieser Welt und im Jenseits?

Verwenden alle diese Gabe richtig?

Wir werden in diesem Abschnitt einige Sprachsünden vorstellen, die sich gefährlich auf unsere Glückseligkeit auswirken können.

Von diesen Sünden fernzubleiben bringt uns die Erlösung und gibt uns die Möglichkeit, das schöne Paradies Gottes zu erreichen:

1. Lügen: Im letzten Jahr haben wir gelernt, dass das Lügen nicht nur am Tag des Jüngsten Gerichts vom Gott bestraft wird, sondern auch in dieser Welt zum Verlust des Vertrauens der anderen und zu unserer Einsamkeit führt. Ein Lügner will entweder durch seine Lüge etwas erreichen oder ein Problem lösen. Der Lügner vergisst dabei, dass keine Macht Gott überlegen ist und solange er nicht will, niemandem Gewinn oder Schaden von jemandem zugefügt werden können.

Ein wichtiger Punkt dabei ist, dass Menschen manchmal unbewusst lügen. Zum Beispiel, weil sie jemanden besonders lieben und ihn überschwänglich loben. Oder weil sie jemanden hassen, verbreiten sie unbewusst Lügen über ihn. Auf alle Fälle ist ihre Tat eine Sünde. Imam Hassan Asgari sagt: »Die Lüge ist der Schlüssel zum Haus der Hässlichkeiten.«

Unsere Imame haben immer betont, dass der Glaube durch Lügen vernichtet wird. Außerdem versperrt die Lüge Gottes Führung den Weg.

Lügen schwächt das Gedächtnis der Menschen und, wie man sagt, »die Lügner haben ein schwaches Gedächtnis«. Lügen führt zu Armut und Not, weil man sich durch Lügen vom Segen Gottes entfernt.

Nur diejenigen können das Lügen aufgeben, die stets über die Folgen ihrer Aussagen nachdenken. Außerdem ist es wirkungsvoll, sich von Lügnern fernzuhalten.

Mehr wissen: Manchmal wird beim Austausch von Höflichkeiten eine Lüge geäußert und man denkt, diese Lüge war doch nicht so wichtig und nur eine Gespreiztheit. Zum Beispiel wird jemand zum Essen eingeladen. Er weigert sich aber zu essen, obwohl er gerne essen würde. Ein anderes Beispiel: Manchmal laden Leute andere aus Gewohnheit ein oder bieten anderen etwas an, obwohl sie in Wirklichkeit hoffen, dass ihre Angebote abgelehnt werden.

Unsere Imame lehnen dieses Verhalten ab. Ismail, der Sohn vom Imam Sadegh, erzählt:

»Eines Tages habe ich meinen Vater nach Hause begleitet. Einer der Gefährten meines Vaters hat uns auch begleitet und hat mit meinem Vater gesprochen. Als wir das Haus erreicht haben, hat mein Vater sich von ihm verabschiedet. Zu Hause habe ich dann dem Vater gesagt: ›Wäre es nicht besser gewesen, ihn einzuladen?‹

Mein Vater sagte: ›Ich bin nicht in der Lage, ihm etwas anzubieten.‹

Ich sagte: ›Es war nicht sicher, ob er Ihrer Einladung folgt. Nur aus Höflichkeit könnten Sie ihn einladen!‹

Mein Vater sagte: ›Mein Sohn, ich will nicht vor Gott als jemand dastehen, der nur Höflichkeiten austauscht und, wenn es sein muss, auch dafür lügt.‹«

* * *

2. **Üble Nachrede:** Üble Nachrede über andere und die Offenlegung ihrer Fehler und Mängel sind eine der größten Sünden, die sehr hart von Gott bestraft werden. Manche glauben, dass ihre Vorwürfe gegen andere nur dann als üble Nachrede eingestuft werden, wenn sie nicht der Wahrheit entsprechen. Das ist falsch. Wenn sie nicht der Wahrheit entsprechen, dann sind sie sowohl eine Verleumdung als auch eine Lüge. Auch wenn man mit eigenen Augen einen Fehler von jemandem sieht, darf man darüber mit anderen nicht reden.

Im Koran steht Folgendes über die üble Nachrede:

»Oh die ihr glaubt! … Führt nicht üble Nachrede übereinander.[5] *Liebt es denn von euch wohl einer, dass er das Fleisch*

seines toten Bruders esse? Das fändet ihr gewiss abscheulich!« [49:12]

Warum wird, Ihrer Meinung nach, die üble Nachrede als eine große Sünde eingestuft und verboten?

Im Islam wurden Brüderlichkeit, Freundschaft und Aufrichtigkeit sehr anempfohlen. Deshalb haben die Zusammenarbeit und Freundschaft zwischen Muslimen eine große Bedeutung.

Alles, was Trennung und Feindseligkeit unter Muslimen verursacht, ist verboten. Wenn Menschen sich gegenseitig mit Vorwürfen beleidigen, tragen sie ihren Groll und ihr Unbehagen gegeneinander aus und sie können nicht länger, wie in der Vergangenheit, Freunde sein. Auch diejenigen, die diese üblen Nachreden hören, verlieren ihr Vertrauen gegenüber geschädigten Personen.

Außerdem kann derjenige, der nicht will, dass andere seine Fehler kennen, seinen Fehler leicht wiedergutmachen. Wenn er aber weiß, dass alle seine Fehler kennen und ihm niemand mehr vertraut, sieht er keinen Anreiz für eine Korrektur seiner Fehler. Er kann auch jede andere Sünde begehen, und das bedeutet Vernichtung und Untergang.

Üble Nachrede ist eine Art der Verbreitung von ungebührlichem Verhalten, das in dieser Welt den Glauben an Religion vernichtet. Bei der Bestrafung der üblen Nachrede rechnet Gott die guten Taten derjenigen, die solche Nachreden verbreiten, zugunsten der Geschädigten. Außerdem wird ihnen keine Gelegenheit zu guten Taten gegeben.

Der beste Weg für die erfolgreiche Behandlung dieses Fehlverhaltens ist die Konzentration auf eigene Fehler. Statt andere zu kritisieren, soll man eigene Fehler korrigieren.

Mehr wissen: Es ist wichtig zu wissen, dass die üble Nachrede nicht immer durch Reden geschieht. Manchmal kann eine Handbewegung, ein Gesichtsausdruck oder die Nachahmung einer Bewegung oder einer Handlung an die Stelle von übler Nachrede treten.

Eines Tages war eine kleinwüchsige Frau beim Propheten, um ihn etwas zu fragen. Als sie die Antwort bekam und wegging, hat einer der Anwesenden leise und mit einer Handbewegung auf ihre Kleinwüchsigkeit hingewiesen. Der Prophet sagte: »Du hast soeben eine üble Nachrede begangen.«

3. Beschimpfung: Eine andere Sprachsünde ist die Beschimpfung und der Gebrauch von unanständigen Wörtern. Wenn jemand einen anderen beschimpft und ihm etwas Hässliches zuschreibt, verbreitet er unbewusst Feindschaft. Viele Streitigkeiten und Auseinandersetzungen beginnen mit einem Schimpfwort.

Die Verbreitung von hässlichen Wörtern und Beschimpfungen in der Gesellschaft schwächt das Schamgefühl und schafft die Voraussetzungen für andere Sünden. Deshalb haben die religiösen Führer die Menschen vor dieser hässlichen Tat gewarnt. Der Prophet sagt dazu:

> *»Gott hat das Paradies für diejenigen, die beschimpfen und unüberlegt etwas sagen und denen egal ist, was andere über sie denken, verboten.«*

Beschimpfungen passieren in der Regel nur dann, wenn

- Menschen wütend sind und ihre Wut nicht kontrollieren können. Solche Personen fangen an zu schimpfen und die Verwendung von Schimpfwörtern wird ihnen mit der Zeit zu einer Gewohnheit.
- sie scherzen und andere glücklich machen wollen. Sie freuen sich, wenn andere über ihre hässlichen Worte lachen.

Natürlich gibt es auch welche, die wegen schlechter Erziehung hässliche Wörter verwenden und sich daran gewöhnt haben.

Wie lässt sich diese Krankheit heilen?

Die Ethik-Gelehrten haben Lösungen vorgeschlagen, um diese unangenehme Gewohnheit loszuwerden. Eine Gewohnheit, die dazu führt, dass die menschliche Seele beschmutzt wird, und die sie vom Wohlergehen fernhält. Einige dieser Lösungen sind:

- sich von Personen fernhalten, die diese Angewohnheit haben.
- darüber nachdenken, dass die Beschimpfung eine hässliche und ungebührliche Tat ist.
- darüber nachdenken, welche Geschenke des Himmels man durch Beschimpfungen verliert. Eine solche Person findet keine ewig gültige Erlösung.

Auf diese Weise und indem man sich an schöne und angenehme Worte gewöhnt, kann man die hässlichen Wörter und Beschimpfungen für immer meiden.

Was ist Ihrer Meinung nach die beste Reaktion gegenüber einer Person, die schimpft?

Mehr wissen: Alle nannten ihn den besten Freund von Imam Sadegh. Eines Tages sprach er wie immer mit dem Imam auf dem Weg zum Markt. Sein Diener lief hinter ihnen. Unterwegs drehte sich [der Freund des Imams] plötzlich um und schaute. Aber er sah seinen Diener nicht. Wenig später sah er sich wieder um. Es gab aber immer noch keine Spur von seinem Diener. Als er sich zum dritten Mal umdrehte und den Diener nicht fand – dieser besuchte einen Laden und war zurückgeblieben –, war er sehr wütend.

Etwas später, als er seinen Diener erblickte, beschimpfte er ihn und seine Eltern wütend und sagte: »Wo bist du geblieben?«

Als dieser Satz aus seinem Mund kam, hob der Imam seine Hand, legte sie auf seine eigene Stirn und sagte: »Beleidigst du ihn und seine Familie mit solchen Schimpfwörtern? Ich kannte dich mit Frömmigkeit und Gottergebenheit. Aber jetzt stelle ich fest, dass du nicht tugendhaft bist.«

Der Mann antwortete sofort: »Oh Sohn des Gesandten Gottes, dieser Diener kommt aus dem Land der Ungläubigen und seine Eltern sind auch von dort. Sie sind überhaupt keine Muslime.«

Der Imam versuchte wiederholt, ihn zu belehren. Dieser Mann aber wollte seine Tat nicht bereuen. Er verteidigte sie sogar.

Nachdem sich herausstellte, dass er unverbesserlich war, verließ ihn der Imam für immer.

Prüfe dich selbst!

- Nenne zwei Folgen von Lügen.
- Was sind die gesellschaftlichen Folgen der üblen Nachrede und wie wirkt sie auf zwischenmenschliche Beziehungen?
- Wie kann man sich von der hässlichen Angewohnheit der Beschimpfung fernhalten?

Lesen Sie sorgfältig folgende Fragen:

1. Wie kann eine Person, die unabsichtlich eine üble Nachrede begangen hat, diese große Sünde wiedergutmachen?
2. Gibt es Fälle erlaubter Verbreitung von Fehlern der anderen?

Diskutieren Sie über diese Fragen mit erfahrenen Personen und berichten Sie über die Ergebnisse Ihrer Diskussion.

Oh der Allmächtige

Oh Gott,
Du weißt genau,
dass ich
manchmal gelogen habe,
manchmal über Fehler der anderen gesprochen habe,
manchmal jemanden beschimpft habe
und weiß, dass all diese Taten Sünden sind.
Lieber Gott,
hilf mir, damit ich solche Sünden nicht mehr wiederhole

und falls ich einmal aus Versehen eine solche Sünde begehe, bitte ich Dich um Hilfe, damit ich schnell zu Dir zurückkehren kann.
Ich will vor jeder Äußerung über ihre Folgen nachdenken und dazu brauche ich Deinen Beistand.
Oh Gott,
gib mir die Chance, meine eigenen Fehler zu korrigieren,
damit ich keine Gelegenheit für üble Nachrede habe und die Menschen sich mit mir und meinen Äußerungen wohlfühlen.

Auch du kannst einige Wörter mit deinem Gott reden, wenn du gerne möchtest.

Abschnitt 12 – Wert der Arbeit

Große Anbetung

»… Er ging schneller und wollte so schnell wie möglich nach Hause kommen. An diesem heißen Nachmittag in Medina haben nur Leute das Haus verlassen, die etwas sehr Wichtiges erledigen wollten. Von Weitem hat er jemanden beobachtet, der unter der brennenden Sonne auf seinem Ackerland arbeitete. Er dachte sich: ›Was für ein gieriger Mensch. Wie viel wert sind das Geld und der Reichtum in dieser Welt, damit der Mensch so etwas zu seinem eigenen Vorteil tut? Es ist gut, ihm einen Rat zu geben.‹ Nach einigen Schritten war er noch überraschter. ›Sehe ich richtig? Ist das Imam Baqir, der bei der Arbeit seinen Schweiß vergießt?‹

›Hallo.‹

Der Imam hielt kurz inne, beantwortete den Gruß und arbeitete weiter.

Der Mann sagte: ›Warum soll eine wichtige Persönlichkeit aus der großen Familie Qureisch bei diesem heißen Wetter sich um materielle Dinge kümmern? Was tun Sie, wenn Sie jetzt und in diesem Zustand sterben?‹ Der Imam hörte auf zu arbeiten und sagte:

›Wenn der Tod mich in diesem Zustand ereilt, bin ich während der Anbetung Gottes gestorben. Ich versuche mit der Arbeit mich selbst und meine Familie zu ernähren und auf fremde Hilfe nicht angewiesen zu sein. Dies ist die Anbetung Gottes. Wenn ich vor etwas Angst haben sollte, wäre das der Tod im Moment einer Sünde.‹

Der Mann senkte den Kopf und dachte ein wenig nach. ›Was für ein weises Wort! Ich wollte ihm einen Rat geben, aber er hat mir einen Rat gegeben. Gott sei Dank, dass ich meine Fehler erkannt habe.‹«

Die Früchte der Arbeit und des Strebens

Arbeit und das Streben danach, auf die Hilfe anderer nicht angewiesen zu sein, sind nicht nur nicht ungebührlich, sondern gehören zur großen Anbetung Gottes.

Der Prophet sagt dazu: *»Anbetung hat zehn Bestandteile, neun davon sind Arbeit und rechtmäßiger Handel.«*

Ein weiterer Vorteil der Arbeit ist, dass man dadurch die Fähigkeit erlangt, anderen zu helfen, großzügig zu sein und sich an guten Taten zu beteiligen. Sie finden keinen vernünftigen Menschen, der nicht den Gottessegen für Großzügigkeit mag. Kann jemand, der selbst auf fremde Hilfe angewiesen ist, anderen helfen? Kann jemand, der selbst kein Einkommen hat, andere finanziell unterstützen und sich an guten Taten beteiligen?

Ein weiteres Ergebnis der Arbeit ist die Lösung der gesellschaftlichen Probleme. Durch Arbeit und eine hohe Beschäftigungsrate können viele gesellschaftliche Probleme wie Kriminalität und Bettelei verhindert werden.

Klassenaufgabe: Welche weiteren Schäden können durch die Arbeitslosigkeit entstehen?

Legale Geschäfte

Ein Gefährte von Imam Sadegh fragte ihn:

»Jemand verdient Geld durch unerlaubte Geschäfte. Um seine Sünde zu bereinigen, schenkt er den Armen Geld aus demselben Geschäft, kümmert sich um notleidende Personen und macht eine Pilgerfahrt nach Mekka. Wie werden seine Taten von Gott beurteilt?«

Der Imam sagte: »Was die Sünden reinigt, sind gute Taten. Verbotene Arbeit kann durch den widerrechtlich erworbenen Reichtum nicht bereinigt werden.«

Wenn jemand seinen Reichtum durch unerlaubte Geschäfte oder Arbeit erwirbt, begeht er eine große Sünde. Auch wenn er all diesen Reichtum in gute Taten investiert, werden seine Sünden nicht ausgelöscht. Im Gegenteil, es kommt eine neue Sünde hinzu.

Können Sie vermuten, welche anderen Auswirkungen unerlaubt erworbenes Geld auf das Leben der Menschen hat?

Klassenaufgabe: Ein Mann besuchte den Propheten und sagte: »Lieber geehrter Prophet! Bitte Gott, meine Gebete zu erhören.« Der Prophet antwortete: »Wenn du deine Wünsche erfüllen willst, sollst du rechtmäßigen Tätigkeiten nachgehen.«

Diese Überlieferung zeigt eine der Auswirkungen des unerlaubt erworbenen Reichtums:

Die Botschaft: Gebete bleiben unerhört.

Jetzt sollen Sie die beiden folgenden Überlieferungen lesen und, wie oben, versuchen, die Botschaft jeder Überlieferung zu erkennen.

1. Imam Reza: Der unerlaubt erworbene Reichtum wird sich

nicht vermehren, und wenn er sich doch vermehrt, geht er schnell verloren.

Überlege dir die Botschaft und schreibe sie auf.

2. Imam Ali: Auf falschem Weg erworbenes Eigentum geht auf falschem Weg verloren.

Überlege dir die Botschaft und schreibe sie auf:

Vertrauensbruch bei der Arbeit

Das auf unerlaubten Wegen wie Diebstahl, Glücksspiel und Hehlerei erworbene Eigentum ist widerrechtlich und darf nicht genutzt werden.

Es kommt aber vor, dass man einen guten und erlaubten Beruf ausübt, aber über fragliche Praktiken widerrechtliche Gewinne erzielt. Zum Beispiel, wenn man eine minderwertige Ware in einer schicken Verpackung teurer verkauft. Der dadurch erworbene Zusatzgewinn ist unerlaubt und muss dem Käufer zurückerstattet werden. Oder wenn ein Angestellter während seiner Arbeitszeit sich privat beschäftigt, ist ein Teil seines Lohnes widerrechtlich und darf von ihm nicht ausgegeben werden. Daher kann der Mensch in jedem Beruf an widerrechtlich erzieltes Einkommen gelangen. Über solche Personen sagt Gott:

Wehe den Knauserern,
Die volles Maß verlangen;
Wenn sie sich von anderen zumessen lassen,
die aber sparen, wenn sie selber zumessen oder wiegen!
Sind jene denn nicht der Ansicht, auferweckt zu werden
zu einem großen Tag?
Am Tage, da die Menschen dem Herren der Weltbewohner gegenüberstehen?

Prüfe dich selbst!

1. Welche Vorteile hat die Arbeit für den Menschen und die Gesellschaft? Nennen Sie drei Vorteile.
2. Nennen Sie einige Arbeiten mit verbotenem Einkommen.
3. Nennen Sie drei erlaubte Berufe mit möglichem unerlaubtem Einkommen.
4. Welche schlechten Auswirkungen können verbotene Beschäftigungen auf unser Leben haben?

Lesen Sie die Novelle »Schwarzmarkt« (Novelle Nummer 33 aus dem Buch *Die Geschichten der Aufrichtigen* vom Märtyrer Morteza Mottahari) und erzählen Sie die Novelle Ihren Freunden.

Mehr wissen: Geh arbeiten ... – Seine Geduld und Ausdauer waren am Ende. Er war so arm, dass er nicht einmal seine Kinder ernähren konnte. Er wusste nicht, was er tun sollte.

»Das ist der einzige Weg für uns. Gehe heute zum Propheten und suche Hilfe bei ihm. Er wird uns mit Sicherheit helfen.«

Das war der Vorschlag seiner Frau.

Obwohl er niemanden um Hilfe bitten wollte, sah er keinen anderen Weg. Er kam in die Moschee. Der Prophet saß mit einigen Gefährten zusammen und unterhielt sich mit ihnen. Er saß in einer Ecke und wartete darauf, dass es um den Propheten ruhiger würde und er sein Problem mit ihm besprechen könnte. Plötzlich unterbrach der Prophet seine Rede und sagte, ohne ihn anzusehen: *»Jedem, der uns um Hilfe bittet, werden wir helfen, wenn aber ein anderer nicht um Hilfe bittet, wird Gott ihm die Großmütigkeit schenken.«*

Was meinte der Prophet mit diesem Satz? Hat er zu mir gesprochen? An diesem Tag sagte er nichts und kehrte zu seinem Haus zurück. Aber am nächsten Tag passierte nichts, und Armut und Hunger bedrängten ihn und seine Familie wie zuvor. Am Folgetag kam er wieder mit der gleichen Absicht in die Moschee.

Wiederum sagte der Prophet, ohne auf ihn zu zeigen: »*Jedem, der uns um Hilfe bittet, werden wir helfen, wenn aber ein anderer nicht um Hilfe bittet, wird Gott ihm die Großmütigkeit schenken.*«

Er war sicher, dass der Prophet ihn meinte. Er ging wieder nach Hause, ohne etwas zu sagen. Als er am nächsten Tag zum dritten Mal zum Propheten ging und dieselben Worte hörte, sagte er zu sich selbst: Sicherlich verfolgt der Prophet, der immer wieder dasselbe wiederholt, mit diesen Sätzen eine bestimmte Absicht. Ich werde niemanden mehr um Hilfe bitten. Ich werde mich auf Gott verlassen und nutze die Kraft, die Gott mir gegeben hat, und bitte ihn, mir auf diesem Weg zu helfen, damit ich von nun an niemanden mehr um Hilfe bitten muss.

Er kam nach Hause und überlegte sich, wie er durch eine Tätigkeit Geld verdienen kann.

Wenigstens kann ich in der Wüste Brennholz sammeln und in der Stadt verkaufen.

Er lieh von seinem Nachbar ein Beil. Damit ging er in die Wüste und sammelte Brennholz, brachte es in die Stadt und verkaufte es. Nach langer Zeit verdiente er zum ersten Mal ein wenig Geld.

Diese Tätigkeit hat er eine Weile fortgesetzt. Mit der Zeit konnte er die notwendigen Werkzeuge und sogar ein Lasttier anschaffen. Er arbeitete und arbeitete, bis er eigenes Kapital besaß.

Eines Tages traf er den Propheten. Der Prophet sagte: »*Jedem, der uns um Hilfe bittet, werden wir helfen, wenn aber ein anderer nicht um Hilfe bittet, wird Gott ihm die Großmütigkeit schenken.*«

Oh der Allmächtige

Oh Gott,
der großzügige Spender des täglichen Brots,
Du hast mich Bemühung gelehrt,
damit ich meine leeren Hände füllen kann,
Du hast mich Freude an der Freigiebigkeit gelehrt,

damit ich mein tägliches Brot mit anderen teile,
ich danke Dir dafür,
dass Du meinen Tisch mit ehrlich verdientem Brot geschmückt hast,
und mich zur Bedürfnislosigkeit geführt hast.
Wenn ich wohlhabend bin, will ich nicht nur an meine eigenen Bedürfnisse denken.
Lieber Gott,
hilf mir dabei.

Abschnitt 13 – Der Schlüssel der Schätze

Imam Ali schreibt in einem Brief an seinen Sohn Imam Hassan Folgendes:

»(Mein Sohn) Wisse, dass Der, in dessen Hand sich die Schätze der Himmel und der Erde befinden, dir erlaubt hat, Ihn (im Bittgebet) anzurufen und sich dir gegenüber verpflichtete, dir zu antworten. Er hat dir befohlen, Ihn zu bitten, auf dass Er dir gebe, und dir befohlen, von Ihm Barmherzigkeit zu erbitten, auf dass Er dir Barmherzigkeit gewähre.

Und wenn du Ihn rufst, dann hört Er deinen Ruf, und wenn du zu Ihm im Geheimen sprichst, kennt Er dein Geheimnis, Ihm bringst du dein Bedürfnis vor, enthüllst deine Seele vor Ihm, klagst Ihm deine Kümmernisse und bittest Ihn um Befreiung von deinen Nöten, du ersuchst Ihn um Hilfe in deinen Angelegenheiten und bittest Ihn um die Schätze seiner Barmherzigkeit, die zu geben in keines anderen Macht steht, wie die Vermehrung von Lebenszeit, körperlicher Gesundheit und des Lebensunterhalts. Dann legte Er die Schlüssel zu seinen Schätzen in deine Hände, indem Er dir gestattet hat, Ihn zu fragen. So ersuche um die Öffnung der Tore zu seinen Gnadengeschenken durch das Bittgebet, sodass du um den üppigen Regen seiner Barmherzigkeit bittest.«

Eine ewig leuchtende Lampe

Stellen Sie sich vor, Sie sitzen in einem Flugzeug. Plötzlich fängt das Flugzeug an zu beben – und hört nicht mehr auf! Alles gerät aus den Fugen. Das Flugzeug kann aufgrund einer technischen Störung nicht mehr vom Piloten kontrolliert werden. Was machen Sie in solch einer Situation und wenn niemand etwas tun kann?

Es ist völlig natürlich, dass man sich in großer Gefahr und bei Problemen an Gott wendet und ihn um Hilfe bittet. Manche glauben fälschlicherweise, dass das Gebet nur für solche außergewöhnlichen Situationen ist.

Gemäß den Lehren des Korans brauchen wir immer Gott und seine Unterstützung. Wir können ohne seine Erlaubnis und seinen Willen nicht einmal die kleinsten Dinge tun. Aus diesem Grund haben die religiösen Führer uns Gebete gelehrt, damit wir auf diesem Weg immer mit Gott in Verbindung bleiben und von seiner Unterstützung profitieren können.

Gebete für einzelne Wochentage, ein Gebet vor dem Essen und dem Schlafengehen, ein Gebet für das Bücherlesen, ein Gebet während des Waschrituals der Muslime, ein Gebet für das Erwachen aus dem Schlaf, ein Gebet für das Besteigen eines Fahrzeugs und so weiter sind nur wenige Beispiele für Tausende von Gebeten, die die Verbindung der Menschen mit Gott in jeder Situation herstellen.

Beten ist so wichtig, dass Gott seine Diener aufforderte zu beten und ihre Forderungen von ihm zu verlangen:

»Euer Herr spricht: ›Ruft mich an, so will ich euch erhören.‹«

Dieser leuchtende Vers zeigt deutlich, dass das Gebet die besondere Aufmerksamkeit Gottes weckt, und diejenigen, die nicht beten, berauben sich wirklich der besonderen Barmherzigkeit des Herrn. Das Beten ist wie ein immer brennendes Licht, das die Menschen zum eigentlichen und wahren Zufluchtsort führt.

Klassenaufgabe: Merken Sie sich den Inhalt von »Namaz« [das fünf Mal am Tag zu verrichtende Ritualgebet] und formulieren Sie die Gebete, die Sie jeden Tag an Gott richten wollen.

Wir sollen feststellen, dass Salawat, »Oh Allah segne Mohammed und seine Familie«, eines der besten Gebete ist.

Die Früchte des Gebets und zu Gott beten

Wir werden durch das Gebet von Gott beachtet und zusätzlich zu den Belohnungen am Tag des Jüngsten Gerichts verdienen wir auch in dieser Welt die größeren Segnungen Gottes. Imam Sadeq sagt über diese wichtige Wirkung des Gebets zu Gott:

> *»Beim hochrangigen Gott gibt es einen Ort, der nur durch das Gebet erreicht werden kann. Wenn der Diener Gottes nicht den Gott um etwas bittet, wird er auch nichts bekommen. Darum sollst du etwas fordern, damit dir etwas gegeben wird. Du sollst wissen: Jede Tür, an die ständig geklopft wird, wird schließlich geöffnet.«*

Ein weiterer Vorteil des Gebets ist die seelische Ruhe. Das Gefühl der Unruhe und Frustration ergreift jemanden nur dann, wenn er sich in schwierigen Zeiten alleine fühlt und niemanden findet, der sich um seine Probleme kümmert und ihm helfen kann.

Wer zusätzlich zu seinen Bemühungen all seine Bedürfnisse von Gott fordert, der glaubt an Gott und weiß, dass nur er seine Probleme lösen kann. In diesem Fall vertraut er dem barmherzigen Herrn und verlässt sich auf ihn, und wer ist stärker und verlässlicher als der Allmächtige und barmherzige Gott? Ein Mensch, der Gott vertraut und ihn als Unterstützung bei all seinen Problemen findet, wird keine Angst und Traurigkeit im Leben haben und immer in Frieden leben.

Bräuche des Gebets

Das Gebet hat Bräuche. Die Beachtung von ihnen führt zu größerer Aufmerksamkeit Gottes und das Gebet wird früher erhört. Um mehr über diese Bräuche zu erfahren, lesen Sie sorgfältig die folgenden Bräuche, die vom Propheten und den Imamen stammen:

- Wenn jemand möchte, dass seine Bitte erfüllt wird, muss er sein Einkommen von verbotenen Einnahmen reinigen und auf die Rechte der Bevölkerung achten. Das Gebet derjenigen, die verbotene Einnahmen im Bauch haben oder Rechte der Diener Gottes nicht beachtet haben, kommt nicht bei Gott an.
- Wenn du Gott um Hilfe bittest, sollst du das Gebet mit »Salawat« [Oh Allah segne Mohammed und seine Familie] beginnen. Denn Gott ist großzügiger als jemand, der eine Bitte annimmt und eine andere ablehnt.
- Sie sollen auf vier besondere Gelegenheiten für das Gebet achten: vor dem Lesen des Korans, beim Gebetsruf, wenn es regnet und wenn die Armee der Gläubigen der Armee der Ungläubigen gegenübersteht.
- Wenn Imam Baqir etwas bedurfte, gab er zunächst eine milde Gabe, benutzte dann einen wohlriechenden Duft und ging zur Moschee. Er betete dann während des Rufs zum Mittagsgebet.
- Den kürzesten Weg zwischen einem Gebet und seiner Erhörung beschreitet jemand, der in seinen verborgenen Gebeten zuerst für andere betet.

Klassenaufgabe: Stellen Sie, ausgehend von den obigen Überlieferungen, eine Liste von Gebetsbräuchen auf und lesen Sie sie in der Klasse Ihren Mitschülern vor. Die beste Liste soll in der Klasse aufgehängt werden.

Sie sind vielleicht mit der Frage konfrontiert worden, warum manchmal und trotz Einhaltung aller Gebetsbräuche ein Gebet nicht erhört wird.

Folgender Text ist ein weiterer Abschnitt aus dem Brief von Imam Ali an seinen Sohn Imam Hassan, der diese Frage behandelt:

»… (Mein Sohn) Manchmal wird (deine Bitte) verzögert erhört, damit der Lohn für den Bittenden größer und die Gabe für den Hoffenden reichlicher wird. Manchmal hast du um eine Sache gebeten, die dir nicht gewährt wurde, aber (an deren Stelle) dir früher oder später etwas Besseres gegeben wurde, oder (etwas) wurde dir genommen für etwas, das für dich besser ist. Denn gar manches Mal hast du um etwas gebeten, das die Zerstörung deiner Religion bewirkt hätte, wenn es dir gegeben worden wäre, und darum solltest du um etwas bitten, dessen Schönheit dir bleibt und dessen Unheil von dir fernbleibt.«

Mehr wissen: Wir haben in diesem Abschnitt einige Gebetsbräuche kennengelernt. Zusätzlich zu dem, was wir bis jetzt gelernt haben, gibt es andere Faktoren, die zum besseren Erhören unserer Gebete durch Gott beitragen.

Beachten Sie folgende Überlieferung:

Der Prophet sagt:

Freitag ist der Herr der Wochentage. Gute Taten werden an diesem Tag doppelt berechnet und die Sünden verschwinden. Die Gebete am Freitag werden erhört, die Probleme werden gelöst und Anliegen der Menschen erfüllt. Freitag ist ein Tag, an dem Gott mehr im Feuer gefangene Menschen erlöst als an anderen Tagen und sie von der Bestrafung befreit.

Prüfe dich selbst!

1. Welchen Nutzen hat das Beten? Nennen Sie zwei davon.
2. Nennen Sie vier Gebetsbräuche.
3. Warum werden, nach Aussage vom Imam Ali, einige Gebete nicht sofort erhört?

Vorschlag: Im Buch *Mafatih Al Dschanan* werden für verschiedene Wochentage unterschiedliche Gebete von Imamen zitiert. Sie können aus diesem Buch ein Gebet aussuchen, die Übersetzung davon aufschreiben und in der Klasse vortragen.

Oh der Allmächtige

Oh Gott,
schenke uns in der Welt gute Taten
und im Jenseits auch nur Gutes,
rette uns vor der Bestrafung durch das Feuer.
Oh Gott,
gib mir die Kraft, ein Errichter des Gebets zu sein
und auch meine Kinder,
Oh Gott,
erhöre mein Gebet und vergib meine Sünden, vergib die Sünden meiner Eltern und die Sünden aller Gläubigen am Tag der Abrechnung.

Auch du kannst einige Wörter mit deinem Gott reden, wenn du gerne möchtest.

Islamische Gesellschaft

Wir Muslime leben in einer Gesellschaft und sollen ihre Bräuche und islamischen Weisungen beachten. In diesem Kapitel werden wir folgende Bräuche und Weisungen untersuchen:

Abschnitt 14 (Wir Muslime): In diesem Abschnitt lernen wir, dass eine der Pflichten der Muslime in einer islamischen Gesellschaft die gegenseitige Unterstützung und der Beistand in Wohltaten und in schwierigen Situationen ist. Wenn Muslime nicht wissen, wie es anderen geht und sie sich nicht gegenseitig helfen, sind sie nach Meinung des Propheten keine Muslime. Auch die Einheit der islamischen Gesellschaft ist von großer Bedeutung und die Feinde versuchen permanent, sie zu zerstören. Es ist daher wünschenswert, dass Muslime gegenüber jeder Bemühung, ihre Allianz zu schwächen, aufmerksam bleiben und für die Bewahrung ihrer Macht und Würde kämpfen.

Abschnitt 15 (Rechte der Menschen): In der islamischen Gesellschaft haben Individuen viele Rechte im Umgang miteinander. Jemandem kein Unrecht antun und die Rechte anderer nicht zu missachten gehören dazu. In diesem Abschnitt lernen wir, dass wir verpflichtet sind, bei allen unserer Aktivitäten darauf zu achten, dass die Rechte der anderen nicht missachtet werden. Denn am Tag des Gerichts werden wir zur Rechenschaft gezogen. An dem Tag, wenn wir nichts mehr zum Ausgleich haben.

Wie reagierst du, wenn du eines Tages erfährst, dass dein Bruder oder deine Schwester traurig sind oder in einer Ecke hocken und weinen?

Würdest du sagen, das ist ihr eigenes Problem und das geht mich nichts an? Oder sympathisierst du mit ihnen und tust für sie alles, was in deiner Macht steht?

Sicherlich sind Sie alle besorgt über die Traurigkeit Ihrer Familienmitglieder und fühlen, dass durch diese Traurigkeit ein Teil Ihres eigenen Körpers schmerzt. Sie zögern nicht, ihr Problem zu lösen.

Dieses Gefühl gegenüber Familienmitgliedern ist ein angenehmes und wertvolles Gefühl. Ein Gefühl, das Ihnen die ultimative Zuneigung und Mitgefühl gegenüber Ihren Familienmitgliedern zeigt. Denken Sie, dass dieses Gefühl nur für Familienmitglieder gelten sollte?

Gott, der Allmächtige, hat uns im Koran gebeten, gegenüber anderen Menschen das gleiche Gefühl zu haben wie für unsere Geschwister, insbesondere gegenüber anderen Muslimen. Wir sollen sie als unsere religiösen Geschwister und unsere eigene Familie betrachten:

»Siehe, die Gläubigen sind ja doch Brüder.« [49:10]

Klassenaufgabe: Was denken Sie, sind wir verantwortlich für die Probleme und Schwierigkeiten religiöser Brüder und Schwestern im eigenen Land sowie in anderen muslimischen Ländern?

Brüderlichkeit im Islam

Gott betrachtet alle Muslime, wo immer sie sind und in welcher Sprache sie auch sprechen, als Mitglieder einer Familie, als Partner und eine solidarische Gemeinschaft. Er betrachtet die geografischen Grenzen und die Unterschiede zwischen Rassen und Sprachen nicht als Hindernis für ihre Einstimmigkeit.

Wir Muslime glauben an den Einen Gott und Tag der Auferstehung und nennen den Propheten Mohammed den letzten

Propheten Gottes und den Koran das letzte und vollständigste Buch eines himmlischen Buches und beten alle in Richtung der Kaaba.

Im Islam ist jeder, der an diese Dinge glaubt, Muslim und die Farbe der Haut, die Rasse, die Sprache und das Land, in dem er lebt, beeinflussen nicht seinen islamischen Glauben. Was ist nun unsere Pflicht gegenüber religiösen Brüdern und Schwestern? Einer der Gefährten von Imam Sadeq fragte ihn: Was sind die Pflichten eines jeden Muslims gegenüber anderen Muslimen?

Der Imam sagte:

1. Was du immer für dich selbst magst, sollst du auch für ihn mögen.
2. Nach seinem Glück zu suchen und ihn nicht wütend zu machen.
3. Wenn nötig, ihm unter Einsatz deines Lebens, deines Wortes und deiner Hand zu helfen.
4. Du sollst sein Spiegel und sein Führer sein.
5. Du sollst nicht satt sein, während er hungrig ist, und nicht ausreichend mit Wasser versorgt sein, während er durstig ist, und nicht eine Vielzahl von Kleidungsstücken haben, während er keine Kleider hat.
6. Wenn er krank ist, sollst du ihn besuchen.
7. Wenn du weißt, dass er ein Bedürfnis hat, sollst du selbstständig handeln, bevor er dir etwas sagt.

Klassenaufgabe: Wie würde die muslimische Welt aussehen, wenn alle Muslime diese Pflichten erfüllten?

Mehr wissen: Ich kam, um ein Schmetterling zu werden!
Dr. Mostafa Chamran war ein Elite-Wissenschaftler. Im Jahr 1953 wurde er als sehr begabter Abiturient in der Fachrichtung Elektronik an der technischen Hochschule der Teheraner Universität aufgenommen. Nach intensiver Forschungsarbeit mit sehr

bekannten Wissenschaftlern hat er seine Dissertation mit besten Noten im Bereich Plasmaphysik in den USA beendet.

Sobald Dr. Chamran erfuhr, dass die ägyptischen und libanesischen Muslime den Kampf gegen Israel aufgenommen hatten, ließ er alle Möglichkeiten und Annehmlichkeiten seines Lebens hinter sich und ging nach Ägypten. Nach zweijährigem Aufenthalt in Ägypten ist Dr. Chamran in den Libanon weitergereist und kümmerte sich dort, neben dem Kampf gegen Israel, um Bedürftige und Waisenkinder. In einer Wohltätigkeitsorganisation in der Stadt Tyrus in Libanon war Dr. Chamran für 450 Waisen verantwortlich.

Er blieb fast zehn Jahre im Libanon und eilte mit dem Sieg der islamischen Revolution im Iran seinem Volk zu Hilfe und kämpfte gegen die Feinde des Landes in Paveh, Susangerd und Ahvaz [Schlachtfelder des Iran-Irak-Kriegs]. Schließlich ist er im Jahr 1981 während einer militärischen Operation in der Ortschaft Dehlaviyeh ums Leben gekommen.

»Ich bereue nicht, dass ich, trotz vieler Probleme, im Libanon war. Es tut mir nicht leid, dass ich die Welt der Freude und des Komforts hinter mir gelassen habe. Ich verließ die materialistische Welt der Bequemlichkeit und ging in die Welt des Schmerzes, der Entbehrung, des Leidens, des Versagens, der Armut und der Einsamkeit.

Armut war mein Gefährte. Meine Gesprächspartner waren die Leidenden und Verlierer … Ich bin ein Schmetterling geworden, um zu brennen und den anderen das Licht schenken zu können und um zu lieben.

Ich habe den Libanon von Osten bis Westen und von Norden bis Süden abgesucht, um die göttlichen Werte allen anzubieten …«

Zwietracht-Stifter

Bereits heute leben mehr als eineinhalb Milliarden Muslime in 57 islamischen Ländern (Länder mit mehrheitlich muslimischer Bevölkerung). Denken sie [die Kolonialmächte, Anm. d. Autors], wenn dieses massive Volk vereint ist und wahrhaftig an Brüderlichkeit glaubt, kann sie dann irgendeine Macht besiegen? Glauben sie, die Feinde der Religion sind bereit, die Einheit und Macht der Muslime zu akzeptieren?

Der allwissende Gott sagt über die Feinde des Islams:

»Oh die ihr glaubt! Nehmt euch nicht Vertraute, die nicht zu euch gehören. Sie werden nicht von euch ablassen, Verwirrung zu stiften. Sie haben es darauf abgesehen, dass ihr Schaden leidet. Schon aus ihrem Munde geht ihr Hass klar hervor, doch schlimmer noch ist das, was sie im Herzen hegen.« [3:118]

Die Kolonialmächte wissen, dass, wenn die Muslime sich einigen, sie nicht mehr in der Lage sein werden, den Reichtum der Muslime zu plündern. Aus diesem Grund bemühen sie sich, diese Allianz zu verhindern.

Eines der penibel ausgearbeiteten Vorhaben der Mächte ist die Schaffung von Spaltungen zwischen muslimischen Nationen und Krieg zwischen ihnen. Um diesen düsteren Plan zu realisieren, verfolgen die Kolonialisten folgende Phasen:

In der ersten Phase nutzen sie die Macht der Propaganda und ihrer zahlreichen Medien, um die Unterschiede zwischen muslimischen Ethnien und Glaubensrichtungen andauernd hochzuspielen.

Sie versuchen diese Unterschiede zu einem Grundthema für Muslime zu machen. Zum Beispiel, wenn eine kleine Gruppe von ignoranten und naiven Menschen in einem Volk oder unter den Anhängern einer Glaubensrichtung Fehler macht, versuchen die imperialistischen Medien diesen Fehler als noch größer darzustellen und zu verbreiten und ihn allen Anhängern dieser Glaubensrichtung zuzuordnen und somit zwischen unterschiedlichen Ethnien und Glaubensrichtungen Pessimismus und Zwiespalt zu schüren. Der wichtige Punkt ist, dass die Kolonialmächte in diesen Meinungsverschiedenheiten keine Gruppe wirklich unterstützen. Sie wollen nur die Meinungsverschiedenheiten ausweiten, sodass beide Seiten der Muslime jeden Tag schwächer werden.

In der nächsten Phase, nachdem sie die Nationen vollständig entzweit haben, initiieren sie Bürgerkriege unter den Muslimen und verteilen sogar heimlich oder offen Waffen und Munition an sie. Eine der Maßnahmen, die diese Mächte unternommen haben, um dieses Ziel in den letzten Jahren zu erreichen, ist die Bildung von Sekten und Gruppen mit scheinbar islamischen Slogans und Auftritten, aber im Einklang mit ihren eigenen Zielen. Diese Gruppen, die mit der finanziellen und geheimdienstlichen Unterstützung der USA und einiger anderer westlichen Länder und unter Anwendung von unwissenden und radikalen Personen gebildet werden, versuchen einerseits, mit fadenscheinigen Ausreden Muslime in den Zermürbungskrieg zu ziehen, und andererseits, mit der Verbreitung eines hässlichen und gewalttätigen Gesichts des Islams zu verhindern, dass die Menschen zum Islam und zum Propheten des Erbarmens Mohammed tendieren.

Ein wichtiger Punkt, der das wahre Gesicht dieser Gruppen zeigt, ist, dass sie nicht einmal den Kampf gegen den wahren Feind der Muslime, Israel und seine Unterstützer, erklärt haben, und mehr noch, sie haben oft ihre Freundschaft und ihr Bündnis mit ihnen erklärt.

Versuchen Sie, mithilfe Ihrer Mitschüler die Botschaft dieses Bildes wiederzugeben:

Schiiten und Sunniten

Zwei Gruppen von Muslimen, deren Unterschiede immer wieder vertieft werden sollen, sind Sunniten und Schiiten. Schiiten und Sunniten sind die zwei wichtigsten Glaubensrichtungen im Islam. Sie haben bei den meisten islamischen Glaubensinhalten und religiösen Gesetzen eine gemeinsame Position. Sie betrachten einander als Muslime und respektieren alle Rechte, die einem Muslim zustehen.

Die eigentliche Meinungsverschiedenheit zwischen Schiiten und Sunniten ist die Frage des Kalifats nach dem Tod des Propheten:

Sunniten glauben, dass der Prophet keinen Nachfolger ernannt hat. Nach dem Tod des Propheten und weil die Notwendigkeit bestand, für die Aufrechterhaltung der gesellschaftlichen Ordnung und der Verwaltung des islamischen Staates einen Nachfolger zu wählen, versammelten sich einige Muslime an einem Ort namens Saghifa und wählten Abu Bakr zum Kalifen und schworen ihm Treue.

Schiiten hingegen glauben, dass der Prophet Ali Ibn Abi Talib wegen seiner Fähigkeiten, seiner Frömmigkeit und seines Wissens und zwölf Imame nach ihm zu seinen Nachfolgern bestellte.

Obwohl schiitische und sunnitische Muslime in dieser Frage nicht übereinstimmen, ist es wichtig zu beachten, dass beide Gruppen Muslime sind und gemäß der islamischen Religion keine Gruppe das Recht hat, die heiligen Prinzipien der anderen Gruppe zu beleidigen oder sie als Heiden zu bezeichnen. Natürlich gibt es einige Unwissende unter den Muslimen, die glauben, dass sie ihrer Glaubensrichtung dienen, indem sie die heiligen Prinzipien der anderen Gruppe beleidigen oder sie als Heiden bezeichnen.

In der heutigen Welt besteht aber kein Zweifel daran, dass jede Handlung, die zu ethnischen, rassistischen und religiösen Unterschieden zwischen Muslimen führt, tatsächlich den Feinden des Islams dient. Der Oberste Führer hat in Bezug auf diesen wichtigen Punkt gesagt:

»Jeder, der eine Trennung zwischen Schiiten und Sunniten fordert, ob Schiit oder Sunnit, wissentlich oder unwissentlich, ist ein Söldner des Feindes.«

Selbstloser Anhänger der Einheit

Die Einheit der Muslime ist so wichtig, dass die großen und rechtschaffenen Männer bereit waren, ihr Leben für diese wertvolle Allianz zu opfern.

Märtyrer General Nurali Shushtari und Märtyrer Molawi Mostafa Zahi sind Beispiele für diese großen Männer, die als Märtyrer ums Leben kamen, weil sie versuchten, die Einheit unter schiitischen und sunnitischen Landsleuten herzustellen.

Märtyrer Shushtari war ein tapferer Kommandant, der mit Mitgefühl und Freundlichkeit versuchte, die Meinungsverschiedenheiten zwischen den verschiedenen Gruppen und Stämmen in der Provinz Sistan und Belutschistan zu beseitigen und durch die Vereinigung den Weg für den Wohlstand und die Entwicklung dieser Provinz zu ebnen.

Er war ein freundlicher Vater für die Menschen in der Region, dessen würdige Dienste in den Köpfen und Herzen der Menschen bleiben. Er starb schließlich durch eine Explosion.

»Ich hatte in der Grundschule immer Angst vor dem Unterricht, weil wir so häufig geschlagen wurden. Man erinnert das später ja nicht mehr so genau, ob es jetzt wirklich jeden Tag vorkam, dass jemand in der Klasse geschlagen wurde. Aber es passierte auf jeden Fall mehrmals in der Woche. Wir wurden zum Beispiel geschlagen, wenn wir eine schlechte Note bekamen. Zuerst gab es die schlechte Note, dann schlug der Lehrer mit Hand oder Gürtel zu. Das war zu meiner Zeit, in den Achtzigerjahren, ganz normal im Iran. Und so lange ist das ja noch nicht her. Manchmal spreche ich mit Freunden und Bekannten zu Hause und sie erzählen mir, dass es heute auch noch so ist, zwar nicht mehr so häufig, aber es kommt vor.«

Ich treffe Reza R.* in Hamburg. Er ist Anfang vierzig, wurde in Teheran geboren und lebt seit vier Jahren in Deutschland. Im Iran besuchte er eine staatliche Schule, auch die Universität. Er berichtet mir von seinen Erinnerungen an den Schulalltag. »Natürlich waren Jungen und Mädchen in der Schule getrennt. Morgens mussten wir uns alle zuerst in einer Reihe aufstellen. Dann las jemand aus dem Koran vor, anschließend sangen wir die Nationalhymne.« Reza erzählt von einem kleinen Aha-Erlebnis, das er zum Ende seiner Grundschulzeit hatte, als er im Staatsfernsehen eine Dokumentation über Schulen im Iran sah. »Da wurde nur gezeigt, wie toll die Schulen sind. Überall waren Blumen und die Menschen lächelten und mir fielen aber die vielen Schläge ein. Ich dachte mir nur: Das stimmt doch gar nicht.«

Reza blättert den Stapel iranischer Schulbücher durch, die ich zu unserem Treffen mitgebracht habe. Auf manchen Seiten hält er kurz inne, schaut sich das Bild mit den amerikanischen Soldaten auf den muslimischen Leichen an, er schüttelt ein paar Mal den Kopf und ist sehr ruhig. Für ihn stehen diese Bücher für das gesamte Bildungssystem im Iran, das keine säkularen oder nicht religiösen Inhalte kennt. »Das heißt, auf der Basis des Bildungssystems konnten wir uns kaum eine moralische Welt ohne Religion oder Gott vorstellen. Das heißt aber auch, wenn jemand seinen Glauben an seine Religion verliert, wie soll er da ein neues Moralsystem finden? Wie soll er dann weiterleben können?« Reza hat mit dem Iran und dem System abgeschlossen und pflegt heute, nach Jahren in Deutschland, eine andere Vorstellung davon, welche Rolle Religion in seinem Leben spielen soll. Muslim ist er nach wie vor.

Ich zeige die Bücher auch der Erziehungswissenschaftlerin Susanne Lin-Klitzing. Auch sie bleibt sofort bei dem Bild mit den US-Soldaten hängen und ist entsetzt. »Jenseits des Akzeptablen«, sagt sie. Man könne so ein Bild höchstens mit einer ganz anderen Aufgabenstellung verwenden, kritisiert sie. Beispielsweise: »Ordne es in den Kontext ein! Was sind die möglichen Intentionen dahinter? Wie beurteilst du die Intention dieses Bildes? Oder gemeinsam mit anderen Bildern, die dieselbe Situation darstellen, aber anders gestaltet sind: Vergleiche diese Bilder!« Die Abbildung, die einen Triumph der USA über die arabische Welt darstellt, hält die Expertin für eine »einseitig vorgegebene Interpretationslinie gemeinsam mit einer Extremdarstellung von Leben und Tod«.

Auch die Ausführungen zu Verhüllungspflichten für Frauen stoßen bei Lin-Klitzing auf Ablehnung. »Das ist ganz besonders perfide«, sagt sie. »Man kann ja über verschiedene Sichtweisen auf unterschiedliche Formen von Bekleidung im Unterricht sprechen. Wir würden diese erst einmal in ihrer Unterschiedlichkeit beschreiben und erklären, was sie gegebenenfalls ausdrücken, und dann kann man sie beurteilen. Was hier überhaupt nicht stattfindet, ist ein wertneutrales Beschreiben. Kein Feststellen und auch kein Beurteilen unter unterschiedlichen Gesichtspunkten, also auch keine Mehrperspektivität. Es geht gleich um die festgelegte Auswirkung passender Bekleidung und klar ist da: Möglichst viel Klamotten für Frauen sind die passende Bekleidung und haben damit eine gute Auswirkung. Letztlich handelt es sich um ideologische Rollen- und Verhaltensfestlegung.«

Als Jugendlicher besuchte ich eine katholische Schule und musste mich im Religionsunterricht sehr intensiv mit der Bibel auseinandersetzen. Ich erinnere mich an ein paar Stellen, die man ebenfalls als frauenfeindlich verstehen kann. Im ersten Korintherbrief, Kapitel 11 etwa heißt es: »Der Mann aber ist das Haupt der Frau«; »die Frau ist des Mannes Abglanz«; »der Mann ist nicht geschaffen um der Frau willen, sondern die Frau um des Mannes willen«.

»Dazu muss man allerdings kritisch sagen, dass es religiöse Verhaltensanweisungen für Frauen – sie sollen sich bedecken, sich nicht aufreizend verhalten – in allen heiligen Schriften gibt, auch in der Bibel«, führt Lin-Klitzing dazu aus. »Das ist kein exklusives Phänomen des Koran. Aber der historisch-kritische Umgang mit dieser ›heiligen Schrift‹ findet hier nicht statt, ebenso wenig wie eine Unterscheidung, was gilt im Gottesreich und was gilt in der Welt. Es gibt keine Trennung von Gotteswelt und historisch menschengemachter und damit zu gestaltender Welt. Religiöse Gebote werden historisch-unkritisch auf die Jetztzeit übertragen und dann auch noch pseudowissenschaftlich untermauert. Aufklärung und Reflexion fehlen vollständig.«

Ich schaue noch einmal auf den Umschlag des Buches, auf dem steht, dass es sich um ein Ethikbuch handele. »Das ist ganz offenbar keine Ethik, wie wir sie verstehen«, so Lin-Klitzing, »also Ethik als Lehre des Handelns, das aus unterschiedlichen Motiven heraus resultieren kann. Sondern hier geht es um die Frage: Wie handle ich als religiöser Mensch, und konkret als Muslim, richtig.«

Ich ziehe eine weitere Expertin zurate, die sich schwerpunktmäßig mit den Konzepten von Schulbüchern und deren Wirkung auf Schulkinder auseinandersetzt. Julia Schwanewedel lehrt Sachbuchdidaktik an der Humboldt-Universität Berlin und hat sich die Schulbücher ebenfalls angesehen. Sie kritisiert vor allem, welche Gefühle das Schulbuch in den Schülern auszulösen versucht, zum Beispiel anhand dieser Stelle:

»Eine weitere Folge der Nichtbeachtung des Hidschabs und sogar die wichtigste, ist die Ferne von Gott. Wenn wir ganz allein dastehen. Wenn sogar unsere besten Freunde, auf deren Unterstützung wir angewiesen sind, uns verlassen, und wenn wir sonst keinen Rückhalt mehr haben, ist Gott der Einzige, der uns nicht verlässt und bei uns bleibt. Ein Gott, der uns trotz seiner unendlichen Größe liebt. Ein Gott, der unsere Unterstützung nicht braucht, uns aber trotzdem seine Gaben anbot, obwohl er von uns nur Undankbarkeit erlebte.

Ist es denn richtig, statt eines solchen Gottes den schmutzigen Augen und Herzen zu folgen? Ist es richtig, seinen liebevollen Blick zu verlieren? Ist es richtig, mit falschem Verhalten, sündigem Sprechen, mit sündigen Blicken und Lächeln, die unsere Keuschheit und Würde vernichten, sein Paradies zu verlieren?«

Julia Schwanewedel erkennt an Zitaten wie diesem, dass das iranische Schulbuch sich gezielt an die Ängste der jungen Menschen richtet. Aus pädagogischer Sicht sei dies »absolut verwerflich«. Emotionale Erziehung mit erhobenem pädagogischem Zeigefinger habe in einem sozialkundlichen Unterricht, so wie wir ihn kennen, nichts zu suchen. »Das hier ist Religion in Form eines Moralwerks«, urteilt die Erziehungswissenschaftlerin und warnt vor den Folgen für die jungen Schüler. Schwanewedel: »Wenn dir in diesem Alter Erwachsene sagen, du musst vor bestimmten Dingen Angst haben, dann hast du davor mit hoher Wahrscheinlichkeit dann auch Angst.«

An zahlreichen Stellen fällt mir auf, dass Aufgaben die Schüler zum Mitmachen animieren sollen. Dies entspricht modernen didaktischen Formen. Aber es wird nicht nur zum offenen Diskutieren aufgerufen, wie es beispielsweise auch in deutschen Schulbüchern der Fall ist, denn am Ende der Diskussion ist eine Antwort nur richtig, die anderen falsch. »Pseudoaufgabe« nennt das Schwanewedel. Etwa in Abschnitt 9, der »Vollkommenheit des Lebens«. Dort wird die Aufgabe gestellt: »Welche Gruppe hat eurer Meinung nach recht? Gibt es einen dritten Weg?« So eine Aufgabe könnte es auch in einem deutschen Schulbuch geben, findet die Erziehungswissenschaftlerin. Die Schüler sollten so lernen, sich zu positionieren und entsprechend zu argumentieren. Aber dann wird wenig später im Schulbuchtext erklärt, warum die Ansicht der ersten Gruppe vom Islam nicht akzeptiert werde. Schwanewedel: »Das ist also letztlich eine Pseudodiskussion, die man sich auch schenken kann. Denn Schüler lernen dann nur: echte

Diskussion ist nicht gewünscht. Die geben innerlich auf und hören sich das nur noch an.«

Julia Schwanewedel findet es darüber hinaus vielsagend, welche Attribute Männern und Frauen zugeschrieben werden. »Die Kernaussage hier ist: Es gibt Unterschiede zwischen Mann und Frau durch die unterschiedliche ›Art der Schöpfung‹. Dabei sind Frauen schön und schützenswert, Männer lüstern und gierig.«

Susanne Lin-Klitzing beurteilt die Aufgabenstellungen ähnlich kritisch. Zunächst mache das Buch den Anschein eines »modernen Lehrbuchs«. Es würden Lernziele definiert, Aufgaben zur Arbeit in der Klasse würden gestellt. »Dieser, rein methodisch betrachtet, eher moderne Ansatz macht es aber schließlich umso schlimmer: zum Beispiel, wenn es darum geht, anzukreuzen, wer mein Verwandter, den ich mit positiven Eigenschaften ankreuze, oder Fremder, den ich mit negativen Eigenschaften ankreuze, ist: Der eine ist per se Freund, der andere per se Feind. Dies wird dem Schüler nicht nur vorgesetzt, und er könnte es beachten oder nicht beachten, sondern er stimmt dem quasi durch Ausfüllen der Ankreuz-Kästchen-Aufgaben aktiv zu. Das also, was man unter methodischen Gesichtspunkten als Schülerorientierung und Vertiefung betrachten könnte, gerät im Lichte der inhaltlichen Freund-Feind-Bewertung zu einem indoktrinierenden Weltbild. Von daher ist dieses Buch ›gefährlich‹ in seiner Mischung von ›Modernität‹ und ›Indoktrination‹«.

Moralischer Zeigefinger, emotionale Beeinflussung, versteckte Botschaften, das Arbeiten mit Angst – ich frage mich nun: Was wird von den Schülern eigentlich erwartet? Was will der Staat von ihnen? »Auf Verhaltensebene wird absolute Homogenität erwartet. Es gibt nur Masse, keine Individualität. Das steht im Gegensatz zu unserer pädagogischen Grundhaltung vom Kindergarten an, wo Kinder lernen: Es ist in Ordnung, verschieden zu sein! Das ist hier das Gegenteil. Es gibt auf der Verhaltensebene nur eine richtige Option, und die steht im Einklang mit dem Islam«, erklärt die Expertin. Weiterhin sollten sie sich als Muslime abgrenzen. »In dem iranischen Schulbuch findet sich ein deutlicher Allianzgedanke zwischen Muslimen. Es ist nie von Freundschaft mit anderen, mit Nichtmuslimen die Rede. Und das kann dazu führen, dass auch Zuwanderer bei uns Freundschaft und Zusammenhalt unter Muslimen als besonderen Wert begreifen.«

Besonders kritisch findet Schwanewedel die implizierte Verhaltensaufforderung in den hinteren Passagen, zum Beispiel diese Aussage: »Die Einheit der Muslime ist so wichtig, dass die großen und rechtschaffenen Männer bereit waren, ihr Leben für diese wertvolle Allianz zu opfern.« Schwanewedel versteht das als Aufruf zum Kampf. Das Feindbild seien die Kolonialmächte und die imperialistischen Staaten, die angeblich Propaganda betreiben und dafür die Medien nutzen. Dies sei nichts anderes als eine »Verschwörungstheorie«, erklärt die Expertin. Am Ende wird die Botschaft noch durch das Beispiel eines Kämpfers verstärkt, der in den USA gewesen ist und alles aufgab für seinen Kampf. Dahinter verberge sich die krasse Botschaft: »Wo auch immer du in deinem Leben hinkommst, du musst immer auf der Seite der Muslime sein«, so Schwanewedel. Dies bezeichnet sie als sehr bedenklich aus pädagogischer Sicht.

Aber was nehmen junge Menschen, denen diese Inhalte in der Schule vermittelt werden, davon mit? »Das ist ganz unterschiedlich«, sagt Julia Schwanewedel, die im Rahmen ihrer Forschungsarbeiten Einflussfaktoren auf Lernen und Unterricht untersucht. »Das hängt von zusätzlichen Faktoren ab. Es spielt eine Rolle, wie die Eltern und das soziale Umfeld sich verhalten. Hat der Jugendliche eine Chance, andere Perspektiven kennenzulernen? Wenn nicht, wenn also das Umfeld auch an diesem Strang zieht, dann kann ein Kind schwer andere Perspektiven entwickeln.«

Die Konzeption des iranischen Schulbuches sei zudem dazu geeignet, auf subtile Weise Feindbilder und Verhaltensnormen zu prägen. »Das grenzt an Propaganda. Man könnte es in Teilen auch als ›heimliche Ethik‹ bezeichnen, es werden also bestimmte Wertvorstellungen vermittelt, ohne dass dies offengelegt wird. Wir wissen aus Interviews mit Menschen, die in der DDR zur Schule gegangen sind, dass sie sich vor allem an die emotionalen Momente ihrer Schulzeit erinnern und weniger an fachliche Inhalte. Die Menschen erinnern emotional geprägte Momente wie zum Beispiel die Gemeinschaftserfahrung beim Fahnenappell. Inhalte werden mit dem eigenen Leben verknüpft, es wird wohlig und es besteht auch die Möglichkeit, auf subtile Weise Feindbilder aufzubauen. Der große Konflikt entsteht dann, wenn ich mit den gelernten Bildern auf andere Systeme treffe. Diesen stehe ich dann gegebenenfalls ablehnend gegenüber.«

Schwanewedel berichtet: »Ähnlich ist es mit im Elternhaus vermittelten Wertvorstellungen. Im Sexualkundeunterricht, den ich selbst erteilt habe, habe ich erlebt, wie prägend elterliche Wertvorstellungen sein können. Das ging in einem konkreten Fall so weit, dass sich Kinder auf die in meinem Unterricht vermittelten Themen nicht einlassen konnten und emotional ablehnend reagiert haben. Wenn ich also emotional auf etwas getrimmt bin, muss ich das, was dem widerspricht, ablehnen. Und zwar gegebenenfalls in dem Sinne, dass das andere schädlich, böse oder schlecht ist. Eben weil wir um die Bedeutung emotional geprägter Momente und vermittelnder Wertvorstellungen wissen, müssen wir diese identifizieren und reflektieren.«

Reza beschreibt mir den Unterschied zwischen dem, was in den Schulbüchern steht, und dem, was die Schüler wirklich glauben, als riesengroß. »Wir waren alle sehr gläubige junge Muslime – ausnahmslos.« Anders sah es aber mit der Ideologie des Mullah-Regimes aus. Diese sei von vielen seiner Mitschüler, aber auch von Lehrern kritisch beäugt worden. »Man konnte natürlich nicht einfach sagen, ich lehne die Regierung ab oder die Mullahs. Aber man konnte es an der Art spüren, wie man über manche Texte gesprochen hat, auch die Lehrer. Manchmal wurde da ein Witz gemacht, der zeigte, dass man das nicht so ernst nahm«, erinnert er sich. Aber: »Keiner von uns zweifelte an der Wahrhaftigkeit des Islams, den religiösen Regeln und an der Idee, die Welt solle muslimisch werden.«

Kinder Ägyptens

Die Araber nennen Kairo »Umm al-Dunja«, die Mutter der Welt. In den arabischen Ländern tragen viele Städte lyrisch klingende Beinamen. Die saudische Stadt Medina zum Beispiel wird häufig »die strahlende Stadt«, »Medinat al-Munawwara«, genannt, weil sie Mohammed bei seiner Hidschra, dem Auszug aus Mekka, als strahlend erschien. Oder Jerusalem, das Araber »al-Quds al-Sharif«, »Jerusalem, die Ehrwürdige«, nennen.

»Die Mutter der Welt« ist heute ein Multimillionen-Moloch, offiziell mit knapp 10 Millionen Einwohnern im engeren Stadtgebiet und mehr als 25 Millionen im Großraum. Doch wer weiß schon, wie viele es wirklich sind? Niemand kann die vielen Menschen zählen, die in dieser größten Stadt der arabischen Welt leben. Als ich vor Jahren mit einer Bekannten, die zum ersten Mal in Ägypten war, nach Kairo kam, war sie sprachlos. Sie kannte andere Städte im Nahen Osten wie Istanbul oder Tel Aviv und dachte wohl, dass Kairo diesen zumindest entfernt ähnele. Kairo ist schließlich eine Weltstadt. Als sie dann den Schmutz, die Armut, das Chaos, den Lärm erlebte, war jeder Gedanke an Istanbul verflogen. Exotische, chaotische Großstädte können durchaus eine gewisse Faszination entwickeln, auch ich finde Shanghai, Neu-Delhi oder Bangkok aufregend. Und so ging es mir auch mit Kairo, als ich in den Neunzigerjahren das erste Mal dort war. Aber seitdem hat sich etwas verändert, ist Kairo irgendwie gekippt.

Bei einem Aufenthalt im Dezember 2018 fahre ich abends vom Flughafen die endlos erscheinende, neunspurige Ringautobahn hinunter, vorbei an unzähligen schäbigen Hochhäusern. In manchen Etagen, die noch nicht fertig gebaut sind, lodert offenes Feuer, über dem Menschen ihr Abendessen kochen. An der Kreuzung neben der Kirche des Heiligen Georg biege ich ab auf den Korridor des 26. Juli. In dieser Gegend leben viele Kopten. Der größten christlichen Gemeinde des Nahen Ostens gehören Schätzungen zufolge etwa 15 Prozent der Ägypter an. Manche Orte in Mittel- und Oberägypten, Assiut etwa, haben eine mehrheitlich christliche Bevölkerung. Viele der Kopten in Kairo zählen zu den Ärmsten der Armen. Während in anderen Ländern wie dem Libanon, Syrien oder Jordanien die Christen einen Teil einer wirtschaftlichen Elite stellen, leben zahlreiche Kopten in Kairo auf Müllbergen oder in den Mausoleen und Gräbern des »Totenstadt« genannten Viertels, eines ehemaligen Friedhofs. So kam es, dass trotz der politischen Unruhen und Übergriffe gegen Christen in Ägypten kein Massenexodus der Kopten aus dem Land einsetzte. Anders als die wohlhabenden Christen des Irak oder Syriens sind viele ganz einfach zu arm, um ihre Heimat zu verlassen.

An einer Hauswand an der Kreuzung türmen sich halb aufgerissene Müllsäcke, aus denen Hunde und Ratten hervorkriechen und in denen dreckige, zerlumpte Kinder nach Brauchbarem wühlen. Daneben hockt eine Frau, die nur schwer im dunklen Abendlicht und den Abgasen auszumachen ist. Sie bringt, mitten im Unrat, ein Kind zur Welt.

Es gibt auch gehobene Viertel in Kairo. Das auf der Nilinsel gelegene Zamalek etwa oder der östliche Vorort Heliopolis. Aber auch diese darf man sich nicht wie Villenviertel in anderen großen Metropolen dieser Welt vorstellen. In Heliopolis kann man von der Hauptstraße aus die Villen der Reichen hinter meterhohen Zäunen sehen. Die Häuser sind grau und staubig von den vielen Abgasen, die Gehwege kaputt.

Was in Kairo wächst, sind zuallererst die Slums und die Armenviertel. Das Elend dort zählt zum Schlimmsten, was ich jemals gesehen habe. Das Viertel Imbaba etwa gilt als einer der größten Slums der Welt. Ich empfinde aber andere Stadtgebiete als noch wesentlich drastischer,

Gegenden, die Touristen nur sehr selten zu Gesicht bekommen. Aber auch Einheimische machen darum einen weiten Bogen, um Majra Aoun zum Beispiel. Der Stadtteil liegt zwischen der mächtigen Kairoer Zitadelle, die auf einem Hügel über der Stadt thront, und dem östlichen Nilufer. Eine etwa sechs Meter hohe Mauer, kilometerlang, schirmt das Viertel von den Hauptverkehrsstraßen ab, nur Torbögen gewähren dem Vorbeifahrenden einen Blick ins Innere. Alte, nackte Männer, vollkommen verwahrlost und mit langen, verfilzten Bärten, liegen dämmernd neben Abwasserpfützen und Plastikmüll. Vollverschleierte Frauen tragen ihre unterernährten Kinder, die nur Fetzen tragen und schmutzige Gesichter haben. Ich sehe keine Häuser, sondern Konstrukte aus Holz, Müll und Plastik.

Wer ein anderes Ägypten sehen und eine Idee davon bekommen will, wie Kairo einmal war, der sollte andere Orte nilaufwärts besuchen. Luxor zum Beispiel ist eine Oasenstadt am breiten, gemächlich fließenden Nil, grüne Gärten voller Blumen und Vögel erstrecken sich entlang der Corniche. Die Menschen sind ruhig und freundlich, ein kleines Paradies. Oder, am Mittelmeer, Alexandria, das sich in den vergangenen Jahren ebenfalls in Richtung Moloch wandelte, sich aber mehr vom alten Glanz erhalten hat als das übergroße Kairo. Zwar ist die einst große griechische Bevölkerung Alexandrias zum größten Teil verschwunden, doch gibt es noch immer den »griechischen Club«, der wie eine Taverne auf einer Ägäis-Insel wirkt, mit einem Blick auf die weit geschwungene Hafenbucht Alexandrias. Als ich mit Kollegen im Herbst 2018 dort saß, kam zu später Stunde George, ein griechischer Ägypter, 65 Jahre alt, und sang »Fiha haga helwa«, ein bekanntes ägyptisches Volkslied. Das bedeutet »Sie hat etwas Schönes« – »aber ich weiß nicht was«, sagt George mit einem Augenzwinkern. Mit »Sie« ist Ägypten gemeint – Ländernamen sind im Arabischen weiblich. Das trifft es ganz gut, dachte ich. Ägypten hat etwas, aber die chaotischen Lebensbedingungen bringen es immer mehr in Bedrängnis. Und ein Ende der Abwärtsspirale ist bisher nicht in Sicht.

Das vielleicht größte Problem: In vielen anderen Entwicklungs- und

Schwellenländern der Welt sinkt die Geburtenrate, nicht so in Ägypten. Das Bevölkerungswachstum liegt konstant bei etwa 2,5 Prozent im Jahr. Im Jahr 2017 verzeichnete Ägypten bei 2,8 Prozent Zunahme sogar die höchste Geburtenrate seiner Geschichte. 2,8 Prozent bedeuten einen Zuwachs der Bevölkerung um etwa 2,5 Millionen pro Jahr – eine demografische Zeitbombe für ein Land, dessen Territorium zu mehr als 90 Prozent aus Wüste besteht und dem jetzt schon der Versorgungskollaps droht. Als ich Mitte der Neunzigerjahre das erste Mal nach Ägypten kam, hatte das Land 58 Millionen Einwohner, inzwischen sind es knapp 100 Millionen. Für das Jahr 2050 gehen Demografen von mindestens 150 Millionen aus, wahrscheinlich werden es mehr sein. Das heißt auch: Jahr für Jahr steigt die Zahl der Kinder, die eingeschult werden und später auf den Arbeitsmarkt kommen. Und es bedeutet eine stark wachsende Zahl an Ägyptern, die versuchen, ihre Heimat zu verlassen, um woanders ein besseres Leben zu suchen.

Man bekommt in Ägypten zwangsläufig mit, wenn am Morgen die Schule beginnt. Täglich versammeln sich überall im Land die Kinder vor Unterrichtsbeginn auf dem Schulhof und singen »Blädi, blädi«, so laut sie können. »Blädi« – auf Hocharabisch heißt es »Biladi« – bedeutet »mein Land« und ist der Anfang der ägyptischen Nationalhymne. Und weiter heißt es:

> Ägypten, oh Erde der Glückseligkeit,
> Du hast den alten Ruhm erworben,
> Mein Ziel ist die Abwehr der Gegner,
> Und auf Gott vertraue ich.

In der Wohnung in Zamalek, in der ich in meiner Zeit in Kairo oft lebte, weckten mich jeden Morgen die ersten Takte der Hymne, die ein Lehrer im Freien zum Test auf einem Klavier anspielte, dann schmetterte auf drei ein schief singender Schulchor »mein Land«.

Ich besorge mir über eine Bekannte Schulbücher für die sechste Klasse. Ich blättere das Geschichtsbuch »Die moderne Geschichte Ägyptens und der Araber« durch. Mir fallen die ausführlichen Beschreibungen der kriegerischen Auseinandersetzungen zwischen Israel und Ägypten auf und die sehr kritische Darstellung der kurzen Regierung der Muslimbrüder unter Mohammed Mursi. Ich entscheide mich dafür, dieses Buch genauer zu betrachten und es auch den Experten zuzusenden. Schon bei der ersten Durchsicht fallen mir antisemitische Narrative auf, Verschwörungstheorien und vor allem viele faktische Unwahrheiten. Um diese an der jeweiligen Stelle aufzuzeigen, sind in der folgenden Übersetzung des Schulbuchs Fußnoten eingefügt, in denen zu wichtigen Unwahrheiten und verzerrten Darstellungen in dem Buch eine Kommentierung erfolgt.

Geschichtsbuch aus Ägypten, 6. Klasse

Die moderne Geschichte Ägyptens und der Araber (Auszug)

Ägypten und der arabisch-israelische Konflikt nach dem Palästina-Krieg 1948/49

In einem vorhergehenden Abschnitt haben wir den Palästina-Krieg von 1948 behandelt. Dort sind wir auch auf die daraus resultierende Niederlage der Araber sowie die Ausbreitung Israels auf arabischem Boden und seine unrechtmäßige Aneignung von Territorien eingegangen. Diese Territorien reichten über jene hinaus, die ihm gemäß der 1947 von den Vereinten Nationen gebilligten Teilungsresolution zugeteilt waren. (s. Karte Nr. 15 Palästina nach dem Krieg von 1948)

Die Juden drangen in den Norden und den Süden Palästinas vor. Sie nahmen die Negev-Wüste ein und gelangten bis Aqaba. Israel errichtete einen Hafen in Eilat. Auf diese Art und Weise schafften die Juden es, ganz Palästina zu erobern, mit Ausnahme des Gazastreifens, des Westjordanlands und der Altstadt von Jerusalem. Gleichzeitig flohen ungefähr eine Million Einwohner Palästinas[1] aus ihrer Heimat und überließen sie aus Ohnmacht den Juden.

Die Dreieraggression [Suezkrise] 1956

Die Gründe:

- Israel vertraute darauf, dass einige der arabischen Staaten ungefährlich seien. Dafür gab es verschiedene Gründe: entweder weil die Distanz zu seinen Grenzen groß war, oder weil sie unter dem Einfluss von Staaten standen, die Israel gegenüber loyal waren, oder weil diese Staaten nicht in der Lage gewesen wären, sich gegen Israel zur Wehr zu setzen. Israel glaubte jedenfalls, dass Ägypten nach der Revolution von 1952 das wirkliche Hindernis für seine Ambitionen darstelle.[2]
- Als die Regierung der Revolution die Suezkanal-Gesellschaft im Juli 1956 verstaatlichte, nutzte Israel die Gelegenheit aus, da sich seine Ziele mit denen des westlichen Kolonialismus vereinbaren ließen, und schmiedete ein Komplott mit Großbritannien und Frankreich. Die israelischen Streitkräfte starteten im Oktober 1956 einen Angriff auf die ägyptische Grenze. Die beiden Kolonialmächte setzten Ägypten und Israel ein Ultimatum. Sie forderten einen Waffenstillstand und dass beide Truppen wenige Meilen hinter den Suezkanal zurückweichen.[3]
- Als Ägypten das Ultimatum zurückwies, griffen die Streitkräfte der britischen und französischen Kolonialmächte die Suezkanalregion an, um die ägyptische Armee auf dem Sinai zu umzingeln. Die ägyptische Führung vereitelte jedoch diesen Plan, indem sie sich zurückzog und den Sinai räumte. So besetzte die israelische Armee die Halbinsel.[4]

Gründe für das Scheitern der Dreieraggression gegen Ägypten 1956

- Bei dem Kampf gegen die Kolonialkräfte in Port Said schlossen sich Widerstandskämpfer aus der Armee der Bevölkerung an.
- Die Vereinten Nationen mischten sich ein, verurteilten die Aggression gegen Ägypten und forderten die Angreifer zum Rückzug auf.
- Die Vereinigten Staaten von Amerika übten Druck auf Großbritannien und Frankreich aus.
- Die Sowjetunion drohte den angreifenden Ländern.
- Aufstand der arbeitslosen Arbeiter in Großbritannien und Frankreich gegen ihre Regierungen.[5]

Folgen der Dreieraggression auf Ägypten in 1956

Der Angriff scheiterte und die angreifenden Staaten mussten ihre Streitkräfte zurückziehen, nachdem Ägypten die Resolution der Vereinten Nationen akzeptierte. Diese beinhaltete die Aufstellung einer UN-Friedenstruppe entlang der ägyptisch-israelischen Grenze und an der Küste des Golfs von Aqaba in der Gegend von Sharm Al-Sheikh. Israel wurde die Möglichkeit gewährt, den Golf von Aqaba für die Schifffahrt zu nutzen.[6]

Die israelische Aggression (Sechstagekrieg, 5. Juni 1967)

Die Gründe:

Zum dritten Mal waren die zionistischen Ziele mit den kolonialistischen Bestrebungen vereinbar.

- Wie die Aussage »vom Nil und bis zum Euphrat«[7] zum Ausdruck bringt, hat der Zionismus expansive Pläne, die mit einem festen Zeitplan gekoppelt sind. Die Kolonialmächte, allen voran die Vereinigten Staaten von Amerika, hatten im Sinn, die kommunistische Bewegung aus den strategisch wichtigen Regionen der Welt zu beseitigen, dazu gehörte zu der Zeit die arabische Region.[8]

- Die Einkreisung der Sowjetunion im Süden, um sicherzustellen, dass sie [die Vereinigten Staaten] auf die Schätze dieser Region, vor allem das Erdöl, exklusiv zugreifen. Israel nutzte die Gelegenheit aus und verwickelte die arabischen Länder in einen Krieg, auf den sie nicht vorbereitet waren.[9]

Ägypten beeilte sich, seiner Verpflichtung gemäß dem Abkommen über die gemeinsame Verteidigung nachzukommen, und versicherte Syrien angesichts der israelischen bewaffneten Bedrohung seines Beistands bei einem Angriff.[10]

Ägypten sperrte darüber hinaus den Golf von Aqaba für die israelische Schifffahrt, um damit die arabische Wirtschaftsblockade gegen Israel zu verstärken.

Die Folgen der israelischen Aggression (5. Juni 1967)

An der ägyptischen Front: Israel richtete seine stärkste Attacke gegen Ägypten. Seine Luftwaffe startete am Morgen des 5. Juni 1967 überraschende Luftangriffe auf ägyptische Flugplätze und fügte der ägyptischen Luftwaffe in einem vernichtenden Angriff eine Niederlage zu. Seine Luftwaffe und seine Marine griffen darüber hinaus den Sinai an, nahmen den Gazastreifen ein und drangen weiter bis zum Ostufer des Suezkanals vor, nachdem Ägypten den Großteil seiner Streitkräfte auf dem Sinai einbüßen musste.

An der syrischen Front drangen die israelischen Streitkräfte vor und besetzten die uneinnehmbaren Golanhöhen. Sie besetzten gleichzeitig den arabischen Teil der Stadt Jerusalem und das Westufer des Jordans. Israel begnügte sich also nicht damit, Palästina zu erobern, sondern besetzte auch Teile von Ägypten, Syrien und Jordanien.

Die arabischen Länder merkten, dass Israel eine Bedrohung für sie alle darstellt und dass sie die Frontstaaten unterstützen müssen. Aus diesem Grund wurde im August 1967 ein Gipfeltreffen in Khartum einberufen, bei dem entschieden wurde, dass die arabischen Staaten sich zusammenschließen müssen, um die israelischen Aggressionen zurückzuweisen. Die wohlhabenden arabischen Staaten leisteten finanzielle Unterstützung an die Frontstaaten (Ägypten, Syrien und Jordanien).

Resolution 242 des UN-Sicherheitsrates

Der Sicherheitsrat war bemüht, sich einzumischen und eine Lösung für das Problem herbeizuführen. Nach langen Verhandlungen verabschiedete er im November 1967 seine berühmte Resolution Nr. 242. Diese forderte Israel zum Rückzug aus arabischen Gebieten – und nicht nur aus den arabischen Gebieten, die im Zuge des Krieges von 1967 erobert wurden – auf.[11] Es forderte weiterhin alle Länder zur Beendigung des Kriegszustandes auf und zur Achtung der Unabhängigkeit, territorialen Souveränität und politischen Unabhängigkeit eines jeden Staates in der Region und seines Rechts, innerhalb sicherer und anerkannter Grenzen in Frieden zu leben.

Die Resolution sieht darüber hinaus vor: die Freiheit der Schifffahrt auf den internationalen Wasserwegen zu garantieren, das Flüchtlingsproblem zu regeln und entmilitarisierte Zonen zu schaffen. Die Resolution ersuchte den Generalsekretär der Vereinten Nationen, einen Sonderbeauftragten zu ernennen, der mit

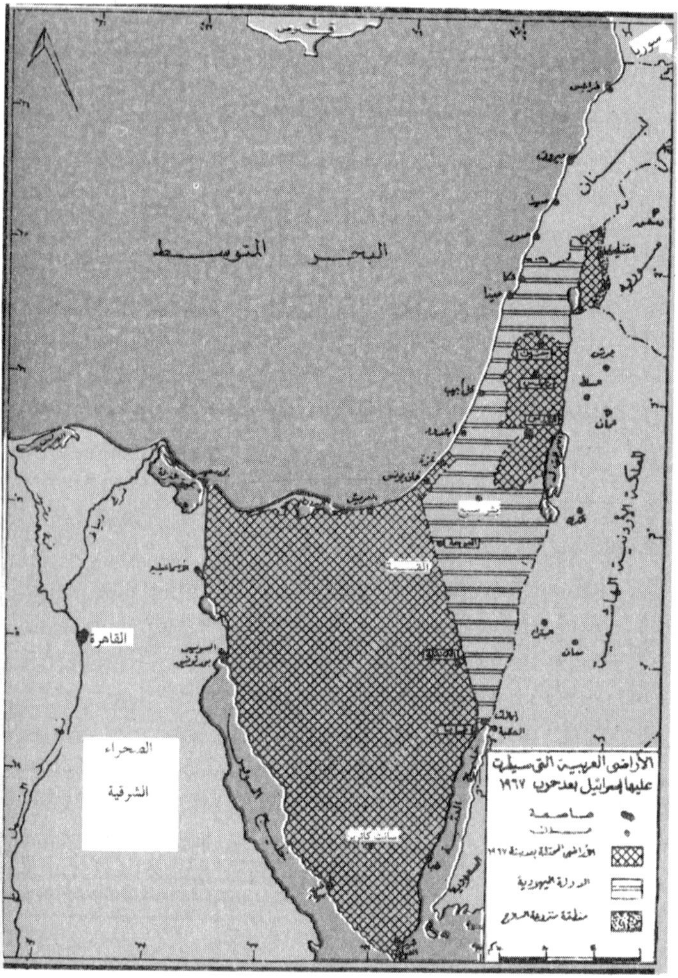

Die arabischen Territorien, die Israel nach dem Krieg 1967 kontrollierte.

<u>Kariert</u>*:* die besetzten Gebiete nach 1967
<u>Gestreift</u>*:* der jüdische Staat
<u>Punktiert</u>*:* entmilitarisierte Zone

den beteiligten Staaten Kontakt aufzunehmen soll, mit dem Ziel, eine friedliche Regelung zu finden.

Obwohl Ägypten die Resolution Nr. 242 des UN-Sicherheitsrates akzeptierte, war Israel bestrebt, sämtliche internationale Bemühungen, die auf einen Rückzug aus den besetzten Gebieten abzielten, zum Scheitern zu bringen.

Israel trieb die Situation auf die Spitze, indem es weitere jüdische Siedlungen auf den eroberten arabischen Territorien erbaute und versuchte, das Westjordanland zu judaisieren. Vor diesem Hintergrund startete Ägypten den Abnutzungskrieg gegen die israelischen Streitkräfte, der bis zum Oktoberkrieg in 1973 (10. Ramadan 1393 nach der Hidschra) anhielt.

Exkurs: Israel stand nicht allein im Kampf. An seiner Seite kämpften Hunderte von Söldnern, ausländischen Piloten und Militärspezialisten. Es besaß darüber hinaus die modernsten amerikanischen wissenschaftlichen Spionagegeräte, die das ägyptische Gebiet fotografierten, die ägyptischen Verteidigungssysteme außer Betrieb setzten und die Kommandos der ägyptischen Führungen an Israel übertrugen.[12]

Ägyptens Strategien in der Phase nach dem Krieg von 1967

Ägypten verfolgte in der Phase nach dem Krieg 1967 zwei sich ergänzende Strategien, und zwar:

1. dem Ziel, andere Staaten von dem Recht der Araber zu überzeugen, ihre besetzten Territorien zu befreien, und von dem Recht des palästinensischen Volkes auf eine Lösung seines Problems und auf Selbstbestimmung.

2. Die Vorbereitung auf den Krieg durch folgende Maßnahmen:
   a) Ausstattung der bewaffneten Streitkräfte mit allem, was sie an finanziellen Mitteln, modernen Waffen und personeller Ausstattung benötigten.
   b) Präsident Anwar Al-Sadat – der seit dem Tod von Präsident Gamal Abdel Nasser im September 1970 das Amt bekleidete – bemühte sich um innenpolitische Einung und verabschiedete die dauerhafte Verfassung des Landes im Jahr 1971.
   c) Ägypten setzte sich dafür ein, das Verhältnis der arabischen Staaten von Misstrauen zu bereinigen, Konflikte beizulegen und die Reihen zu schließen. Damit sollte der Weg für den alles entscheidenden Kampf geebnet werden, für den alle Kapazitäten und Ressourcen der Araber eingesetzt werden sollten. Ägypten koordinierte einen gemeinsamen militärischen Plan mit Syrien.

Der Abnutzungskrieg

Seit Tausenden von Jahren und seitdem die älteste Zivilisation der Geschichte im Niltal entstand, ist die Sinai-Halbinsel ein Teil Ägyptens, der nie vom Vaterland getrennt war. Im Krieg vom Juni 1967 und aufgrund militärischer Fehler im Inland und von Verschwörungen gegen Ägypten aus dem Ausland geriet das reine Land des Sinai unter israelische Besatzung.

Die Niederlage im Krieg im Juni 1967 führte jedoch keineswegs dazu, dass Ägypten seine Entschlossenheit und seinen Willen verlor, sich das Land zurückzuerobern, das ihm die israelische Aggression entrissen hatte. Deshalb legte die politische Führung einige Ziele fest, um die Niederlage zu überwinden.

Diese waren: der Wiederaufbau der Streitkräfte, die Wiederherstellung des Selbstvertrauens der Soldaten und deren Vertrauen in ihre Führung, neue Ausbildung für die Streitkräfte und Reorganisation der Einheiten. Danach begann die Phase des Durchhaltens und des Abnutzungskrieges. Das ist die Bezeichnung, die der ägyptische Präsident Gamal Abdel Nasser für die militärischen Operationen verwendete, die zwischen den ägyptischen Streitkräften und dem israelischen Feind östlich des Suezkanals durchgeführt wurden und durch die Ägypten den Kampf auf die Stellungen des Feindes verlagerte. Dadurch wurden den israelischen Festungsanlagen, den Waffen und den Personen schwerste Schäden zugefügt. Dieser Krieg dauerte drei Jahre an.[13]

Zu den bekanntesten Märtyrern des Abnutzungskrieges zählt Generalleutnant Abdel Monem Riad.

Exkurs: Militärexperten bestätigen, dass der Abnutzungskrieg den Weg für den Oktober-Sieg ebnete. Die ägyptische Führung verbrachte die Zeit zwischen dem Juni-1967-Krieg und dem Oktober-1973-Krieg mit kontinuierlicher Arbeit und fruchtbaren Bemühungen zum Wiederaufbau der Streitkräfte auf wissenschaftlicher Grundlage und mit der Errichtung des »Raketen-Walls«.

Die Gründe für Ägyptens Schritt zum Oktober-1973-Krieg

Alle politischen Bemühungen, eine friedliche Lösung über die Vereinten Nationen zu erreichen, waren gescheitert. Gründe dafür waren die sture Einstellung Israels und sein Bestehen darauf, sämtliche arabische Gebiete, die es im Juni 1967 erobert hatte, zu behalten.

- Ägypten entschied sich, einen heiligen Krieg zu führen, um die usurpierten arabischen Territorien zu befreien – allein durch die Gedanken, Ideen und Erfahrungen seiner Söhne.[14] Gemeinsam mit den syrischen Streitkräften, mit denen eine engmaschige gemeinsame Abstimmung stattfand, und unter der Aufsicht einer einheitlichen Führung, die Feldmarschall Ahmad Ismael Ali übernahm, wurde an der ägyptischen und der syrischen Front mit besonders viel Präzision und Geschick geplant und koordiniert. Der Täuschungsplan bestand darin, Israel von den Angriffsvorbereitungen auf beiden Fronten von außen so abzulenken, dass der ägyptisch-syrische Angriff eine totale Überraschung würde. Laut Meinung vieler Experten kam der Angriff einem Erdbeben für Israel gleich.

- Im Auftrag des damaligen Präsidenten Anwar Al-Sadat [abgebildet im Original] übernahm Generalleutnant Saad Al-Din Al-Shazli aufgrund seiner hohen Professionalität die Führung als Stabschef der Streitkräfte. Er schmiedete einen Plan zur Überquerung des Suezkanals und der Zerstörung der Bar-Lew-Linie, den er »Die Hohen Minarette« taufte und im Krieg von 1973 ausführte.
- Die Operationsleitung der Streitkräfte führte unter der Leitung von Feldmarschall Mohammed Abdel Ghani Al-Gasmi eine Untersuchung durch, um die Zeitpunkte zu eruieren, die sich am besten dazu eigneten, die Angriffsoperation durchzuführen. Die Untersuchungsergebnisse wurden dann dem ägyptischen Präsidenten Sadat und dem syrischen Präsidenten Hafiz Al-Asad vorgelegt, damit sie die Auswahl der Zeitpunkte trafen, die für beide Seiten passend waren. Die Studie, die unter dem Namen »Al-Gasmi-Heft« bekannt wurde, basierte auf einer Untersuchung der militärischen Lage des Feindes und die der ägyptischen und der syrischen Streitkräfte.

Feldmarschall Ahmed Ismail [abgebildet im Original] war der Kriegsminister und Oberbefehlshaber der Streitkräfte vor dem Oktober-1973-Krieg. 1971 hatte er das Amt des Leiters des allgemeinen Nachrichtendienstes inne. Sein Einsatz wurde mit dem Sinai-Stern, dem höchsten militärischen Orden, gewürdigt.

Operationsphasen des Oktober-1973-Krieges (nur zur Lektüre)

Die Kriegsoperationen starteten um Punkt 14 Uhr am 6. Oktober 1973, und zwar zur selben Zeit auf beiden Fronten, der ägyptischen und der syrischen. Die Durchführung umfasste die folgenden vier Hauptphasen:

Die erste Phase:
Ausführung der Hauptmission der Streitkräfte

Diese Phase lässt sich in fünf Unterphasen gliedern:

1. Der umfassende Luftangriff
Um Punkt 14 Uhr überquerten die ägyptischen Flugzeuge den Suezkanal und flogen in Richtung Osten, um die Ziele des Feindes im Inneren des Sinai anzugreifen. Dazu zählten die Kommandozentrale des Feindes, die Flugplätze, die wichtigsten Luftwaffenstützpunkte, die Stellungen von Flugabwehrraketen, die schwere Artillerie des Feindes, einige Verwaltungssitze und die Budapest-Festung (eine der Festungen der Bar-Lew-Linie), die östlich der Stadt Port Fouad lag.

Der Luftangriff unter der Führung des damaligen Kommandanten der Luftwaffe Mohammed Hosni Mubarak war von Erfolg gekrönt. Er resultierte in der Zerstörung des Hauptquartiers der feindlichen Streitkräfte und lähmte seine Fähigkeiten.

2. Vorbereitungsfeuer
Um 14.05 Uhr startete eine der größten Operationen der Geschichte entlang der gesamten Frontlinie. Sie verursachte enorme Schäden an den israelischen Zielen und zwang den Feind, in die

Bunker zu flüchten. Dies erleichterte den ägyptischen Vortrupps die Überquerung des Suezkanals und das Einkesseln der Festungen der Bar-Lew-Linie.

3. Der Suezkanal-Vorstoß

a) Mit Beginn des Vorbereitungsfeuers starteten die Panzerjägertruppen die Überquerung des Suezkanals auf Schlauchbooten. Ihre Mission war es, die Panzer des Feindes zu zerstören und sie daran zu hindern, während der Überquerungsoperation der Haupttruppen einzugreifen.

b) Danach begann die Überquerung der ersten Gruppen in Holz- und Schlauchbooten, bewaffnet mit Panzerabwehrhandwaffen und schultergestützten Flugabwehrraketen. Sie waren darüber hinaus mit Strickleitern ausgestattet, mit deren Hilfe sie über den Sandwall klettern konnten.

c) Die Vortrupps, die den Kanal überquerten, hissten die ägyptischen Flaggen auf dem Ostufer des Kanals unter dem Schlachtruf »Allahu Akbar« [Gott ist groß] und erklärten damit den Beginn des Heiligen Krieges zur Befreiung des kostbaren Sinai.

d) Die Pioniertruppen sprengten sechzig Schneisen in den Sandwall mithilfe von Wasserpumpen, die Wasser aus dem Suezkanal saugten. Gleichzeitig errichteten Brückenbataillone Brückenköpfe vor den in den Sandwall gesprengten Schneisen. Danach eilten Panzer, Kettenfahrzeuge und schweres Gerät über die Brücken zum Ostufer.

e) Die Truppen des Feindes begannen, den Schreck zu überwinden. Seine Flugzeuge erschienen am Himmel und versuchten mit allen möglichen Mitteln, unsere Streitkräfte an der Überquerung zu hindern. Ihre Angriffe richteten sich gezielt gegen Brücken und Fähren entlang des Kanals. Die ägyptische Luftwaffe wehrte dies jedoch so schnell ab, dass die Flugzeuge des Feindes am 6. und 7. Oktober den ganzen Tag lang eines nach dem anderen abstürzten. Dies führte dazu, dass der israelische Luftwaffenkommandant am 6. Oktober den Befehl ausgab, dass israelische Maschinen nicht näher als 15 Kilometer an den Kanal heranfliegen durften, um zu vermeiden, dass sie den ägyptischen Raketen zum Opfer fielen.

Um 8 Uhr früh am Sonntag, dem 7. Oktober, also innerhalb einer Zeitspanne von nicht mehr als 18 Stunden, hatten die ägyptischen Streitkräfte einen entscheidenden Sieg im Befreiungskrieg erzielt. Ihnen war es gelungen, das schwierigste Wasserhindernis zu überqueren und die Festungen der Bar-Lew-Linie einzunehmen.

Die ägyptischen Streitkräfte hatten erfolgreich Stellungen auf dem Ostufer des Kanals eingenommen. Die israelischen Streitkräfte, die auf die Abwehr ägyptischer Angriffe ausgerichtet waren, wurden vernichtet. Unsere Truppen drangen zugleich bis etwa drei bis vier Kilometer östlich des Kanals vor.[15]

Den ägyptischen Helikoptern gelang es, eine Gruppe von Spezialkräften (Blitzangriffs-Einheit) in das Innere des Sinai zu befördern, um die Truppen des Feindes dort anzugreifen.

Das Eingreifen israelischer Panzerreserven ins Kampfgeschehen wurde verzögert.

4. Abwehr israelischer Gegenangriffe

Ab dem Morgen des 7. Oktober fing Israel an, seinen anfänglichen Schreck zu überwinden. Die israelische Luftwaffe flog intensive Angriffe auf ägyptische Raketenbasen, Luftverteidigungsstellungen und die Punkte, wo Brücken und Versorgungslinien am Suezkanal errichtet worden waren. Israel erlitt große Verluste an seinen Flugzeugen. Dutzende von israelischen Kämpfern gerieten in Gefangenschaft.

Am Morgen des 8. Oktober wurde ein Gegenangriff auf die Umgebung der ägyptischen Brückenköpfe am Ostufer des Kanals nördlich der Stadt Ismailia gestartet. Die ägyptischen Streitkräfte umstellten die gegnerischen Streitkräfte und nach nur wenigen Stunden war der überwältigende israelische Angriff abgewehrt. Die israelische Armee hatte große Verluste erlitten, darunter den Tod von Oberst Assaf Yaguri, dem Kommandanten eines Panzerbataillons.[16]

5. Die vollständige Durchführung der Hauptmission der Streitkräfte

Während die israelischen Pläne scheiterten und die schmerzhaften Schläge die israelischen Panzertruppen auf dem Sinai trafen, war der 8. Oktober ein erfolgreicher Tag für die ägyptischen Streitkräfte. Nachdem die israelischen Gegenangriffe auf die Brückenköpfe von den ägyptischen Truppen abgewehrt worden waren, kamen die Befehle der Führung der ägyptischen Streitkräfte, den Angriff koordiniert weiter nach Osten zu tragen, um den Streifen 8 bis 10 Kilometer östlich des Kanals einzunehmen. Das war die vorgesehene nächste Mission: die Vernichtung und Auflösung aller Stützpunkte des Feindes in diesem Gebiet.

Die Truppen schafften an diesem Tag Folgendes:

- Die vollständige Befreiung der Stadt Al-Qantara Ost und das Hissen der ägyptischen Flagge auf ihren Gebäuden, nachdem sie vom Feind befreit wurde.
- Die israelische Premierministerin Golda Meir sah sich gezwungen, die USA um Hilfe zu rufen. Diese sollten eingreifen, um Israel zu retten. Das führte dazu, dass die USA eine amerikanische Luftbrücke errichteten. Diese gilt als die größte bisher bekannte Luftbrücke.[17]
- Am 8. Oktober und in der Zeit nach dem Scheitern des Gegenangriffs versuchte Israel mehrmals, die ägyptische Abwehr zu durchdringen. Ihre Versuche scheiterten jedoch allesamt.
- Israel musste sämtliche Festungen der Bar-Lew-Linie aufgeben außer der Festung Budapest im Osten der Stadt Port Fouad.

- Viele der befestigten Stellungen im Inneren des Sinai fielen in die Hände der ägyptischen Truppen.
- Die ägyptischen Truppen schafften es, während dieser Kämpfe bis zu einer Tiefe von 12 bis 15 Kilometern östlich des Kanals vorzudringen und die Brückenköpfe der zweiten und der dritten Armee zusammenzuführen. Damit war die Hauptmission der ägyptischen Streitkräfte erfüllt.
- In dieser Phase war die israelische Luftaktivität gegen die ägyptischen Streitkräfte entlang der Front intensiviert worden, vor allem nahe der Stadt Port Said. Mit Luftabwehrwaffen und der Tatkraft der ägyptischen Luftwaffe wurde den israelischen Luftangriffen begegnet.

Die zweite Phase: Weiterentwicklung des Angriffs in Richtung Osten am 14. Oktober 1973

Syrien verzeichnete ebenfalls einen großen Erfolg gegen Israel und war kurz vor der Befreiung der gesamten besetzten Golanhöhen. Aus diesem Grund intensivierte Israel seine Angriffe gegen Syrien und führte einen konzentrierten Luftangriff gegen die syrischen Truppen und auf die Hauptstadt Damaskus. Als die Situation auf den Golanhöhen so weit eskalierte, dass sie für Syrien gefährlich wurde, erweiterte Ägypten rasch den Angriff auf dem Sinai, um die israelischen Truppen in Richtung Ägypten zu lenken und damit den Druck auf Syrien zu verringern. Der ägyptische Vorstoß begann am Morgen des 14. Oktober mit einem Luftangriff auf Ziele des Feindes im Inneren des Sinai. Danach gerieten israelische Stellungen an der Frontlinie unter intensiven Artilleriebeschuss. [18] Am selben Tag tobte einer der heftigsten Luftkämpfe zwischen den Maschinen des Feindes und unserer Luftwaffe am Himmel über dem Nildelta. Der Feind schickte 70 bis 80 Flugzeuge, die die ägyptischen Flugplätze angreifen sollten. Die ägyptischen Flugzeuge begegneten diesen Angriffen und ließen sich auf einen heftigen Kampf ein, der zum Absturz von 15 israelischen Phantom-Flugzeugen und neun ägyptischen MiG-Flugzeugen führte. Dieser Tag gilt als einer der glorreichsten Tage in der Geschichte unserer Luftwaffe.

Die dritte Phase: Abwehr des israelischen Gegenangriffs östlich des Kanals (15.–17. Oktober)

Israel verlegte eine enorme Anzahl von Panzereinheiten an die ägyptische Front, unterstützt von der Infanterie, der Luftwaffe, der Artillerie und anderen Waffengattungen. Der Angriff startete am Morgen des 15. Oktober und richtete sich gegen den Mittelabschnitt der Front. Unsere Streitkräfte waren in der Lage, den Angriff zu vereiteln und große Verluste in den Reihen der israelischen Streitkräfte zu verursachen. Der Feind setzte seinen Angriff auf diesen Bereich in mehreren Wellen fort, bis es ihm gelang, eine Lücke in der ägyptischen Abwehr in der Gegend von Al-Dafresouar südlich von Ismailia zu verursachen. Das war möglich, nachdem die amerikanischen Spionagemittel eine nicht besetzte Lücke zwischen den Truppen der 2. und jenen der 3. Armee feststellten.[19] Der Feind nutzte die Tatsache aus, dass die Gegend frei von Soldaten war, nachdem die dort stationierten ägyptischen Einheiten abgezogen worden waren, um die Fortschritte im Osten zu unterstützen. Er schickte dann eine kleine Truppe auf das Westufer des Kanals.

Die vierte Phase: Reaktionen auf die feindlichen Truppen westlich des Kanals (18.–24. Oktober)

Nachdem alle israelischen Versuche gescheitert waren, in die Brückenköpfe einzudringen, die die ägyptischen Streitkräfte entlang der Front errichtet hatten und die sich bis 15 Kilometer östlich des Kanals erstreckten, konzentrierte Israel seine Bemühungen darauf, die Abwehr der ägyptischen Truppen zu durchstoßen, um dadurch seine Streitkräfte auf das Westufer des Kanals zu schicken. Und das gelang ihm tatsächlich und starke Kräfte wurden durch diese Lücke auf das Westufer des Kanals geschickt. Diese machten sich daran, die Stützpunkte der Luftwaffe anzugreifen, um der eigenen Luftwaffe wiederum die Gelegenheit zu geben, ungestört zu agieren, ohne dass unsere Luftabwehr sie behinderte. Die israelischen Truppen versuchten, ein strategisches Ziel im Westen des Kanals schnellstmöglich einzunehmen, weil sie ahnten, dass der Sicherheitsrat kurz davorstand, eine Resolution zu verabschieden, die einen Waffenstillstand beinhaltete. Die israelischen Streitkräfte drangen weiter nach Norden vor und versuchten die Stadt Ismailia einzunehmen. Sie erlitten jedoch große Verluste und mussten ihren Angriff abbrechen und ihre Hauptbemühungen in Richtung Süden lenken.

- Am 22. Oktober verabschiedete der Sicherheitsrat eine Resolution, die zum Waffenstillstand aufrief. Sowohl Ägypten als auch Israel akzeptierten die Resolution. Ägypten respektierte sie auch, aber Israel erkannte schnell die Ausweglosigkeit seiner Situation. Denn es hatte eine große Anzahl von Streitkräften über den Kanal verlegt, ohne ein Hauptziel einnehmen zu können. Stattdessen waren seine Truppen nun von ägyptischen Truppen umzingelt und stark bedroht.[20]
- Israel missachtete den Waffenstillstand und startete einen letzten Versuch, sein Gesicht zu wahren. Es setzte seine Truppen in Richtung Süden in Bewegung und versuchte die Stadt Suez am 24. Oktober einzunehmen. Aber der tapfere Widerstand der ägyptischen Streitkräfte gemeinsam mit dem Widerstand der Bevölkerung in der Stadt vereitelte diesen Versuch.
- Der Feind startete einen weiteren Versuch und schaffte es, einige Punkte im Zentrum der Stadt zu erreichen. Die Verteidigungstruppen wehrten dies jedoch schnell ab und zer-

störten die Panzer und gepanzerten Fahrzeuge des Feindes und zwangen ihn damit zum Rückzug. Seine Streitkräfte belagerten die Stadt.

- Und trotz der Verabschiedung von zwei Resolutionen im Sicherheitsrat am 23. und 25. Oktober, die beide Ägypten und Israel zum Respektieren des Waffenstillstandes aufriefen und die Israel vorgab zu akzeptieren, missachtete es – wie gewohnt – weiterhin die internationalen Beschlüsse eklatant. Es versuchte am 28. Oktober erneut Suez anzugreifen. Der Angriff zerschmetterte an der felsenfesten Verteidigung durch die ägyptischen Streitkräfte. Israel begriff daraufhin, dass es seine Ziele nicht erreichen konnte, und beendete seine Angriffe.[21]

Das war das Ende der blutigen Kämpfe, die sich über 23 Tage erstreckten und in denen die ägyptischen Streitkräfte es geschafft hatten, den Suezkanal zu überwinden und nach allen Maßstäben ein militärisches Wunder zu vollbringen. Es zerstörte die Bar-Lew-Linie und Tausende von israelischen Panzern und Panzerfahrzeugen.[22] Es nahm das Ostufer des Kanals ein, drang bis 15 Kilometer ins Landesinnere vor und stationierte fünf ganze Infanteriedivisionen, die von zwei Panzerdivisionen und Tausenden von Kanonen und Raketen unterstützt und von einem umfassenden System der Luftverteidigung geschützt wurden. Zugleich befanden sich die israelischen Streitkräfte in einer fragilen Lage. Große Teile ihrer Truppen befanden sich in einem sehr engen Streifen im Westen des Kanals und waren von der großen ägyptischen Armee umzingelt, die bereit gewesen wäre, sie zu zerstören und zu vernichten, wäre die Resolution [mit dem Waffenstillstand] nicht gewesen und hätten die Vereinten Nationen und die internationale Gemeinschaft nicht eingegriffen.[23] Von dort aus begann der »Friedenskampf«.

Die aus dem Oktober-Krieg gewonnenen Erkenntnisse und seine Folgen

1. Der Oktober-Krieg war zweifelsohne ein einmaliges Ereignis und ein Wendepunkt in der Geschichte des arabisch-israelischen Konflikts. Israel erlitt eine vollkommene strategische Überraschung, die das Vertrauen der Israelis in ihre Armee und ihre Nachrichtendienste erschütterte, obwohl letzterer den Ruf hatte, der weltweit fähigste Nachrichtendienst zu sein, wenn es um Nahost-Angelegenheiten ging. Die israelischen Streitkräfte waren mit taktischen Überraschungen sowohl auf dem Sinai als auch an der Golan-Front konfrontiert, sodass ihre Angehörigen ihr Gleichgewicht verloren und sich gezwungen sahen, ihre vorderen Positionen zu räumen. Die Welt war erstaunt darüber, dass Ägypten und Syrien die Überraschung trotz der enormen Entwicklung der modernen Aufklärungsmittel sowohl auf der strategischen als auch auf der taktischen Ebene umsetzen konnten, und dass es ihnen gelang, gleichzeitig den israelischen und den amerikanischen Nachrichtendienst zu täuschen.
2. Die ägyptischen Streitkräfte untergruben die Grundsätze der Militärdoktrin der israelischen Armee während des Oktober-Krieges. Sie nahmen ihnen ihre charakteristischen Eigenschaften, dazu zählten vor allem die Leichtigkeit der Bewegung, die Fähigkeit zu manövrieren und den Luftraum über dem Schlachtfeld zu beherrschen.
3. Es wurde bewiesen, dass die natürlichen und künstlichen Barrieren und die starken Befestigungsanlagen den modernen Armeen mit ihrer Ausrüstung, ihren Waffen und Hilfsmitteln und vor allem mit ihrer Entschlossenheit, ihrem Willen und ihrer Entschiedenheit nicht standhalten können.[24]
4. Der Oktober-Krieg stellte die Machtverhältnisse im Nahen Osten auf den Kopf. Nach dem Juni-1967-Krieg brachte Isra-

el immer wieder die Leier von der natürlichen Überlegenheit des israelischen Soldaten vor und seiner Fähigkeit zur Nutzung moderner Technologien, was den zahlenmäßigen Vorteil auf der arabischen Seite in großem Maße ausgleiche.

5. Es zeigte sich die Kompetenz des arabischen Kämpfers und wie hoch sein Niveau und seine Fähigkeiten sind, die modernen und komplexen Waffen zu verstehen und zu verwenden, einschließlich elektronischer Waffen. Arabische Planung, Führer und Kämpfer bewiesen ihre wahre Fähigkeit und Kompetenz auf dem Schlachtfeld.
6. Die ägyptische Luftabwehr bewies ihre Effizienz bei der Eindämmung der israelischen Überlegenheit im Luftraum über dem Schlachtfeld. Die Ergebnisse, die die ägyptische Luftverteidigung erzielte, zwangen die westlichen Militärkreise, ihre Luftverteidigungssysteme erneut zu überdenken und das Zahlenverhältnis zwischen Kampfflugzeugen und Flugabwehrraketen zu prüfen. Denn der Krieg hatte die große Bedeutung der Flugabwehrraketen bewiesen.
7. Das Prinzip der Beweglichkeit ist das wichtigste Prinzip des Krieges und führte zum Erfolg des konzentrierten Luftangriffs, der sich auf das feindliche Gleichgewicht ab den ersten Kampfmomenten negativ auswirkte.

Schließlich zeigte dieser Krieg, dass Entwicklungsländer, die keine militärindustrielle Basis besitzen, eine ausreichende Menge an Waffen auf Lager haben müssen, um den Krieg weiterzuführen und damit die großen Länder die Entscheidung über die Fortführung des Kampfes nicht kontrollieren können.

Exkurs: Einige Staaten leisteten Ägypten und Syrien Unterstützung. Zum Beispiel gab Saudi-Arabien Syrien 200 Millionen Dollar. Die [Vereinigten Arabischen] Emirate gaben Ägypten 100 Millionen und Syrien 50 Millionen Dollar. Qatar beteiligte sich wiederum mit 15 Millionen Dollar, die an Ägypten gingen, sowie mit Sachleistungen in Form von Medikamenten und Weizen. Der algerische Präsident Boumedienne hinterlegte während seines Besuches in der Sowjetunion bei der sowjetischen Regierung 200 Millionen Dollar, die Ägypten und Syrien zum Kauf von Waffen zur Verfügung standen.

8. Der Zustand, der weder Krieg noch Frieden war, wurde beendet (die strategischen Folgen des Krieges), um Frieden im Nahen Osten zu erreichen.
9. Der Krieg legte offen, wie wichtig die arabische Solidarität angesichts der israelischen Bedrohung war. Die arabischen Staaten unternahmen alle praktischen Schritte, um Ägypten und Syrien zu unterstützen. So leisteten neun davon in verschiedenem Maß militärische Hilfe, und zwar: Irak, Algerien, Libyen, Jordanien, Marokko, Saudi-Arabien, Sudan, Kuwait und Tunesien. Die Golfstaaten und Saudi-Arabien entschieden sich, finanzielle Hilfe zu gewähren.
10. Auf der wirtschaftlichen Ebene trafen die erdölproduzierenden arabischen Länder die Entscheidung, ihre Fördermengen zu senken. Sie erklärten anschließend ein komplettes Exportverbot für die USA. Damit bestätigt sich die Rolle des Erdöls als effektive Waffe zur Umsetzung der politischen Ziele der arabischen Länder, denn dieses stand in einem globalen Zusammenhang mit der Rückführung Israels in seine Grenzen vor dem 5. Juni 1967. Das Erdölembargo hatte einen wirksamen Einfluss auf die Länder Westeuropas und Japan. Das führte dazu, dass sie starken Druck auf die USA ausübten, den arabischen Rechtsanspruch anzuerkennen.

    Auf der politischen Ebene war der Schreck für die NATO-Staaten sehr groß, als die USA sie ersuchten, US-Flugzeugen die Landung und Betankung auf ihren Flughäfen und Stützpunkten zu ermöglichen. Dies diente dazu, die lange

Luftbrücke zu errichten, um Ausrüstung, Waffen und Munition von den amerikanischen Luftwaffenstützpunkten nach Israel zu transportieren. Einige Länder gaben an, nicht in der Lage dazu zu sein, eine solche Hilfe zu leisten. Andere Länder lehnten dieses Ersuchen explizit und deutlich ab, um die Araber nicht gegen sich aufzubringen. Sie wollten einerseits die Erdölversorgung nicht riskieren, und andererseits glaubten die meisten an die Legitimität des arabischen Anliegens.

Auf der afrikanischen Ebene brachen 22 Staaten ihre diplomatischen Beziehungen zu Israel ab. Acht weitere hatten ihre Beziehungen bereits nach dem Juni-1967-Krieg abgebrochen. Diese Maßnahme stellte einen großen Erfolg für die ägyptische Politik auf dem afrikanischen Kontinent dar und war in der Tat ein weiterer Schritt zur politischen Isolierung Israels und zweifellos eine Unterstützung für die arabische Politik.

Der Wandel der ägyptischen Politik und der Richtungswechsel zu einer friedlichen Lösung

Präsident Mohammed Anwar Al-Sadat entschied sich, eine zivilisierte Initiative zu ergreifen, um eine fundamentale Lösung des arabisch-israelischen Konflikts herbeizuführen. Um einen dauerhaften und gerechten Frieden zu erreichen, unternahm er folgende Schritte:

a) Er ergriff die Initiative und besuchte Israel im November 1977, wo er zu einem dauerhaften und gerechten Frieden im Nahen Osten aufrief, um den kommenden Generationen den Schrecken des Krieges zu ersparen.
b) Die Anerkennung der legitimen Rechte des palästinensischen Volkes

Das Gipfeltreffen in Camp David (September 1978)

Der Präsident der Vereinigten Staaten von Amerika, Jimmy Carter, lud Präsident Anwar Al-Sadat und den israelischen Premierminister Menachem Begin ein, sich in Camp David in den USA zu treffen. Am Ende dieses Treffens stand ein Rahmen für den Frieden fest, gegründet auf folgenden Prinzipien:

1. Der vollständige Rückzug vom Sinai
2. Die Normalisierung der Beziehungen zwischen Ägypten und Israel
3. Die Erlangung der legitimen Rechte der Palästinenser, indem Jordanien und Vertreter der Palästinenser in die Bestimmung der Zukunft des Westjordanlandes und des Gazastreifens eingebunden werden. Dem müssen die Beendigung der israelischen Militärherrschaft und die Schaffung einer vollen Autonomie vorausgehen.[25]

Das Friedensabkommen vom März 1979 zwischen Ägypten und Israel unter Beteiligung der USA und seine wichtigsten Inhalte

1. Beendigung des Kriegszustandes, Unterlassung von Kriegsdrohungen und die Lösung des Problems mit friedlichen Mitteln
2. Vollständiger Rückzug Israels von der Sinai-Halbinsel

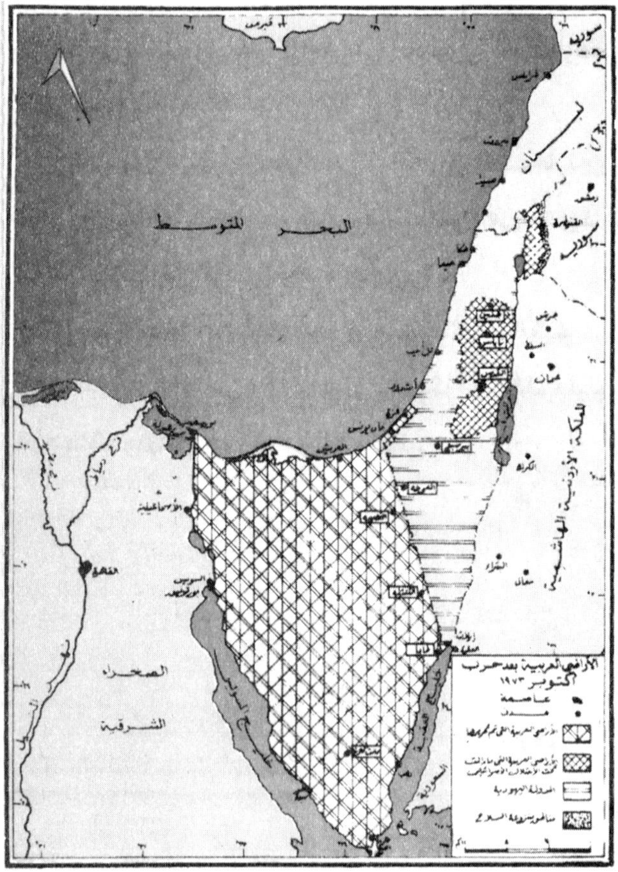

Arabische Territorien nach dem Oktober-1973-Krieg.

<u>Kariert (groß)</u>: Befreite arabische Territorien
<u>Kariert (klein)</u>: Arabische Territorien unter anhaltender israelischer Besatzung
<u>Gestreift</u>: Jüdischer Staat
<u>Punktiert</u>: Demilitarisierte Zonen

3. Die Anerkennung der Souveränität jeder der Konfliktparteien auf ihrem Territorium
4. Die Pflege normaler politischer, wirtschaftlicher und kultureller Beziehungen zwischen beiden Ländern
5. Die Einrichtung von beschränkt militarisierten Zonen auf beiden Seiten entlang der Grenze mit einer größeren Tiefe in Richtung Sinai
6. Beginn der Autonomieverhandlungen für die Westbank und den Gazastreifen einen Monat nach Ratifizierung des ägyptisch-israelischen Friedensabkommens
7. Sowohl das Camp-David-Abkommen von 1978 als auch das Friedensabkommen von 1979 basieren auf der Resolution 242, die der Sicherheitsrat 1967 verabschiedet hatte und die zur Beilegung des Kriegszustandes zwischen den Arabern und Israel, zur Respektierung der Souveränität aller Länder der Region und zum Abzug der israelischen Truppen aus den im Krieg von 1967 besetzten Gebieten aufruft.

Beide Seiten bemühten sich, die Bestimmungen des Abkommens umzusetzen. Der Streit um einige Grenzmarkierungen zwischen Ägypten und Israel endete 1989 mit dem Urteil einer internationalen Schiedskommission, die Ägypten das Recht auf den Tabastreifen und einige weitere Grenzpunkte zusprach. Ägypten kehrte damit in seine ursprünglichen Grenzen zurück.

Was die Erlangung der legitimen Rechte der Palästinenser gemäß den Verhandlungen auf dem Gipfel in Camp David (1978) betrifft, so begannen Gespräche zwischen den Arabern und Israel mit dem Ziel, eine geeignete Formel für diese Rechte zu finden. Es war nicht einfach, vielmehr war es sehr schwierig, denn beide Seiten, die arabische und die israelische, beharrten auf ihren Rechten und Prinzipien.[26]

Das führte zu Absprachen, die zwischen den Palästinensern und Israel in Oslo (Norwegen) getroffen wurden. Darüber hinaus wurden in Madrid (Spanien) Gespräche zwischen verschiedenen arabischen Parteien und Israel geführt. Die ägyptische Regierung übernahm mit den Vereinigten Staaten von Amerika die Schirmherrschaft für diese Gespräche.[27]

Schließlich wurde die Errichtung einer Palästinensischen Autonomiebehörde im Gazastreifen und in Jericho bekannt gegeben. Sie soll die Wünsche des palästinensischen Volkes bezüglich einer palästinensischen Nation und einer palästinensischen Regierung repräsentieren. Der Weg zu einem dauerhaften und endgültigen Friedensabkommen im Nahen Osten ist noch lang.

Die Revolutionen vom 25. Januar 2011 und 30. Juni 2013

Die wirtschaftliche Situation in Ägypten nach dem Oktober-1973-Krieg

Nachdem die ägyptische Armee den Suezkanal am 6. Oktober 1973 erfolgreich überquert hatte, begann der politische Prozess zur Schlichtung des Konfliktes zwischen Ägypten und Israel, der seit Mai 1948 andauerte. Die Schlichtung führte – wie zuvor erwähnt – zum »Friedens«-Abkommen zwischen Ägypten und Israel (26. März 1979). In der Zeit vor dem Friedensabkommen hatte Präsident Anwar Al-Sadat eine Reform des wirtschaftlichen und sozialen Systems angestoßen. Dieses System wurde nach der Juli-Revolution von 1952 etabliert, um soziale Gerechtigkeit zu schaffen und zu verhindern, dass Kapitalisten den Staat kontrollieren. Diese neue Ausrichtung wurde Mitte 1974 während des Besuchs von US-Präsident Richard Nixon in Ägypten (Juni 1974) bestimmt.

Diese Politik führte dazu, dass die Kapitalisten die Führung wieder kontrollierten. Ab 1985 in der Ära von Präsident Mohammed Hosni Mubarak und nach der Ermordung von Präsident Sadat (6. Oktober 1981) begann die Politik der Auflösung von staatlichen Unternehmen und deren Verkauf. Als »Privatisierungs«-Politik bekannt, beinhaltete diese den Verkauf von staatlichen Unternehmen an Kapitalisten. Gleichzeitig erließ der Staat keine Vorschriften, an die sich das Kapital halten muss, um das soziale Gleichgewicht unter den Ägyptern zu garantieren und breite soziale Proteste der Mittelschicht, Arbeiter und Bauern zu vermeiden (wie es in den kapitalistischen Ländern gehandhabt wird, sodass die Gesellschaft in diesen Ländern in sozialem Frieden lebt).

Es ist anzumerken, dass die Häufung der wirtschaftlichen und sozialen Maßnahmen, welche die aufeinanderfolgenden ägyptischen Regierungen unter Mubarak umsetzten, um die Privatisierungspolitik zu unterstützen, am Ende zum Ausbruch der Revolution der Ägypter am 25. Januar 2011 führte. Das Volk forderte dabei Mubarak auf, sein Amt abzugeben, und rief einfache Worte mit tiefer Bedeutung: »Brot … Freiheit … Würde … soziale Gerechtigkeit«.

Die Folgen der Privatisierungspolitik

Die Privatisierungspolitik (der Verkauf staatlicher Unternehmen) und die Aufgabe der sozioökonomischen Rolle des Staates zählen zu den Gründen der Revolution vom 25. Januar 2011 und hatten folgende Konsequenzen:

- Angestellte, Techniker, Bauern und Arbeiter aus der Mittelschicht unterliegen den Mechanismen und Bedürfnissen des Arbeitsmarktes (Angebot und Nachfrage). Das zog erst die

Abwanderung ägyptischer Arbeitskräfte ins Ausland nach sich, dann Inflation, Arbeitslosigkeit und Extremismus im Namen der Religion.

- Die sukzessive Abschaffung der Politik, Universitätsabsolventen und Absolventen von Berufsschulen [in Staatsunternehmen] zu beschäftigen
- Aufgabe der Politik einer Begrenzung von Pachtpreisen landwirtschaftlich genutzter Grundstücke. So stiegen die Preise vom ursprünglichen Wert, der beim Siebenfachen der gemäß dem Gesetz zur Agrarreform (1952) festgelegten Steuer für ein Feddan [4200 m^2] lag, auf den 22-fachen Wert der Steuer (ab Oktober 1997).
- Die Mieten für Neubauten stiegen vor dem Hintergrund der Mechanismen von Angebot und Nachfrage. Der Trend ging in Richtung Kauf von Eigentumswohnungen in Neubauten. Die Preise überstiegen jedoch die Möglichkeiten der arbeitenden jungen Menschen aus der Mittelschicht.
- Der durch Armut und Bedürftigkeit begründete Anstieg des Heiratsalters auf eine anormale Art beförderte verschiedene Formen der Devianz (unsittliches Verhalten) und den Anstieg der Kriminalitätsrate, vor allem bei Diebstahl, Raub, Veruntreuung, Fälschung und Überfälle, mit denen die Betroffenen individuell versuchen, ihre wirtschaftlichen Probleme zu lösen.
- Die Gründung der Al-Qaria-Bank [Dorfbank] im Jahr 1977, die die Aufgaben der landwirtschaftlichen Genossenschaften übernahm. Die Genossenschaft hatte damit kaum noch Einfluss, weder auf die Lenkung oder das Wachstum der landwirtschaftlichen Produktion noch auf die Deckung des Bedarfs der Bauern an Produktionsmitteln. Des Weiteren wendete die Al-Qaria-Bank für Finanztransaktionen die gleichen Systeme wie Investmentbanken an, was den Kleinbauern den Umgang mit ihr erschwerte. Die Bank agierte dar-

über hinaus in nicht konventionellen Investitionsfeldern, die von den Bedürfnissen des Kleinbauern weit entfernt waren. So betrugen die Zinsen auf die landwirtschaftlichen Kredite, welche die Bank vergab, im Jahr 1989 13 bis 15 Prozent und stiegen auf 20 Prozent im Jahr 1992. Die Zinsen für Investitionskredite liegen bei 18 bis 21 Prozent und richten sich in ihrer Höhe nach Angebot und Nachfrage.

- Die vollkommene Abschaffung von Subventionen auf landwirtschaftliche Produktionsmittel wie Düngemittel und Saatgut ab 1987. Die Preise für die landwirtschaftlichen Produkte stiegen an und damit auch die Preise für alle anderen Waren und Dienstleistungen. Die Inflation breitete sich so noch weiter aus.
- Da der Staat seine Rolle in der landwirtschaftlichen Planung aufgab, entschieden sich die Bauern für den Anbau von Produkten, die wenige Produktionsmittel benötigen. Die Dreifelderwirtschaft wurde aufgegeben, der Export von Produkten war nur noch optional. Das führte zu einem Produktionschaos und einem Ungleichgewicht zwischen Angebot und Nachfrage. Die Folge der Freiheit von Produktion und Vertrieb war letztlich, dass die Weizenernte nur noch 20 bis 30 Prozent des einheimischen Bedarfs deckte und der Rest – unter politischen Erwägungen und gegen Devisen – importiert werden musste. So stiegen die Preise bei gleichbleibenden Löhnen.

Um die Städte herum wuchsen die Slumviertel, die arme, zugezogene Dörfler errichteten, nachdem sie aufgrund der schwierigen Lebenslage aus ihren Dörfern geflohen waren. Im Jahr 2005 betrug die Zahl der Slums 1027 Stadtviertel, in denen etwa 15 Prozent der Ägypter lebten. (Ende 2010 lebten 55 Prozent der Ägypter unterhalb der Armutsgrenze von monatlich 100 ägyptischen Pfund.)

Die politische Situation in Ägypten nach dem Oktober-1973-Krieg

Im Rahmen der Politik der wirtschaftlichen Öffnung unternahm Präsident Sadat folgende Schritte:

Die Abschaffung der einzigen politischen Organisation (»Arabische Sozialistische Union«) und die Gewährung von Freiheit für politische Aktivitäten. Zunächst wurden im März 1976 drei intellektuelle Plattformen gegründet: Rechts: Freie Sozialisten, Mitte: Arabische Sozialistische Partei Ägyptens, Links: Nationale Progressive Unionistische Versammlung. Diese wurden im Jahr darauf zu politischen Parteien. Präsident Sadat gründete noch im Oktober 1978 eine politische Partei, die seine Ideologie vertrat, und nannte sie Nationaldemokratische Partei.

Das Gesetz zur Regelung der Anmeldung von politischen Parteien (vom Juni 1977) legte jedoch fest, dass die Parteien der politischen Führung untergeordnet sind. Es gab also keine echte parteipolitische Szene, denn eine Partei benötigte die Zustimmung des Staates, um eingetragen zu werden. Der Staat wies ihr eine Parteizentrale zu, unterstützte sie finanziell und gab ihr sogar ein Kontingent an subventioniertem Druckpapier, um ihre Zeitung zu drucken. Auf der anderen Seite durfte eine Partei keine öffentlichen Veranstaltungen auf den Straßen organisieren, sondern musste Parteitage in der Parteizentrale abhalten. Dieser Zustand ließ die Parteien ihre Freiheit verlieren und machte sie abhängig.

Das Parteiengesetz verlangte für die Zustimmung zur Gründung einer neuen Partei außerdem, dass diese ein anderes Programm haben sollte als bereits existierende Parteien. Diese Bedingung war ein Mittel, um Parteien, die aufgrund der politischen Ausrichtung ihrer Gründer gefürchtet wurden, zu behindern und dafür unproblematische Parteien zu fördern. Letztere sind in der politischen Literatur als »Papierparteien« oder »Zeichentrick-Parteien« [bzw. »Attrappen-Parteien«] bekannt.

Jedenfalls stellte sich heraus, dass die politische Szene in Ägypten von der Nationaldemokratischen Partei monopolisiert wurde, ohne jegliche Absicht, einen Machtwechsel oder eine Machtbeteiligung über Wahlurnen zuzulassen. Das Amt des Präsidenten wurde nicht durch Wahlen zwischen verschiedenen Kandidaten besetzt, sondern durch das Abhalten von Referenden auf der Grundlage eines von der Nationalversammlung vorgeschlagenen Präsidentschaftskandidaten. Als einige entwickelte Länder diese Methode kritisierten, forderte Präsident Mubarak die Neuerwägung des Artikels 76 der Verfassung zum Amt des Präsidenten. Dieser wurde daraufhin geändert, um eine Wahl unter Beteiligung mehrerer Kandidaten zuzulassen. Auf dieser Grundlage fanden die Wahlen im Oktober 2005 statt und endeten mit dem Sieg von Präsident Mubarak für eine weitere Amtszeit (bis Oktober 2011).

Die Einschränkung der Parteiaktivitäten betraf auch jene von Organisationen und Verbänden der Zivilgesellschaft. Das öffnete der Einmischung internationaler Menschenrechtsorganisationen in die Angelegenheiten des Landes die Tür. Es gab vielfältige regierungsfeindliche Kräfte, und die politische Reform blieb eher ein Scheinprojekt als echte Politik.

Auf der Ebene der auswärtigen Beziehungen Ägyptens verfolgten die Präsidenten Sadat und Mubarak die Politik des Einverständnisses mit der amerikanischen Politik in der arabischen Region, um den Frieden zu wahren und Kriege zu vermeiden, besonders nach dem Oktober-Sieg und dem Abschluss des Friedensabkommens mit Israel. Doch diese Ausrichtung entfremdete Ägypten von den arabischen und afrikanischen Fragen, sodass es nicht mehr die Führungsrolle in der Region einnahm (im Gegensatz zu der Politik von Präsident Gamal Abdel Nasser).

Das intellektuelle und kulturelle Klima in Ägypten nach dem Oktober-1973-Krieg

Die Auswirkungen dieser Zeit erstreckten sich über die wirtschaftliche und gesellschaftliche Öffnung und die politische Situation hinaus und beeinflussten die allgemeine kulturelle Einstellung der Ägypter gegenüber der Geschichte so sehr, dass die nationale Einheit bedroht war. Dies geschah, als Präsident Sadat folgende Maßnahmen ergriff:

Er propagierte das Motto vom »Staat der Wissenschaft und des Glaubens«, um seine linken und nationalistischen Widersacher auszuschalten. Doch die Mitglieder der Muslimbruderschaft, die er zuvor aus den Straflagern entlassen hatte (ab 1972), kaperten dieses Motto und setzten es praktisch um, indem sie islamistische Führungskräfte für die Zukunft heranzogen. Auf diese Art und Weise kehrte die Ideologie des politischen Islams zurück und stand in Konflikt mit der nationalen Zugehörigkeit.

In diesem neuen Klima erstarkte der islamische Diskurs und wuchs deutlich die Anzahl der Schriften, die sich mit der islamischen Ausrichtung und der muslimischen Persönlichkeit befassten. In den Fakultäten der ägyptischen Universitäten bildeten sich islamistische Gruppen, die diesen Gedanken anhingen und verstärkt danach strebten, die Studentenverbände zu kontrollieren. So kam es, dass die Anhänger dieser Gruppen mit christlichen, linken und nationalistischen Studierenden aneinandergerieten. Die Muslimbrüder bemühten sich darum, die Berufsverbände und die Vereinigungen der Hochschullehrenden unter ihre Kontrolle zu bringen. So geriet die ägyptische Identität in einen Zwiespalt.

Präsident Sadat selbst war das erste Opfer der Aktivitäten dieser islamistischen Strömung. Er wurde am 6. Oktober 1981 ermordet, während er mit den Offizieren und Soldaten den Jahrestag des Oktober-Sieges feierte.

Die Vorboten der Revolution vom 25. Januar 2011

Im Laufe des Jahres 2004 nahm die politische Opposition in Ägypten eine neue organisatorische Form an: In einer Gruppe, die sich »Kifaya« [Genug] nannte, organisierten sich verschiedene Gruppen von Oppositionellen aus dem nasseristischen, dem islamistischen und dem linken Lager. Eine weitere Gruppe gab sich im Jahr 2008 aufgrund des Streiks der Arbeiter der Textilfabriken in Al-Mahalla Al-Kubra den Namen »6. April«. Danach entstand die Gruppe »Schabab Al-Ghad« [Jugend von morgen], und es folgten weitere Gruppen, welche die jungen Menschen aus vielen Orten anzogen und die zum Ziel hatten, die Herrschaft Mubaraks und der Nationaldemokratischen Partei zu beenden.

Zu den unmittelbaren Gründen für den Ausbruch der Revolution zählen folgende Punkte:

- Die totale Fälschung der Ergebnisse aus den Wahlen zur Nationalversammlung vom November 2010 zugunsten der Nationaldemokratischen Partei. Diese gingen so weit, dass einige Mitglieder der Nationalversammlung, die frühere Wahlen gewonnen hatten und große Popularität in ihren Wahlkreisen genossen, die Wahlen verloren. Sie erklärten die Gründung einer eigenen Nationalversammlung parallel zur »gefälschten« Versammlung. Mubarak kommentierte bei seinem Treffen mit der Nationalversammlung und der Schura-Versammlung [die beiden Kammern des ägyptischen Parlaments] die Idee der Gründung einer parallelen Versammlung mit den Worten: »Lasst sie sich doch die Zeit vertreiben …« Dieser Satz war Gegenstand der Kritik vieler Beobachter.
- Der Trend zur Vererbung der Macht
- Die immer wieder verlängerte Geltung der Notstandsgesetze

Chronik der Revolution vom 25. Januar 2011

Die Revolutionäre marschierten zum Tahrir-Platz in Kairo am Mittag des 25. Januar 2011, dem Tag der Polizei, den Präsident Mubarak im Januar 2010 zum Nationalfeiertag erklärt hatte, um den Einsatz der ägyptischen Polizei gegen die Engländer in Ismailia am 25. Januar 1952 zu ehren. Die Wahl des Tages hatte also einen tieferen Sinn. Die Revolutionäre skandierten und forderten den Rücktritt des Präsidenten. Sie forderten Freiheit, Würde und soziale Gerechtigkeit.

Die Zentralen Sicherheitskräfte [Bereitschaftspolizei] versuchten, das Sit-in auf den zentralen Plätzen mit Gewalt aufzulösen, scheiterten jedoch.

In einem Versuch, die Situation zu kontrollieren, und um das Volk zu beruhigen, erklärte Mubarak am Abend des vierten Tages der Revolution (Freitag, den 28. Januar) die Änderung von acht Verfassungsartikeln für notwendig. Demnach sollte der Staatspräsident lediglich zwischen den Staatsgewalten »richten« und nicht »Bestandteil« von einer derselben sein. Aber die Änderungen rührten nicht an der absoluten Macht des Präsidenten. Als Bedingung für die Kandidatur zum Amt des Staatspräsidenten legten sie die erklärte Unterstützung von 30 000 Bürgern aus 15 Gouvernements [von insgesamt 27 ägyptischen Gouvernements] oder von dreißig Mitgliedern der Nationalversammlung fest.

Die Ereignisse überschlugen sich, Mubarak beharrte darauf, an der Macht zu bleiben, und versuchte in einer zweiten Erklärung, die Sympathie des Volkes zu erwecken. Er sagte, dass er sein Leben im Dienst seines Landes Ägypten verbracht habe und dass er sein Land nie verlassen, sondern auf seinem Boden sterben würde ... etc. Überraschend verkündete der Vizepräsident Omar

Soliman in einer Erklärung nach 18 Tagen Revolution am Abend des 11. Februar 2011 »den Rücktritt Mubaraks von der Macht«.

Das Volk verspürte Erleichterung und sah die Ziele der Revolution erreicht, nämlich den Rücktritt Mubaraks. Doch bald traten Probleme auf und die anderen Ziele, für die die Revolution eingetreten war, konnten nicht mehr umgesetzt werden. Der Oberste Rat der Streitkräfte unter Führung von Feldmarschall Mohammed Tantawi verkündete, dass er die Revolution beschütze und diese dabei unterstütze, ihre Ziele zu erreichen. Er übernahm anschließend die Initiative und löste die National- und die Schura-Versammlung am 30. Februar 2011 auf.

Generalleutnant Ahmad Shafiq wurde mit dem Amt des Premierministers betraut. Er bildete seine Regierung aus Mitgliedern des Politikausschusses [der Nationaldemokratischen Partei], die von Safwat Al-Sherif geleitet wurde und dessen Sekretär Gamal Mubarak war.

Ahmad Shafiq besetzte einige Kabinettsposten neu und verließ danach die Regierung. So wurde Dr. Essam Sharaf, ein Minister aus Shafiqs Kabinett, mit dem Amt des Premierministers betraut. Er wurde jedoch wenig später entlassen. Eine neue Regierung wurde unter Führung von Dr. Kamal Al-Ganzuri, einem ehemaligen Minister aus der Mubarak-Zeit, gebildet.

Diese sich rasch abwechselnden Regierungen, die allesamt als »geschäftsführende Interimsregierungen« bezeichnet wurden, zeugen davon, dass das Land sich in einem instabilen Zustand befand und dass diese Regierungen keine Schritte zur Verwirklichung der revolutionären Ziele – zumindest der sozialen Gerechtigkeit – unternahmen. Was unternommen wurde, war lediglich die Auflösung der Nationaldemokratischen Partei im April 2011. Mubarak, seine Entourage und seine Söhne wurden vor Gericht gestellt und wegen Korruption, Bestechung, Vorteilsgewährung, Begünstigung der Veruntreuung öffentlicher Gelder und dem Mord an Demonstranten angeklagt.

Ereignisse der Revolution vom 25. Januar 2011

- Die islamistischen Gruppierungen dominierten die Szene und präsentierten sich als Auslöser der Revolution. Sie bildeten politische Parteien, obwohl dies verfassungswidrig ist und auch im Widerspruch zu Artikel 8 des Parteiengesetzes steht, das die Gründung von Parteien auf einer direkten und indirekten religiösen Grundlage untersagt. Die islamistische Strömung überflügelte die anderen politischen Bewegungen, die für eine säkulare Gesellschaft standen.
- Unterstützung fand die islamistische Strömung auch darin, dass das Komitee, das mit der Überarbeitung einiger Verfassungsbestimmungen und der Formulierung einer provisorischen Verfassung beauftragt war, von islamischen Denkern dominiert wurde.
- Danach fanden Wahlen zur National- und zur Schura-Versammlung statt. Die Islamisten siegten mit einer klaren Mehrheit. Die Parlamentskammern nahmen in der letzten Woche des Januars 2012 unter dem jeweiligen Vorsitz eines Mitglieds der Muslimbruderschaft ihre Tätigkeit auf.

Die Präsidentschaftswahlen

Die Anmeldung der Kandidatur für das Amt des Staatspräsidenten lief an. Viele Kandidaten aus verschiedenen politischen Strömungen und mit unterschiedlichen Ideologien und Ausrichtungen meldeten sich an. Am Ende standen 13 Kandidaten zur Wahl. Die erste Wahlrunde führte zu einer Stichwahl zwischen den beiden Kandidaten mit den meisten Stimmen, und zwar: Mohammed Mursi, dem Kandidaten der Partei für Freiheit und Gerechtigkeit, die der Muslimbruderschaft zugehörte, und Ahmad Shafiq, der als Anhänger des Mubarak-Regimes betrachtet wurde. Die Stichwahl wurde am 16. und 17. Juni 2012 durchgeführt und endete mit dem Sieg von Mohammed Mursi mit einer Mehrheit von 51 Prozent der Wählerstimmen.

Die Muslimbrüder an der Macht

Am 30. Juni 2012 legte Mohammed Mursi den Amtseid vor der Vollversammlung des Obersten Verfassungsgerichts ab und wurde mit diesem Moment Staatspräsident. Damit begann die Prozedur zur Vervollständigung der Regierung, indem ein Premierminister ernannt wurde, der wiederum in Absprache mit dem Präsidenten die Minister auswählte.

Die Politik, die die Muslimbrüder an der Macht verfolgten, brachte keinerlei Lösungen für die Probleme, an denen der Großteil der Bevölkerung leidet, insbesondere keine soziale Gerechtigkeit, eine der wichtigsten Forderungen der Revolution. Die Grundzüge dieser Politik kann man wie folgt zusammenfassen:

- Die neue Republik [sic], die in die Finger der Muslimbrüder geraten war, übte ihre Macht auf die gleiche Art und Weise wie die früheren Regierungen aus. Sie beschützte die Interessen, für die sie stand, mit allen rechtlichen und irregulären Mitteln. Sie wollte, dass alle ihr gehorchten und an ihre Fähigkeit glaubten, sämtliche Angelegenheiten zu regeln. Das bedeutete im Umkehrschluss, dass alle, die ihr widersprachen, als ungehorsam und rebellisch eingestuft wurden und eine Strafe verdienten.
- Präsident Mohammed Mursi hatte die alleinige Herrschaft inne. Er verkündete am 21. November 2012 eine Verfassungserklärung, die die Kompetenzen des Präsidenten stärken sollte.
- Mitglieder der Muslimbruderschaft wurden in allen staatlichen Einrichtungen und Behörden installiert, auch in Führungspositionen der Kommunalverwaltung in Dörfern, Städten und Bezirken. Vertreter anderer ideologischer Aus-

richtungen als jener der Muslimbruderschaft wurden ausgeschlossen.

- Missmanagement der Angelegenheiten des Landes im Allgemeinen und der Wirtschaft im Besonderen. Immer mehr Fabriken gerieten in Schwierigkeiten.
- Anstieg der staatlichen Auslandsverschuldung von 34 Milliarden US-Dollar im Vorjahr auf 45 Milliarden. Die Inflationsrate stieg von 14 auf 17 Prozent. Die Devisenreserven des Staates schrumpften.

Die Revolution vom 30. Juni 2013

Nicht lange nachdem die Muslimbrüder an die Macht gekommen waren, bemerkte das Volk bereits, dass sie keine Lösungen für die Hauptprobleme bieten können und dass sie, angesichts ihrer tyrannischen Machtausübung, das Bedürfnis der Bevölkerung nach Freiheit, Würde und Gerechtigkeit nicht erfüllen würden.[28] So häuften sich die Vorboten einer Revolution, diesmal gegen die Herrschaft der Muslimbrüder und mit dem Ziel, die Revolution vom Januar 2011 zurückzuholen und sie wieder auf den richtigen Weg zu setzen.

Die Vorboten der Revolution vom 30. Juni 2013

Am 26. April 2013 trat eine Gruppe von jungen Menschen auf den Plan, die sich »Tamarod«-Bewegung [Aufstandsbewegung] nannte. Sie riefen dazu auf, dem (ehemaligen) Präsidenten Mursi das Vertrauen zu entziehen und vorgezogene Präsidentschaftswahlen durchzuführen. Sie setzten ihm eine Frist, die am 30. Juni endete.

Der (ehemalige) Präsident Mursi kam dieser Forderung nicht nach und erklärte, dass er der rechtmäßige Präsident sei. Verteidigungsminister Generalleutnant Abdel-Fattah Al-Sisi gab am 23. Juni 2013 folgende Erklärung ab: »Die Streitkräfte haben in der letzten Zeit vermieden, sich in das politische Gewühl einzumischen. Doch ihre patriotische und ethische Verantwortung dem Volk gegenüber machen eine Einmischung zwingend erforderlich, um das Abgleiten in eine dunkle Zukunft von Konflikten, Kämpfen, konfessioneller Zwietracht und dem Zusammenbruch staatlicher Institutionen zu verhindern.« Er rief dazu auf, einen Weg der Verständigung, Einigung und echten Versöhnung zu finden, um Ägypten und sein Volk zu beschützen. Dies sollte innerhalb einer Woche erfolgen (bis zum 30. Juni).

Am 25. Juni erklärte die Vereinigung der Richter ihre Unterstützung für die Erklärung von Generalleutnant Al-Sisi.

In Erwartung des Ablaufs des Ultimatums zur Durchführung vorgezogener Präsidentschaftswahlen am 30. Juni 2013 strömten Anhänger der Muslimbruderschaft ab dem 28. Juni auf den Vorplatz der Rabea-Al-Adawiya-Moschee im Stadtteil Nasr City. Sie versammelten sich auch auf dem Al-Nahda-Platz vor der Kairo-Universität. Sie begannen ein Sit-in, schlugen Zelte auf beiden Plätzen auf und bauten Barrieren, um zu verhindern, dass andere als die Anhänger der Muslimbruderschaft hinzustießen. Der Alltag der Menschen in beiden Stadtvierteln wurde dadurch spürbar beeinträchtigt.

Am 1. Juli veröffentlichte das Generalkommando der bewaffneten Streitkräfte um 16 Uhr eine Erklärung, in welcher es darauf hinwies, dass das glorreiche ägyptische Volk auf den Straßen demonstriere. Es stellte ein 48-stündiges Ultimatum, um den Forderungen des Volkes nachzukommen.

Am 3. Juli 2013 wurde Mursi abgesetzt. Die Regierungsgewalt ging am nächsten Tag an den Präsidenten des Obersten Verfassungsgerichts [Staatsanwalt Adly Mansur] über, der diese bis zum Ende der vorgezogenen Präsidentschaftswahlen innehaben sollte. Die Verfassung von 2012 wurde geändert. Es wurden Bemühungen unternommen, die Verfahrensvorschriften einzuhalten, die als Erstes vorsahen, die Verfassung von 2012, die im Interesse der Muslimbruderschaft verabschiedet worden war, außer Kraft zu setzen.

Die Sit-ins von Rabea und Al-Nahda wurden am 14. August 2013 aufgelöst.[29]

Im Januar 2014 wurde eine neue Verfassung verabschiedet, nachdem das Volk am 14. und 15. Januar über dieselbe abgestimmt hatte. Als Nächstes wurde die Präsidentschaftswahl drei Tage lang abgehalten, vom 26. bis zum 28. Mai 2014. Zur Wahl standen nur zwei Kandidaten, nämlich: Feldmarschall Abdel-Fattah Al-Sisi, nachdem er von seinem Posten als Verteidigungsminister zurückgetreten war, und Herr Hamdin Sabahi, ein politischer Aktivist. Anschließend wurde der Sieg von Abdel-Fattah Al-Sisi bekannt gegeben.

Damit wurde nach zwei dicht aufeinanderfolgenden Revolutionen (25. Januar 2011 und 30. Juni 2013) eine neue Seite in der modernen Geschichte Ägyptens aufgeschlagen. Ägypten wurde damit auch auf den richtigen Weg gebracht, um die Demokratie zu verwirklichen, die Interessen des Volkes voranzustellen und Fortschritt, Wachstum und Wohlstand zu erreichen.

Professor Lin-Klitzing fällt ein klares Urteil: »Dieses Buch fand ich am ideologischsten. Denn hier sehe ich eine eindeutig einseitige politische Ausrichtung. Das unterscheidet es von den anderen Büchern. Hier wird – dem Anspruch nach – so etwas wie Faktenwissen vermittelt, dem man recht schnell auf den Leim gehen kann, also es glaubt, weil die anderen Möglichkeiten der reflektierten Auseinandersetzung kaum möglich und sehr mühselig zu besorgen sind. Man müsste ja die Fakten überprüfen und schauen, was davon stimmt eigentlich.«

Ich schaue mir den Anfang der Lektion »Ägypten und der arabisch-israelische Konflikt nach dem Palästina-Krieg 1948/49« an. Dort heißt es, in früheren Lektionen sei man auf die »Niederlage der Araber sowie die Ausbreitung Israels auf arabischem Boden und seine unrechtmäßige Aneignung von Territorien eingegangen. Diese Territorien reichten über jene hinaus, die ihm gemäß der 1947 von den Vereinten Nationen gebilligten Teilungsresolution zugeteilt waren. [...] Die Juden drangen in den Norden und den Süden Palästinas vor. Sie nahmen die Negev-Wüste ein und gelangten bis Aqaba. Israel errichtete einen Hafen in Eilat. Auf diese Art und Weise schafften die Juden es, ganz Palästina zu erobern, mit Ausnahme des Gazastreifens, des Westjordanlands und der Altstadt von Jerusalem. Gleichzeitig flohen ungefähr eine Million Einwohner Palästinas aus ihrer Heimat und überließen sie aus Ohnmacht den Juden.«

Was Susanne Lin-Klitzing zuerst auffalle, sei die mangelnde Differenzierung zwischen Juden und Israelis. »Also eine Vermischung von Religion, Staatszugehörigkeit und Ethnie. Das ist rassistisch. Das verbunden mit sehr eindeutigen Zuordnungen. Israel besteht hier also nur aus Zionisten, was mitnichten der Realität entspricht.« Dabei schwingt durch die Art der Darstellung der Zionisten als »Juden«, die in arabisches Territorium »eindrangen«, natürlich mit, dass diese böse seien und die Muslime zurückdrängen beziehungsweise unterdrücken wollten. Das entspreche einem klar antisemitischen Narrativ. »Oder wenn gesagt wird, dass die arabischen Staaten merkten, dass Israel für sie *alle* eine Bedrohung darstellt. Und dass sie sich zusammenschließen *müssen*, um die israelischen Aggressionen zurückzuweisen. Das ist eine eindeutige und einseitige Freund-Feind-Darstellung.« Lin-Klitzing übt außerdem deutliche Sprachkritik. Überall gehe es um Aggression unter der Verwendung aggressiver Sprache, Juden »drangen ein« und »eroberten«.

Aus meiner Sich fehlt vollständig die historische Darstellung, dass die großen jüdischen Gemeinden in muslimischen Ländern in den Jahrzehnten nach der Gründung Israels nahezu vollständig zum Verlassen der Länder gedrängt wurden. Das gilt in besonderem Maße für Ägypten, wo bis in die Mitte des 20. Jahrhunderts eine große jüdische Gemeinde bestand, die wegen anhaltender Repressalien von mehreren Zehntausend Mitgliedern bis heute auf nur noch ein Dutzend Juden im ganzen Land zurückgegangen ist. Das Gleiche gilt für Libyen, bis zur Unabhängigkeit des Landes das Zuhause einer der ältesten und bedeutendsten jüdischen Gemeinden des Nahen Ostens, oder auch den Jemen oder Marokko.

Julia Schwanewedel urteilt nicht ganz so drastisch: »Das Buch ist insgesamt deutlich deskriptiver, und das finde ich erst einmal besser als bei den anderen Büchern. Denn dadurch zielt es weniger auf die Emotionen der Jugendlichen. Die ganzen ersten Seiten in diesem Geschichtsbuch beinhalten weniger normative Sprache als die anderen Schulbücher, die ich mir angesehen habe. Normative Sprache schleicht sich dann aber im weiteren Verlauf doch immer wieder ein. Zum Beispiel die ›israelische Aggression‹, die ›sture Einstellung Israels‹, dann Unterstellungen wie ›der Zionismus hat rein expansive Pläne‹, die dann gar nicht weiter belegt werden. Auch kommt an einer Stelle der Ausdruck ›Heiliger Krieg‹ vor.«

Ich schaue nach. An der entsprechenden Stelle geht es um die Auslöser des Oktoberkrieges beziehungsweise des Jom-Kippur-Krieges mit Israel von 1973. Dort heißt es: »Ägypten entschied sich, einen Heiligen Krieg zu führen, um die usurpierten arabischen Territorien zu befreien – allein durch die Gedanken, Ideen und Erfahrungen seiner Söhne.« Was mir beim Durchlesen in diesem Kontext immer wieder auffällt, ist die positive Darstellung eines arabischen Schulterschlusses im Kampf gegen Israel und Zionisten. Etwa, wenn es heißt: »Der Krieg legte offen, wie wichtig die arabische Solidarität angesichts der israelischen Bedrohung war.« Zugleich bemerke ich: Der Text windet sich, an Ägyptens arabischer Führungsrolle festzuhalten und dennoch den Friedensschluss mit Israel nicht gänzlich abzulehnen. Israel jedenfalls bleibt der »Feind«, Frieden hin oder her.

»Was dadurch – wohlgemerkt durch einen sachlichen Text! – erfolgt, ist die Unterteilung in ›Die‹ und ›Wir‹«, stellt Julia Schwanewedel fest. »Dieses ›Wir‹ zielt immer auf den Zusammenschluss von Arabern beziehungsweise Muslimen. Das ist auffällig. Und es kann potenziell auch bis zu uns nach Deutschland und Europa wirken. ›Nur der Zusammenschluss macht uns stark‹, heißt es da. Was ein Schüler daraus mitnehmen kann, ist der Imperativ: Ich muss mich im Leben mit bestimmten Leuten zusammenschließen und mit bestimmten nicht. Das ist grundlegend anders als bei uns. In deutschen Geschichtsbüchern gibt es kein absolutes ›Die‹ und ›Wir‹.« Bei der Expertin lösen diese Stellen aber noch weitere Assoziationen aus. »Was im Text auch transportiert wird: ›Es ist wichtig für unsere arabischen Staaten, dass wir viele Waffen haben.‹ Wenn einem das als junger Mensch immer wieder vermittelt wird, dann wird man eine bestimmte Sicht auf die Bedeutung von Waffen entwickeln und z. B. einen Militärstaat als folgerichtig empfinden.«

Auswirkungen könnten solche Darstellungen auch auf uns haben, meint Schwanewedel. Denn nicht nur Israel wird in dem Buch als Gegenspieler Ägyptens und der Araber dargestellt, sondern der Westen allgemein. Auch das wird an dieser Stelle deutlich, an der unter anderem steht, dass der »Zionismus expansive Pläne, die mit einem festen Zeitplan gekoppelt sind«, habe und als Verbündete »die Kolonialmächte, allen voran die Vereinigten Staaten von Amerika« benenne.

Die Verwendung dieser Begriffe sieht Susanne Lin-Klitzing sehr kritisch. Das sei letztlich die Frage, wie die Inhalte eigentlich fachdidaktisch und geschichtlich einzuordnen seien. »Da fällt auf, dass es keine Trennung von Fakten und Bewertung gibt. Und eine unreflektierte Verwendung von Fachbegriffen, wie etwa Kolonialismus oder Zionismus. Ich kann etwa mit dem Wort Kolonialismus in diesem Zusammenhang nicht viel anfangen.« Da werde ein Begriff aufgenommen, der nicht in diesen Kontext gehört. Und es werde klug mit bestimmten Begriffen umgegangen, die eigentlich einen anderen Inhalt vermitteln.

»Außerdem werden keine Quellen angeführt. Das führt zu einer sehr einseitigen Darstellung von Geschichte, man könnte es apologetische Geschichtsschreibung einer Kriegspartei nennen, einer Kriegspartei, die international betrachtet eine eher untergeordnete Rolle spielt. Aber diese Perspektive muss man ja erst einmal haben. Und wenn man die nicht hat, glaubt man möglicherweise diesem pseudowissenschaftlichen Text. So finden sich in diesem faktisch daherkommenden Text an verschiedenen Stellen Glorifizierungen, wenn etwa gesagt wird, dass die ägyptische Führung die israelischen Pläne vereitelte.«

Tatsächlich bemerke auch ich die vielen überzeichneten und positiv wertenden Darstellungen der ägyptischen Planung, der »besonders viel Präzision und Geschick« zugeschrieben wird. Weiter heißt es, »die Welt war erstaunt darüber, dass Ägypten und Syrien die Überraschung (…) umsetzen konnten«. Oder, noch eindeutiger: »Es zeigte sich die Kompetenz des arabischen Kämpfers und wie hoch sein Niveau und seine Fähigkeiten sind, die modernen und komplexen Waffen zu verstehen und zu verwenden. (…) Arabische Planung, Führer und Kämpfer bewiesen ihre wahre Fähigkeit und Kompetenz auf dem Schlachtfeld.« Damit täuscht das Buch über die Tatsache hinweg, dass Ägypten all die erwähnten Kriege militärisch verloren hat.

Auch Julia Schwanewedel fällt der Militarismus in den Schulbüchern auf: »Die detaillierte Beschreibung der einzelnen Kriegsverläufe und -operationen wird heroisch dargestellt, beispielsweise die Aussage: ›der Angriff kam einem Erdbeben für Israel gleich‹. Hier wird mit Phrasen ›Wir sind wie ein Erdbeben‹ die eigene Stärke vermittelt und auf diese Weise ein Überlegenheitsbild aufgebaut. Daneben fällt mir die eher subtile Aussage auf: Israel ist verwundbar. Dies zeigt sich etwa in dem Satz ›Sie konnten uns nicht standhalten‹.«

Lin-Klitzing bemerkt zu dem Geschichtsbuch: »Ägypten wird hier dargestellt als ein Land, das zwischen Kolonialisten zerrieben und von Komplotten heimgesucht wird. Diese Darstellung dient der Intention, das hier dargestellte ägyptische Handeln als wichtig, richtig und gerechtfertigt darzustellen. Es dient letztlich der Erklärung und Legitimierung des vollzogenen eigenen Handelns.«

Tatsache ist, dass Nationalismus in Ägypten eine große Rolle spielt. Das erklärt sich aus der Geschichte des Landes. Nach der Eroberung durch die Araber und der Islamisierung Ägyptens herrschten ab 1516 die Osmanen fast 300 Jahre über das Land am Nil. Ende des 18. Jahrhunderts kam Napoleon Bonaparte nach Ägypten, Briten und Franzosen kämpften fortan um die Vorherrschaft über das Land. Die Briten nahmen 1882 Besitz von Ägypten, das 1922 in die Unabhängigkeit entlassen wurde.

Ägypten erlebte Ende des 19. Jahrhunderts eine Zeit wirtschaftlicher und kultureller Blüte. Das Land wurde zu einem echten Schmelztiegel, in dem Menschen unterschiedlichster Herkunft und Weltanschauung zusammenlebten, vor allem große Gemeinden von Italienern und Griechen sowie Juden. Auch Albaner, christliche Libanesen und Deutsche siedelten sich hauptsächlich in Kairo und Alexandria an. Ägypten versuchte den Westen zu imitieren, etwa in Filmen und Theaterstücken, und den Werken dabei ein eigenes orientalisches Flair aufzuprägen. Es entstanden damals in Kairo Varieté-Bühnen, auf denen spärlich bekleidete Frauen im Josephine-Baker-Stil tanzten, anstelle von Bananen trugen sie orientalisches Geschmeide.

Der Niedergang kam mit wirtschaftlichen Schwierigkeiten, ausgelöst durch die Folgen des Zweiten Weltkriegs, der die europäische Nachfrage nach ägyptischen Produkten einbrechen ließ. Hinzu kamen das anschwellende Bevölkerungswachstum und der aufkeimende Nationalismus. Gamal Abdel Nasser wird bis heute in der arabischen

Welt als eine der größten Führungsfiguren verehrt. Interessanterweise fällt sein Name an nur wenigen Stellen im ägyptischen Schulbuch, und das in nicht heroisierender Weise. Die Wahrheit ist, dass der Niedergang Ägyptens zu einem großen Teil eine Folge der eigenen Politik war. Bedroht durch den Nationalismus und sozialistisch gerechtfertigte Enteignungen, verließen die großen Minderheiten, die Ägypten kulturell und wirtschaftlich gestärkt hatten, in kurzer Zeit nahezu vollständig das Land. Oder sie wurden gezwungen, sich zu assimilieren. Die sozialistische Politik würgte die Wirtschaft ab, was zu einer Abwärtsspirale führte. Immer weniger Geld stand für eine immer schneller wachsende Bevölkerung zur Verfügung. Das Heil suchte die Politik und suchten die Menschen im Nationalismus, und das ist grundsätzlich bis heute so. Schulen und Schulbücher tragen, wie ich erkennen kann, diesen Nationalismus weiter in die nächste Generation.

Im hinteren Teil des Schulbuchs fällt mir die deutliche Kritik an kapitalistischen Grundsätzen auf. In einem Abschnitt geht es um die Folgen der Privatisierung, die in Ägypten durchgeführt wurde. Dazu heißt es in dem Buch unter anderem: »Der durch Armut und Bedürftigkeit begründete Anstieg des Heiratsalters auf eine anormale Art beförderte verschiedene Formen der Devianz (unsittliches Verhalten) und den Anstieg der Kriminalitätsrate, vor allem bei Diebstahl, Raub, Veruntreuung, Fälschung und Überfälle, mit denen die Betroffenen individuell versuchen, ihre wirtschaftlichen Probleme zu lösen.« Julia Schwanewedel: »Auf einmal spielen Moral und Tradition auf normative Weise eine Rolle. Da wird gesagt, dass die Lage in Ägypten schlimm wurde zum einen durch den Kapitalismus, zum anderen durch den ›Anstieg des Heiratsalters auf anormale Art‹ und verschiedene ›Formen der Devianz‹. Das bedeutet ja andersrum: Wenn wir zum Beispiel früh heiraten, dann verhindern wir die Devianz.«

Ich frage mich, wie solche Schulbücher in Ägypten eigentlich zustande kommen. Wer entwirft die Texte und mit welchem Ziel? In Kairo spreche ich mit Amarna. Ihren richtigen Namen möchte die

Beraterin, die in Kairo bereits für mehrere Ministerien gearbeitet hat, unter anderem im Bildungsbereich, nicht öffentlich machen. »Die konzeptionelle Grundlage für Schulbücher in Ägypten ist nicht sehr weit entwickelt«, sagt sie. »Eigentlich gibt es da gar keine Methodik. Es gibt im Bildungsministerium eine Abteilung, die die Curricula und damit auch die Schulbücher entwickelt, und die Mitarbeiter beauftragen dann einen einzelnen Experten damit, ein Schulbuch zu entwickeln. Es gab Bemühungen, das Ganze auf eine echte fachliche Grundlage zu stellen. Das war 2010. Und dann kam die Ägyptische Revolution und hat dazu geführt, dass sich keiner mehr darum gekümmert hat, bis heute. Das heißt, Schulbücher entstehen bei uns grundsätzlich nach dem Entwurf eines einzelnen Experten. Hinzu kommt, dass die Schulbücher eigentlich überhaupt nicht weiterentwickelt werden. Da wird vielleicht mal das Cover ausgetauscht, aber die Inhalte bleiben im Wesentlichen gleich. Es ist im System gar nicht vorgesehen, die Bücher zu modernisieren.«

Ich erzähle ihr von dem Geschichtsbuch, das ich mir besorgt und mit deutschen Expertinnen besprochen habe, und dass mir vor allem der Militarismus und die Glorifizierung der Armee aufgefallen seien. Ich frage sie, welche staatliche Intention dahintersteht. »Die Wahrheit ist: Es gibt gar keine klare staatliche Zielsetzung. Ich gebe Ihnen ein Beispiel. In Ägypten haben wir ein akutes Problem bezüglich der Überbevölkerung und des Bevölkerungswachstums. Es wäre also im nationalen Interesse, Schülern und Studenten zu vermitteln, dass es nicht gut ist, möglichst jung vier oder fünf Kinder zu bekommen. Aber in Schulbüchern wird das mit keinem Wort erwähnt. Gleichzeitig hat die Regierung eine große Initiative auf den Weg gebracht, mit dem ausdrücklichen Ziel, die ägyptische Jugend diesbezüglich zu bilden. Das passt also gar nicht zusammen.«

Ägypten hat politisch äußerst turbulente Zeiten hinter sich. 2011 wurde das Langzeitregime von Hosni Mubarak während des damals so genannten Arabischen Frühlings gestürzt. Es folgte eine Regierung der Muslimbrüder, die aus den Wahlen des Jahres 2012 als Sieger hervorgegangen waren. 2013 schließlich stürzte das Militär die Regierung Mursi. General Abdel-Fatah al-Sisi übernahm die Macht. Seither erlebt Ägypten eine permanent fortschreitende Einschränkung wesentlicher Grundrechte. Nahezu sämtliche Medien sind inzwischen regimetreu. Menschenrechtsorganisationen schätzen, dass bis zu 15 000 Menschen in ägyptischen Gefängnissen unter Terrorismusvorwürfen inhaftiert sind. Die Anschuldigungen dienen aber häufig nur als Vorwand, um politische Gegner wegzusperren. Und wie haben all diese politischen Geschehnisse sich an den Schulen und in den Schulbüchern gespiegelt?

»Das ist sehr unterschiedlich, je nach Fach und Regierung. Während der Regierung der Muslimbrüder unter Mohammed Mursi zum Beispiel, waren die Religionsbücher voller Geschichten, die zeigen sollten, wie sehr uns die Juden hassen. Dabei haben wir eigentlich kein Problem mit den Juden, ganz im Gegenteil. Wir bringen unseren Kindern von klein auf bei, dass der Glaube an Jesus, Mose und Mohammed unsere Religionen verbindet. Hass zwischen Juden und Muslimen zu säen ist also überhaupt nicht im Sinne des Islams, aber die Bücher waren voll davon. ›Sie hassen uns, sie hassen uns, sie hassen uns!‹ Und ständig ging es nur um Gewalt, ganz explizit. An der Schule meines Sohnes war das auch so. Und als er mir das gezeigt hat, habe ich nur zu ihm gesagt: ›Mach das Buch zu und geh lieber mit deinen Freunden spielen‹«, erklärt Amarna.

Der Ministeriumsmitarbeiterin stelle ich die Frage, wie solche Lehrmaterialien finanziert werden. »Die Bücher werden grundsätzlich über ägyptische Steuern finanziert«, führt sie aus. »Ein Teil unseres Bruttosozialprodukts geht an das Bildungsministerium und die [Mitarbeiter] verwenden es für das Erstellen der Schulbücher. Daneben erhält die ägyptische Regierung sehr viel Geld für den Bildungssektor aus dem Ausland. Die EU etwa oder die International Labour Organization und USAID überweisen Geld nach Ägypten, vor allem für den Bildungsbereich. Sie schauen dabei durchaus auch auf die Inhalte. Aber es läuft nicht alles gut. Die EU zum Beispiel sagt, wir geben euch Geld, dann müsst ihr die Punkte A, B, C durchführen. Die einzelnen Punkte werden zur Umsetzung dann an private Berater aus Europa und Ägypten gegeben. Das Problem ist nun, dass es keine fortlaufende Kontrolle gibt, was diese Berater dann machen. In dem konkreten EU-Projekt gibt es ein jährliches Monitoring. Dazu kommen zwei Mitarbeiter aus Europa und versuchen herauszufinden, was mit den Mitteln gemacht wurde, und veröffentlichen danach einen Monitoring-Report. Und dann gehen sie wieder. Und dann liegt es an dem- oder derjenigen, die auf ägyptischer Seite für die Durchführung zuständig ist, die Empfehlungen aus dem Bericht umzusetzen. Soweit ich weiß, funktioniert das nicht nur in Ägypten so, sondern ist auch in anderen Ländern üblich.«

Allen Beteiligten sei aber klar, so Amarna, dass das System sehr korruptionsanfällig sei. »Wenn man Pech hat, dann liegt die Verantwortung bei jemandem, der versucht, mit dem Projekt Geld zu machen. Wie das funktioniert? Zum Beispiel, indem man sagt, man brauche zur Umsetzung des Projekts zweitausend Beraterstunden und diese kosteten jeweils 1000 Euro, doch in Wirklichkeit beträgt die Ausgabe nur 500 Euro. Die Differenz fließt dann in die eigene Tasche. So funktioniert das, und zwar sehr häufig. Die EU und auch die anderen Partner wissen das auch. Aber es gibt letztlich gar keine Möglichkeit für sie, das bis zur untersten Ebene nachzuprüfen. Das wäre eigentlich die Aufgabe des jeweiligen Staates, also Ägyptens, über ein funktionierendes Steuer- und Bankensystem. Aber die Infrastruktur existiert hier gar nicht.«

Korruption sei aber nicht das einzige Problem bei den umfangreichen Projektförderungen in Ägypten durch internationale Geldgeber. Die Projekte selbst seien häufig wenig dazu geeignet, nachhaltig etwas zu verändern. Amarna nennt ein weiteres Beispiel. »Im Bereich der technischen Fächer etwa gibt es derzeit ein großes Projekt, das zu einem erheblichen Teil von der EU finanziert wird. Insgesamt gibt es rund zweitausend technische Schulen in Ägypten. Die Beteiligten entwickeln aber das Curriculum selbst und schaffen nicht, wie es eigentlich sein sollte, Strukturen, die dann ein modernes Curriculum entwickeln können. Das heißt, wenn das Projekt beendet ist, verpufft auch der Effekt, weil man keine neuen Strukturen aufgebaut hat. Die EU gibt circa 50 Millionen Euro und 67 Millionen trägt Ägypten selbst zu dem Projekt bei.«

Amarna berichtet, dass seit etwa zehn Jahren für den öffentlichen Dienst ein Einstellungsstopp bestehe. Selbst wenn ein Lehrer in den Ruhestand gehe, sei es für Schulen sehr schwierig, ihn zu ersetzen. Deswegen herrsche ein sich zuspitzender Lehrermangel. Auch sei es an den Schulen so, dass es immer auf den Lehrer oder die Schulleitung ankomme, was genau oder wie gelehrt wird. An manchen Schulen zum Beispiel dürften die Jungen draußen Sport machen und die Mädchen nur drinnen. Dagegen könne man als Schüler oder Eltern nichts machen. Grundlegende Probleme gingen, so die Beraterin, über den Bildungsbereich hinaus. Viele grundlegende Daten ließen sich gar nicht erfassen. »Das Bildungsministerium sagt, es gebe 54 000 Schulen in Ägypten. Das Einzige, was man mit Sicherheit sagen kann, ist, dass diese Zahl falsch ist. Wie kommt man überhaupt auf die Zahl? Man zählt eben alles, was man irgendwie als Schule bezeichnen kann.«

Die schlechte Bildung hat für Ägypten gravierende Folgen. Das Land verliert international immer weiter den Anschluss. Die Wirtschaftskraft sinkt und damit Einkommen, Lebensstandard und politische Stabilität. Zu Beginn des 20. Jahrhunderts hatte Ägypten eine Wirtschaftsleistung pro Kopf, die mit jener Italiens vergleichbar war. Sicher, damals war Italien im Vergleich zu anderen europäischen Ländern wesentlich ärmer. Aber Ägypten war eben auch im Vergleich zu Europa wesentlich wohlhabender als heute. Weite Teile der Infrastruktur, die heute noch in Ägypten genutzt wird, entstanden zu jener Zeit, das Eisenbahnnetz zum Beispiel. Alte Schwarz-Weiß-Aufnahmen zeigen ein Kairo, von dem man sich gar nicht vorstellen kann, dass das einmal der Moloch von heute war. Klein Paris, in der Tat, mit wuchtigen, palastartigen Häusern im Belle-Époque-Stil. Sie stehen heute noch zu großen Teilen, etwa im Bezirk Downtown auf der rechten Nilseite. Aber sie befinden sich in einem so jämmerlichen Zustand, dass man viele von ihnen nur noch als Ruinen bezeichnen kann. Und das Tragische: Es kümmert eigentlich niemanden. Ebenso werden der schlechte Zustand der Straßen, der Lebensmittelversorgung, des Wohnungsangebots oder eben der Bildung achselzuckend hingenommen. Als jemand, der das Land regelmäßig besucht und die sich immer weiter verschärfenden Verhältnisse sieht, frage ich mich, woher diese verantwortungslose Einstellung der Politik, aber auch weiter Teile der Bevölkerung kommt, dieses Sich-nicht-verantwortlich-Fühlen und der schwache Gemeinsinn der ägyptischen Gesellschaft.

Zum einen ist da die weit verbreitete Ansicht: Es funktioniert doch noch. Der Verkehr? War schon immer schlimm. Die Luft? War schon immer schlecht. Die Schulen? Da haben wir immer schon wenig Sinnvolles gelernt. Es hat doch bisher immer trotzdem funktioniert. Solche Sätze hört man von Ägyptern, wenn man sie auf die Probleme des Landes anspricht. Und tatsächlich funktioniert es noch, aber es funktioniert eben immer schlechter. Abwasserleitungen platzen, weil sie jahrzehntealt sind und nicht gewartet werden. Brücken und Hochhäuser stürzen ein. Eine schwarze Abgaswolke legt sich über Kairo. Ein ARD-Kollege, der in Kairo lebt und die Stadt seit vielen Jahren kennt, sagte kürzlich zu mir: »Es fehlt nicht mehr viel und es kollabiert wirklich.« An den Satz »es funktioniert doch noch«, den er selbst immer mit einem Schmunzeln aussprach, glaubt er heute nicht mehr.

Auch gibt es immer jemanden, der zu Hilfe kommt, wenn es richtig schlimm wird, Saudi-Arabien, die EU, Amerikaner. Das Land spielt sehr geschickt mit dem Argument, dass es zu wichtig sei, um fallen gelassen zu werden, weil sonst der Nahe Osten vollends kollabieren würde. Um beim eben genannten Beispiel der geplatzten Abwasserleitungen zu bleiben – wer finanziert wohl die Ausbesserung und den Neubau? Die Europäische Union. Im größten Land der arabischen Welt hat sich mit der Zeit eine Alimentierungsmentalität entwickelt, die verhindert, dass Bürger und Politik Verantwortung übernehmen.

Stattdessen werden Feindbilder gepflegt, plumper Nationalismus.

Für Missstände sind andere verantwortlich – meistens gerade jene, die mit Finanzspritzen dafür sorgen, dass das Land nicht innerhalb kürzester Zeit zusammenbricht. Im Fernsehen war lange ein Clip zu sehen, der vor westlichen Spionen warnen sollte. Zu sehen waren junge Ägypter, die an einem Tisch saßen und miteinander redeten. Dann setzt sich ein junger Mann hinzu, der offensichtlich westlicher Herkunft ist. Der junge Westler nimmt das Gespräch heimlich mit seinem Smartphone auf. Die Botschaft: Jeder Ausländer könnte unser Feind sein. Bildung, Innovation, funktionierende staatliche Systeme – all dies wird überhaupt nicht als Wert vermittelt oder wahrgenommen. »In der Theorie soll das Bildungssystem in Ägypten frei von Ideologie sein«, sagt Amarna.

Die Realität sieht anders aus.

Kinder Palästinas

Wer morgens durch die Straßen Ostjerusalems spaziert, hört aus weit aufgerissenen Fenstern kräftige Kinderstimmen dringen, die im Chor zählen, buchstabieren und singen. Man hört Gelächter, manchmal Geschimpfe. Hinter dieser oder jener Mauer muss sich eine Schule befinden. Wer noch früher unterwegs ist, sieht die Jungen aus der Saint-Georges-Schule in ihren Uniformen zum Unterricht laufen oder kleine Mädchen Hand in Hand in ihre Grundschule spazieren. Palästinensische Schulen stehen in Gaza – manche von ihnen in katastrophalem Zustand –, andere im Westjordanland oder in Ostjerusalem. Einen zusammenhängenden, souveränen, international anerkannten Staat Palästina gibt es nicht. Wer von Ramallah im Westjordanland nach Gaza-Stadt fahren will, legt gut 200 Kilometer zurück, passiert Checkpoints, Mauern und durchquert den Staat Israel. Die meisten Palästinenser tun dies so gut wie nie – weil sie nicht dürfen oder auch nicht wollen. Der Checkpoint Qualandia ist das Tor zwischen Ramallah und Jerusalem. Viele Menschen passieren die staubige Straße und den Grenzposten täglich. Der Verkehr ist weitestgehend einseitig, denn Israelis ist es eigentlich verboten, sich in Palästinensergebieten aufzuhalten – Siedler ausgenommen. Palästinenser, die über die entsprechenden Papiere verfügen, dürfen in Jerusalem arbeiten, zum Arzt gehen oder Verwandte besuchen. Der Konflikt ist allgegenwärtig. Abschnitte der rund 800 Kilometer langen Mauer sind von vielen höher gelegenen Punkten in Jerusalem aus zu sehen. Selbst am Strand der »Blase« Tel Aviv sind die Kampfflugzeuge zu beobachten, die Richtung Gaza starten, wenn gerade wieder eine Militäroperation durchgeführt wird.

Die eine Seite sieht es so: Seit Jahrtausenden leben muslimische und christliche Palästinenser in diesem Land, gemeinsam mit Juden. Araber, Kreuzfahrer, Osmanen, Briten kamen und herrschten über das Land. Nach zwei verheerenden Weltkriegen aber kamen jüdische Einwanderer, Flüchtlinge, in immer größerer Zahl an die Küste der Levante. Die britische Kolonialmacht und der Westen entschieden, den Juden entlang dieser Küste einen eigenen Staat zu geben. Schon 1917 erklärt sich Großbritannien in der Balfour-Deklaration damit einverstanden, den Juden in Palästina eine Heimat zu geben. 1948 wurden die Grenzen neu gezogen, seitdem wurden viele palästinensische Familien aus ihren Dörfern und Städten vertrieben. Die Errichtung dieses neuen – in ihren Augen illegitimen – Staates machte rund 800 000 Araber zu Flüchtlingen.

Die andere Seite sieht es so: Nach Jahrtausenden im Exil, bot sich den Juden die einmalige Chance, in ihre Heimat Israel zurückzukehren. Dort liegen ihre Wurzeln. Dort stand der Erste Tempel, der 586 v. Chr. zerstört wurde. Die Westmauer des Zweiten Tempels, die sogenannte Klagemauer, ist eine der wichtigsten Gebetsstätten des Judentums. Es war jüdisches Land und es wird immer jüdisches Land bleiben. Nach dem Horror des Holocaust blieb dem jüdischen Volk diese eine Chance – es galt, sie zu nutzen und 1948 unter David Ben-Gurion einen eigenen Staat zu gründen, mit dem Segen einer Mehrheit der UN-Vollversammlung.

Israelis und Palästinenser streiten seitdem um jedes Stück Boden. Ich erinnere mich an eine Fahrt durch die Westbank vor einigen Jahren. Gemeinsam mit einem israelischen Kollegen stand ich auf einem der vielen kargen Hügel. Auf dem steinigen Land, umgeben von Zäunen, befand sich die jüdische Siedlung Sde Boas. Ein paar Familien hatten sich hier niedergelassen, in ein paar schlichten Containerbehausungen. Einer der Siedler erzählte uns, dass dieser Hügel schon im Alten Testament erwähnt werde und er daher jüdisches Land sei. Man muss schon von einer tiefen Überzeugung erfüllt sein, um sich auf diesem kargen Felsen, umzingelt von Feinden, niederzulassen. Warum sonst würde man so leben wollen?

Der Nahostkonflikt, der Streit zwischen Israel und Palästina, er begleitet mich seit den Anfängen meines journalistischen Lebens. Ich erinnere mich, wie mir ein altgedienter israelischer Politikberater von dem Moment erzählte, als der damalige ägyptische Präsident Anwar al-Sadat 1977 auf dem Ben-Gurion-Flughafen nahe Tel Aviv landete. Die Menschen hätten Tränen in den Augen gehabt, erzählte er mir. Nie sei die Chance auf Frieden so zum Greifen nahe gewesen wie damals. 1978 wurden Sadat und der damalige israelische Ministerpräsident Menachem Begin für ihre Initiative mit dem Friedensnobelpreis ausgezeichnet. Auch der spätere Ministerpräsident Jitzchak Rabin, sein Außenminister Schimon Peres und der damalige Chef der Palästinensischen Autonomiebehörde Jassir Arafat erhielten 1994 den Friedensnobelpreis. Seitdem hat vermutlich nie wieder jemand, der Kompetenz in diesem Bereich besitzt, ernsthaft von einer möglichen Lösung des Konfliktes gesprochen.

Eine Mehrheit der Palästinenser führt heute ein Leben ohne echte Perspektive. Die Lage ist ökonomisch wie politisch desolat. Spricht man mit Jugendlichen im Westjordanland, hört man viele Schimpftiraden, spürt viel Wut. »Hitler war ein guter Mann«, sagte mir einmal ein junger Palästinenser in Ramallah, der sich zuvor erkundigt hatte, woher ich komme. Warum er so etwas denke, fragte ich ihn. »Weil er die Juden ermorden ließ«, lautete seine Antwort. Mich überraschte eine solche Aussage nicht, da man derartige antisemitische Kommentare überall in der muslimischen Welt hin und wieder zu hören bekommt. Was mich aber überraschte, war oftmals die Hoffnungslosigkeit unter den jungen Menschen. Einmal erzählte mir ein junger Mann aus Nablus, er wolle seine Verwandten in Deutschland besuchen. Ich wies ihn ganz naiv auf die günstigen Flüge ab Tel Aviv hin. Er hatte nur ein müdes Lächeln übrig. Nein, nein, zum Flughafen Ben-Gurion würde er niemals kommen, sagte er. Wer fliegen will, der schlägt sich mit Auto oder Bus die knapp 250 Kilometer bis Amman durch und fliegt ab dort.

Besonders schlecht sind die Lebensbedingungen im Gazastreifen, der aufgrund einer hohen Geburtenrate heute mit knapp 5000 Einwohnern pro Quadratkilometer einer der am dichtesten besiedelten Orte der Welt ist. Im Arabischen gibt es den Ausdruck »Harb al-Arham«, der »Krieg der Gebärmütter«. Dahinter steht der Gedanke, so viele palästinensische Kinder in die Welt zu setzen, dass die Juden demografisch abgehängt würden. 44,1 Prozent der Bevölkerung Gazas sind unter 14 Jahre alt, auf eine Frau kommen im Durchschnitt mehr als vier Kinder.[1] Für den Lebensstandard bedeutet das natürlich nichts Gutes. Knapp fünf Millionen Einwohner zählte die Palästinensische Autonomiebehörde 2017, gut drei Millionen auf dem Gebiet des Westjordanlandes, knapp zwei Millionen auf dem Gebiet des Gazastreifens.[2]

2015/16 registrierte die Palästinensische Autonomiebehörde rund 1,2 Millionen Schüler, mehr als 55000 Lehrer und 2914 Schulen.[3] 97 Schulen werden im Westjordanland von der UN-Organisation UNRWA (United Nations Relief and Works Agency for Palestine Refugees in the Near East) betrieben, die damit rund 50000 Schüler in der Region erreichen. Im Gazastreifen besuchen mehr als 240000 Schüler die insgesamt 252 UNRWA-Schulen.[4] Mehr als 22000 Lehrer beschäftigt das UNRWA, das sich ebenso um palästinensische Flüchtlinge in Jordanien, dem Libanon und Syrien kümmert. Kostenpunkt: 841,50 Dollar pro Grundschüler im Jahr. 2017 wurden mehr als 400 Millionen Dollar ausgegeben. Deutschland gehört mit neun Millionen Euro im Jahr zu einem der größten Beitragszahler. Nach Aussage der Bundesregierung sind die jährlichen Zahlungen an das UNRWA in dem Zeitraum 2005 bis 2017 auf das 27-Fache gestiegen, von 2,9 Millionen Euro im Jahr 2005 auf 79,6 Millionen im Jahr 2017.[5] Der Grund dafür liegt vor allem in der enorm gestiegenen Zahl der Flüchtlinge, denn der Status wird in väterlicher Linie vererbt.

Das Feindbild Israel eint die Palästinenser, es bietet ein Ventil für den Frust, den die Perspektivlosigkeit nährt. Und ein Feindbild muss gepflegt werden, so wie es offenbar auch in den Schulbüchern gemacht wird, die ich mir angesehen habe.

Ich habe mir zahlreiche palästinensische Schulbücher aus Gaza und dem Westjordanland besorgt, die im Schuljahr 2017/18 in Verwendung waren. Sie alle wurden vom palästinensischen Bildungsministerium herausgegeben und autorisiert. »Staat Palästina« steht auf ihren Titelseiten, darüber prangt das Wappen der Palästinensischen Autonomiegebiete, der Adler Saladins. Auch in den UNRWA-Schulen werden diese Bücher benutzt. Die UNRWA-Mitarbeiter fügen lediglich eigene Materialien hinzu, »um sicherzustellen, dass in UNRWA-Schulen die Prinzipien und Werte der Vereinten Nationen vermittelt werden«, heißt es in einer Antwort der Bundesregierung auf eine Kleine Anfrage.[6] Die Werte, um die es dabei laut Bundesregierung geht: Neutralität, Menschenrechte, Toleranz, Gleichheit, keine Diskriminierung in Bezug auf Rasse, Geschlecht, Sprache oder Religion.

Genauer betrachten möchte ich ein Lehrbuch für das Fach »Arabische Sprache«. Ein lilafarbenes Buch, ordentlich gebunden, 144 Seiten. Der Titel besteht aus einer Collage (siehe Seite 190): links eine Schwarz-Weiß-Aufnahme von einem palästinensischen Fischerdorf am Mittelmeer. Zu sehen sind zwei Boote, ein bisschen Strand, es handelt sich um eine alte Ansicht des Ortes Tantura im Norden Israels. Das Bild ist weit verbreitet, auch auf Wikipedia ist es unter dem Eintrag zu Tantura zu finden. Demnach soll es sich um eine Ansicht aus der britischen Mandatszeit, um 1935 herum, handeln. Im Buch wird die Geschichte Tanturas noch eine wichtige Rolle spielen. Rechts auf dem Titel ist ein Bild der Mauer hineinmontiert, die die Palästinensergebiete von Israel trennt. Durch einen Spalt zwischen zwei Mauersegmenten zwängt sich ein Mädchen in Schuluniform. Am Fuße der Mauer steht ein weiteres Mädchen mit einem Schulrucksack. Entweder möchte das Mädchen ihrer Freundin durch die Mauer hindurch hinterherklettern, oder sie erwartet die Freundin bereits. Über allem schwebt die schwarz-weiße Kufiya, in Deutschland vor allem bekannt unter dem Namen Palästinensertuch, daneben das Wappen und die Flagge der Palästinensischen Autonomiegebiete. Schon auf dem Titel ist also erkennbar: Es geht um Besatzung (die Mauer), um Zerstörung (Tantura) und die eigene nationale Identität (Kufiya, Wappen, Flagge). Die Rückseite des Buches ist mit einer Stadtansicht Jerusalems verziert, gesehen von den arabischen Stadtteilen rund um den Ölberg aus. In das Foto sind sechs palästinensische Flaggen montiert. Eine weht über der Dormitio-Abtei, der deutschen Benediktinerabtei auf dem Zionsberg, vier flankieren die Altstadtmauer und den Tempelberg, eine markiert die Grabeskirche im christlichen Teil der Jerusalemer Altstadt. Offenbar wird hier der Besitzanspruch auf Al-Quds, so der arabische Name Jerusalems, bildlich umgesetzt. Denn (Ost-)Jerusalem als Hauptstadt der Palästinenser gilt für die meisten von ihnen als unverhandelbar. Ich kann mich erinnern, wie ich vor vielen Jahren einmal im Gespräch mit einem Palästinenser von der »Hauptstadt Ramallah« gesprochen habe. Die Reaktion war derartig eindrucksvoll, dass mir das wohl nie wieder passieren wird.

Schon beim ersten Durchblättern des Buches stelle ich fest, dass die Texte sehr politisch sind. Das wundert mich ein wenig. Ich hätte im Sprachunterricht eher klassische arabische Texte erwartet, denn üblicherweise geht es im Arabisch-Unterricht darum, den Schülern klassisches Hocharabisch beizubringen. In den verschiedenen Ländern der arabischen Welt sprechen die Menschen im Alltag ganz unterschiedliche Dialekte. Sie sind zum Teil in Wortschatz und Grammatik so verschieden, dass es sich eigentlich um verschiedene Sprachen handelt. Ein Syrer und ein Marokkaner zum Beispiel haben große Probleme, sich in ihrer jeweiligen »Landessprache«, dem syrischen und dem marokkanischen Arabisch, zu verständigen. Daneben gibt es das klassische Hocharabisch, Fusha genannt. Es ist die Sprache, in der Zeitungen verfasst, Bücher gedruckt und Reden gehalten werden und die in mehr oder weniger konsequenter Form im Fernsehen verwendet wird. Fusha lernen arabische Schüler für gewöhnlich in der Schule, meist anhand klassischer Erzählungen und literarischer Texte.

Das palästinensische Buch ist sehr umfangreich, was es unmöglich macht, es hier komplett wiederzugeben. Ich habe mir deshalb einige Teile herausgegriffen. Eines vorweg: Der Name »Israel« fällt im gesamten Buch nicht ein einziges Mal.

Eine der ersten großen Erzählungen in dem Lehrbuch trägt den Titel »Das Massaker von Tantura«. Bebildert wird die Geschichte mit demselben Foto, das sich auch auf dem Titel des Buches befindet: ein kleines Fischerdorf am Mittelmeer. In dem Text wird Israel vorgeworfen, 1948 ein Massaker an den arabischen Bewohnern des Dorfes zwischen Tel Aviv und Haifa begangen zu haben. Die Rede ist von der »zionistischen Besatzungsarmee«, »zionistischen Banden«, »zionistischer Politik«, »zionistischen Angreifern«. Israel wird als feige dargestellt, zum Beispiel so: »Die Erzählungen rund um dieses tragische Ereignis stimmen darin überein, dass die Führungskräfte der zionistischen Armee sich für den Angriff auf dieses Dorf entschieden, weil es das schwächste Glied in der Region südlich von Haifa war.« Das Vorgehen der paramilitärischen Untergrundorganisation Haganah wird als völkerrechtswidrig und brutal eingestuft: »Dies ist im Einklang mit der zionistischen Politik zu betrachten, die auf ethnische Säuberung und Vertreibung der Palästinenser aus deren Städten und Dörfern fußt.« Der Autor lässt einen Überlebenden zu Wort kommen, der sich emotional eindrucksvoll an das Massaker erinnert: »Dann nahmen sie sie, ein Dutzend nach dem anderen, und erschossen sie nahe der Kaktusbüsche, während sie lauthals lachten.« Israels heutigen Umgang mit Tantura nennt das Buch »Ironie, die die zionistische Verachtung aller menschlichen Werte verdeutlicht«. Das Massengrab, das »Dutzende Dorfbewohner verschlang«, sei heute »zu einer touristischen Anlage mit Pkw-Parkplatz und einem erholsamen Strand am Mittelmeer« umfunktioniert worden.

Geht es aber um die palästinensischen Wurzeln des Ortes und seine Bewohner, dann wird die Sprache blumig, romantisierend. Im Lehrbuchtext heißt es: »Aus den verstreuten Steinen und den Überresten ihrer zerstörten Häuser steigen der Duft ihrer glorreichen Vergangenheit, die Schmerzen ihrer Gegenwart, die unter Pein, Katastrophen und Unglück stöhnt. Es ist Tantura, die Perle des Meeres, Sehnsuchtsort der bezaubernden Schönheit und des ruhigen Glaubens, Leuchtturm aller Leuchttürme und Tor der Zivilisationen, Spiegel der Geschichte und Zeuge der Authentizität, der Unverfälschtheit, der Zugehörigkeit zu ihrer Nation und der ruhmreichen Vergangenheit.« Der ursprüngliche Ort Tantura wird als »bezaubernd« beschrieben, die Umgebung voller »Harmonie«. Der Text endet schließlich mit einer Drohung: »Während die Besatzung mittels ihrer rassistischen Gesetze weiterhin die Rückkehr der ursprünglichen Bewohner von Tantura und der übrigen 532 zerstörten Dörfer auf ihr Land und in ihre Häuser verhindert, so wird die Politik der Vernichtung und der Zerstörung doch nicht die erhofften Ergebnisse bringen! Diese Politik, mit der die zionistische Entität eine Tragödie über das Leben von Abertausenden Menschen unseres Volkes gebracht hat, wird ihr keine Sicherheit bringen.«

An die Geschichte schließen sich auf drei Seiten mehrere Aufgabenstellungen an. Ein Lückentext, in den Daten aus der Geschichte Tanturas eingetragen werden sollen, aber auch Fragen wie: »Was unterscheidet das Massaker von Tantura von anderen Massakern?« »Warum hat sich die zionistische Armee zum Angriff auf das Dorf entschieden?« Schüler sollen auch ausführen und erklären, warum der Zionismus zum Kolonialismus und zum Terrorismus beiträgt. Ein letzter Aufgabenbereich bezieht sich schließlich auch auf die Sprache. Die Schüler sollen beispielsweise die Bedeutung von Wörtern aus dem Text zu Tantura erklären.

Woher stammt die Geschichte zu Tantura, was steckt dahinter? Die Ereignisse vom Mai 1948 lassen sich nicht mehr mit Sicherheit rekonstruieren. Klar ist, dass es dort am 22. und 23. Mai zu Kämpfen kam, in denen eine unbekannte Anzahl Dorfbewohner getötet wurden. Die angreifenden israelischen Einheiten verfolgten das Ziel, die palästinensische Bevölkerung zu vertreiben. Einen großen Teil der verbliebenen Einwohner brachten die Israelis fort, sie gelangten in ein Flüchtlingslager im Westjordanland. Tantura wurde schließlich weitgehend planiert und in der Nähe das Kibbuz Nachscholim und der Moschaw Dor gegründet.

Kam es zu dem im Buch beschriebenen Massaker? Dass israelische Streitkräfte 1948 Massaker verübten – der israelische Historiker Benny Morris nennt rund zwei Dutzend mit ungefähr 800 Toten [7] –, lässt sich nicht ernsthaft bestreiten. Fand auch eines in Tantura statt? Die bekannten zeitgenössischen Berichte erwähnen nichts Eindeutiges, erst viel später interessierten sich Historiker für den Ort. Ein israelischer Geschichtsstudent reichte im Jahr 1998 an der Universität Haifa eine Masterarbeit ein, für die er frühere Einwohner Tanturas befragt hatte. Sie berichteten von einem Massaker mit bis zu 250 Toten. Ehemalige Angehörige der Einheit, die Tantura erobert hatte, widersprachen energisch und verklagten den Studenten wegen Verleumdung. Sie beharrten darauf, dass in dem Massengrab vor Ort rund 75 Tote der Kämpfe lägen. Der Student zog seine Aussage, es habe ein Massaker gegeben, vor Gericht zurück, was er jedoch wenig später widerrief.

Sehr wahrscheinlich kam es in Tantura zu widerrechtlichen Tötungen von Dorfbewohnern. Was ein umfassendes Massaker angeht, wie es das Schulbuch darstellt, stehen die Aussagen der israelischen Veteranen gegen die der arabischen Zeitzeugen. Der Fall Tantura zog in Israel weite Kreise an Hochschulen, vor Gericht und in der Presse.[8] Von diesem Ringen um die Wahrheit findet sich im palästinensischen Schulbuch keine Spur. Stattdessen stellten die Autoren zwei drastische Zeitzeugenberichte als unzweifelhafte Tatsachen hin.[9] Und sie erwähnen den Großmufti Amin al-Husseini als nationalen Helden – in Israel gilt er mit gutem Grund als Unterstützer des Holocaust.

»Absolut einseitig«, findet der deutsch-israelische Psychologe Ahmad Mansour die Darstellung. Die Perspektive schaffe seiner Meinung nach nichts außer Hass und ermögliche keine ernsthafte Auseinandersetzung mit dem Thema. Mansour: »Man kann Hocharabisch mit allen möglichen Texten lernen, aber der über Tantura hat in einem Schulbuch nichts zu suchen.« Von Mansour, der sich mit Radikalisierung von Jugendlichen beschäftigt, will ich wissen, was ein

Text wie der vorliegende mit Teenagern macht. »Wer Texte wie den zu Tantura in der Schule liest, wird sich später wohl kaum für einen Friedensprozess mit Israel engagieren«, sagt Mansour. Die Frage, die für ihn über allem schwebt: Könnt ihr den anderen als euren Nachbarn annehmen? Nach einem Text wie diesem ist die Antwort für ihn: Niemals.

Lektion 4 wird von einem Text des ägyptischen Schriftstellers Zaky Naguib Mahmoud (1905–1993) eingeleitet. Er wird den Schülern ausführlich als angesehener Autor und Akademiker vorgestellt: »Er promovierte in London im Fach Philosophie; nach seiner Rückkehr nach Ägypten wurde er Teil des Lehrpersonals im Fachbereich Philosophie an der philologischen Fakultät der Universität Kairo.« In seinen Werken habe er immer »eine Brücke zwischen philosophischem Bewusstsein und literarischem Geschmack« gebaut. Dies zeige sich besonders in dem Text zu »Ameisen und Bienen«, der dann folgt.

In der Erzählung wird zunächst erklärt, wie Ameisen für ihre Vorräte sorgen. Der Autor beschreibt folgende Szene: »Da sah ich im Garten, wie eine große Ameise um eine Kakerlake kreiste und sich ihr näherte. Dann stach sie sie plötzlich in den Kopf, worauf die Kakerlake erstarrte. Die Ameise entfernte sich etwas, dann fing sie an, blitzschnell ein Loch zu graben. Als sie damit fertig war, kehrte sie zu ihrer Beute zurück und zog sie zum Erdloch. Erstaunlich! Die Ameise nahm die Maße der Kakerlake dadurch, dass sie sie abschritt und auf sie kletterte. Danach kroch sie ins Erdloch und schien festgestellt zu haben, dass es noch zu klein sei, weshalb sie noch weiter grub. Danach maß sie erneut alles aus. Als sie mit der Größe dann endlich zufrieden war, zog sie ihre Beute ins Erdloch hinein und schüttete die Öffnung wieder komplett zu. So sind Ameisen, hervorragend in der Aufbewahrung ihrer Nahrung, die sie aber unverändert lassen.«

Anders aber sei es bei den Bienen. Ihre Gemeinschaft weise »ein Höchstmaß an Kooperation« auf. »Es ist ein Werk der göttlichen Schöpfung, kein Auftrag. Deswegen finden wir auch keinen Defekt in dieser Gemeinschaft«, schreibt der Autor. Anschließend zieht er

Parallelen zu den Menschen. Manchmal folgten sie dem Beispiel der Ameisen (»sammeln und lagern«), manchmal dem der Bienen (»Durch derartige Kreativität erzielt der Mensch seinen Fortschritt«). Im Anschluss folgt die Parallele zum Islam. Zunächst sei aus den Quellen gesammelt worden, Übersetzungen erfolgten, danach wurde der »Nektar in Honig« verwandelt. »In dieser Zeit glänzten Namen hervor, wie etwa die arabischen Philosophen al-Farabi, Avicenna und Averroes. Weitere Namen glänzten unter den Dichtern, wie Abu l-'Ala' al-Ma'arri sowie Kritiker wie Abd al-Qahir al-Jurjani und Wissenschaftler in der Mathematik, der Astronomie, der Chemie, der Medizin und diversen Geisteswissenschaften.« Und genau dies wünscht der Autor seiner »arabischen Nation«. Dass sie sich nicht wie Ameisen verhalte, sich mit dem Sammeln und Lagern zufriedengibt, sondern sich an den Bienen und deren Kreativität und Verwandlungskunst ein Beispiel nimmt, »damit sie sich weiterentwickeln und zu ihrem alten Ruhm zurückkehren«.

Für mich scheint diese Geschichte wie eine nette arabische Erzählung, aber Erziehungswissenschaftlerin Julia Schwanewedel sieht das ganz anders. Sie attestiert dem Text, auf emotionale Weise beeinflussen zu wollen. »Das ist heimliche Ethik, und das ist kritisch«, sagt sie. Heimliche Ethik sei aus pädagogischer Sicht unter Umständen gefährlicher als einfache Propaganda, erklärt sie mir. Der Grund dafür: Heimliche Ethik sei nicht so leicht zu erkennen und schleiche sich in den Köpfen ein. Schwanewedel: »Hier könnte es zum Beispiel sein, dass jemand beim ersten Text, dem Massaker von Tantura, das bemerkt und für sich ablehnt, dann aber durch den zweiten Text auf einer eher emotionalen Ebene erreicht wird.«

Eine Untersuchung des Mideast Freedom Forum Berlin aller palästinensischen Schulbücher für die Fächer Geschichte und »Nationale Erziehung« kam 2016 zu dem Ergebnis, dass Israel in keinem der Bücher mit seinen heutigen Grenzen abgebildet ist. Das »Staatsgebiet Palästinas« hingegen reicht vom Jordan bis zum Mittelmeer, Städte wie Tel Aviv sind nicht eingezeichnet.[10] Die Schoah komme nicht vor, palästinensischer Widerstand werde glorifiziert, so die Studie. Wie in anderen muslimischen Ländern auch, wird der Unterricht in den palästinensischen Gebieten vor allem frontal durchgeführt. Auswendiglernen rangiert vor dem eigenen Denken.

Viele Palästinenser sehen Bildung als »Instrument des Widerstands« an, behauptet der Leiter der Konrad-Adenauer-Stiftung in Ramallah, Marc Frings. Das sei das »Vermächtnis der Ersten Intifada«. Damals habe es vor allem auf Bildungsebene gut funktioniert, sich zu organisieren. »Man hatte im Untergrund Universitäten aufgebaut, was sehr zur Ausbildung einer eigenen Identität beigetragen hat«, führt er aus. Besonders kritisch sieht Frings die Lehrerausbildung, die weitgehend fachfremd stattfinde. Grundschullehrer hätten keine fachdidaktische Grundschulausbildung und seien entsprechend schlecht qualifiziert, vor allem sensible Inhalte zu vermitteln. »Die haben etwa arabische Sprache studiert und stellen sich dann vor eine Klasse, ohne eine eigentliche Lehrerausbildung gemacht zu haben. Das macht sich sowohl bei der Unsicherheit gegenüber Inhalten bemerkbar als auch bei der Frage einer modernen Unterrichtsgestaltung.« Das Ergebnis: Frontalunterricht, Ausmalen, Fernsehgucken.

Ich frage Ahmad Mansour, der 1976 in Israel geboren wurde, nach seiner Schulzeit. Mansour besuchte eine öffentliche israelische Schule in dem Ort Tira, der hauptsächlich von arabischen Israelis bewohnt wird. »Unsere Bücher wurden vom israelischen Bildungsministerium herausgegeben, waren aber auf Arabisch«, erinnert er sich. In seinen Büchern sei der Nahostkonflikt kaum thematisiert worden, man habe sich mehr mit muslimischer als mit israelischer Geschichte auseinandergesetzt. Aber: »Wir hatten auch ein Fach, das sich Bürgerkunde nannte und in dem wir gelernt haben, wie der israelische Staat funktioniert.« An solch extreme Darstellungen wie in dem Buch zur »Arabischen Sprache« kann sich Mansour nicht erinnern, wohl aber an einige Lehrer, die mit derartigen Büchern groß geworden sind und versucht haben, dies ihren Schülern auch zwischen den Zeilen zu vermitteln.

Aus Schulbüchern können wir ableiten, welche Werte, welche Geschichtsauffassung und damit auch welche Zukunftsperspektiven nach staatlichem Willen an die nächste Generation weitergegeben werden soll. Beim Lesen der palästinensischen Schulbücher – nicht nur dem zur arabischen Sprache – wird mir schnell klar: Offenbar plant keiner der Autoren, dass die nächste Generation eine Straße zum Frieden, zur Lösung des Konfliktes baut. Den Schülern wird nicht beigebracht, sich konstruktiv mit der politischen Lage und der Geschichte auseinanderzusetzen und damit die Grundlagen für ihre Zukunft zu schaffen. Ich vermisse die Vermittlung von Toleranz, Verständnis, Gemeinsamkeiten. Diese Bücher sind keine Basis für Frieden, sie schüren Hass und Dämonisieren den jüdischen Staat.

Arabischbuch aus Palästina, 10. Klasse

Das Massaker von Tantura – eine Erinnerung, die nie erlischt

Der vorliegende Artikel wirft Licht auf eines der Massaker, die von zionistischen Banden im Jahr der Nakba und den darauffolgenden Jahren begangen wurden. Über achtzig Massaker wurden begangen, darunter und als eines der brutalsten das von Al-Tantura im Kreis Haifa, dessen Einzelheiten erst vor Kurzem aufgedeckt wurden. Hunderte Bewohner dieses Dorfes wurden getötet, die Überlebenden vertrieben. Daraufhin wurde das Dorf komplett zerstört, kein Stein wurde auf dem anderen gelassen. Dies ist im Einklang mit der zionistischen Politik zu betrachten, die auf ethnischer Säuberung und Vertreibung der Palästinenser aus deren Städten und Dörfern fußt.

Wenn du dich ihr am verwüsteten Fuße des Berges Karmel näherst, wenn deine Füße den Sand ihres geraubten Strandes berühren, überraschen dich die Düfte ihrer Ebenen und Täler, die Wohlgerüche ihrer Trümmer und der Schutt der Häuser, die vom blinden Hass, dem abscheulichen Rassismus und der blutrünstigen Kriminalität über den Köpfen ihrer Bewohner zerstört wurden. Aus den verstreuten Steinen und den Überresten ihrer zerstörten Häuser steigen der Duft ihrer glorreichen Vergangenheit, die Schmerzen ihrer Gegenwart, die unter Pein, Katastrophen und Unglück stöhnt. Es ist Tantura, die Perle des Meeres, Sehnsuchtsort der bezaubernden Schönheit und des ruhigen Glaubens, Leuchtturm aller Leuchttürme und Tor der Zivilisationen, Spiegel der Geschichte und Zeuge der Authentizität, der Unverfälschtheit, der Zugehörigkeit zu ihrer Nation und der ruhmreichen Vergangenheit. Die Geschichte dieses bezaubernden Ortes, dessen Bauten in Harmonie mit der Umgebung und den Land- und Seegestaltungen sind, erzählt uns, dass das Dorf auf den Trümmern der Stadt Dor (Haus) gebaut wurde. Es wurde von unseren kanaanitischen Vorfahren errichtet, die Palästina um 3000 v. Chr. erreichten und bewohnten. Ein Zeugnis der langen Geschichte des Dorfes: Der Name kommt in einer pharaonischen Inschrift aus dem 13. Jh. v. Chr. vor; sie erzählt von einer palästinensischen Gemeinschaft, die dorthin im 12. Jh. v. Chr. übersiedelte.

Ein weiteres Zeugnis der weitreichenden Geschichte stellen die zahlreichen Ruinen und historischen Stätten dar; es wurden Münzen gefunden, die aus der Zeit des Einzugs des Islams in die Stadt stammen. Tantura liegt 24 Kilometer südlich von Haifa. Es ragt 25 Meter über den Meeresspiegel hinaus und ist umgeben von den Dörfern Furaidis, Kafr Lam, Dschisr az-Zarqa sowie den Dörfern des »kleinen Dreieckes« Idschzim, Dschaba und Ain Ghazal. Über die verschiedensten Epochen der Geschichte hinweg schlummerte das Dorf sicher und ruhig im Herzen der südlichen Kette des Karmel-Gebirges. Seine Grenzen waren umspielt, westlich von einer eleganten Küste und wunderschönen Inseln, einem Seehafen sowie einem Bahnhof, der es zu einem pulsierenden Handelszentrum zwischen Ägypten und Palästina erblühen ließ.

Die Fläche von Tantura betrug 14 520 Dunam, ihre Einwohnerzahl erreichte vor der Nakba 1720 Einwohner. Aus der Geschichte des Dorfes lässt sich seine Bedeutung unschwer erahnen: Während der Kreuzzüge war es ein wichtiger Stützpunkt, denn dort errichteten die Franken die Burg »Maril«, deren Trümmer bis heute existieren. Auch Napoleon Bonaparte begriff in seiner kolonialen Verachtung die Bedeutung dieses und anderer palästinensischer Küstendörfer, und mit dem ganzen Groll, der die Herzen der Besiegten erfüllt, verbrannte er das Dorf auf seinem Rückzug von der Stadtmauer Akkos im Jahre 1799.

Aus der Gegenwart ist über das Dorf bekannt, dass der palästinensische Großmufti Amin al-Husseini im Dorf Zuflucht fand, als ihn die britischen Truppen verfolgten, und in einer seiner Höhlen schlief. Von dort aus nahm er ein kleines Boot nach Ra's an-Nāqūra [Rosch haNikra, Anm. d. Übers.] und weiter in den Libanon. Doch die größte aller Tragödien, die Tantura in seiner jüngeren Geschichte erlebte, war das Massaker der zionistischen Besatzungsarmee, dessen Einzelheiten erst kürzlich ans Licht gekommen sind, nachdem ihr Geheimnis jahrzehntelang von denen gehütet wurde, die vom Feuer dieses kriminellen Aktes verbrannt wurden.

Die Forscher, die sich mit diesem Massaker beschäftigten, sind sich einig, dass es eines der brutalsten und blutigsten Massaker ist, die in Palästina verübt wurden. Der Grund dafür liegt nicht an der Opferzahl, die etwa 230 Märtyrer umfasst, sondern an der Tatsache, dass es vorsätzlich und mit detailgenauer Planung von einer regulären Armeeeinheit während des zweiten Waffenstillstandes verübt wurde, gerade eine Woche nach der Unabhängigkeitserklärung des zionistischen Staates. Dies ist ein schlagender Beweis dafür, dass dieses Massaker sowie alle vorangegangenen und nachfolgenden Massaker, die Tausende unschuldige Opfer forderten, nichts als ein Akt des Genozids und der Vertreibung durch die zionistische Entität waren, um ihr Ziel der ethnischen Säuberung zu erreichen, [also um] die ursprünglichen Bewohner zu terrorisieren und sie dazu zu zwingen, ihre Dörfer und Häuser zu verlassen.

Obwohl die Besatzungsmacht über die Ereignisse dieses Massakers Stillschweigen wahrt und das Archiv unter Verschluss hält, das diese Ereignisse und den Terror ihrer Armee dokumentiert, so konnten einige Forscher doch manche Dokumente und Zeugnisse erlangen von den Soldaten, die an dieser abscheulichen Tat auf Befehl ihrer Oberkommandierenden beteiligt waren. Diese sind noch am Leben. Auch gibt es Zeugnisse der ehemaligen Bewohner des Dorfes, die Zeitzeugen der Gräuel dieses Massakers waren, bevor sie in die Diaspora gezwungen und in die entferntesten Weltregionen zerstreut wurden. Die Erzählungen rund um dieses tragische Ereignis stimmen darin überein, dass die Führungskräfte der zionistischen Armee sich für den Angriff auf dieses Dorf entschieden, weil es das schwächste Glied in der Region südlich von Haifa war. Somit griffen sie es in der Nacht zum 22. Mai 1948 mit einem Beschuss von Land und Meer an, gefolgt von einer groß angelegten Bodenoffensive. Die Dorfbewohner konnten sich nur mit ihrer schwachen Ausrüstung verteidigen. Alsbald fiel das Dorf in die Hände der zionistischen Angreifer.

Stundenlang jagten die Soldaten die unbewaffneten Zivilisten. Sie schossen auf sie, wo auch immer sie sie auffinden konnten. Dutzende wurden kaltblütig getötet. Ein Überlebender – Fawzy Mahmoud Tandschy – beschrieb das Massaker und sagte: »Sie versammelten alle Männer des Dorfes auf dem Dorffriedhof. Dann nahmen sie sie, ein Dutzend nach dem anderen, und erschossen sie nahe der Kaktusbüsche, während sie lauthals lachten. Die Leichen schienen sich vor unseren Augen zu einem Berg von abgesägten Ästen zu türmen. Dann befahlen sie uns, sie in einem Massengrab zu beerdigen. Hinterhältig wurden diejenigen, die die Gräber schaufelten, später ermordet.« Tandschy beschreibt seine Gefühle in jenem Moment und sagt: »Auch wenn ich tausend Jahre leben werde, so werde ich die Gesichter dieser Mörder nie vergessen. Sie erschienen mir wie die Gestalt des Todes, während ich darauf wartete, an die Reihe zu kommen, und mich in den letzten Minuten meines Lebens wähnte.« Ein weiteres Zeugnis lieferte Mohammed Abu Amro, der im Flüchtlingslager Jarmuk in Damaskus wohnt. Darin erzählt er, eine Frau habe ihren Neffen unter den Getöteten erblickt und vor Schmerz geschrien. Doch damals ahnte sie noch nicht, dass ihre drei Söhne ebenfalls getötet worden waren. Als sie es später erfuhr, erlitt sie eine psychische Störung. So wiederholte sie seither wie im

Delirium, sie seien am Leben, in Ägypten, und würden zurückkommen. Sie wartete bis zu ihrem Tod auf ihre Rückkehr. Eine Ironie, die die zionistische Verachtung aller menschlichen Werte verdeutlicht, ist, dass dieses Massengrab, das Dutzende Dorfbewohner verschlang, zu einer touristischen Anlage mit Pkw-Parkplatz und einem erholsamen Strand am Mittelmeer umgebaut wurde. Die Besatzung zerstörte das Dorf vollständig, bis auf das Haus des Abdul Rahman Bujairimi und das Haus des Hadsch Mahmoud al-Yahya und die Trümmer der Burg »Maril«. Auf den Trümmern des Dorfes wurden in den Jahren 1948 und 1949 zwei Siedlungen errichtet.

Während die Besatzung mittels ihrer rassistischen Gesetze weiterhin die Rückkehr der ursprünglichen Bewohner von Tantura und der übrigen 532 zerstörten Dörfer auf ihr Land und in ihre Häuser verhindert, so wird die Politik der Vernichtung und der Zerstörung doch nicht die erhofften Ergebnisse bringen! Diese Politik, mit der die zionistische Entität eine Tragödie über das Leben von Abertausenden Menschen unseres Volkes gebracht hat, wird ihr keine Sicherheit bringen. Das gerechte Anliegen dieser Menschen bleibt ein glühendes Feuer, ihre Träume von der Rückkehr und der Freiheit werden weiter pulsieren und von einer Generation zur nächsten weitergegeben, bis der Traum Wirklichkeit wird. Tantura und alle weiteren Dörfer werden Lied, Gedicht, Gemälde und Erzählung bleiben und den Besatzer weiterhin Tag und Nacht verfolgen, bis seine Unterdrückung ein Ende findet, so wie die Unterdrückung aller Besatzer und Invasoren ein Ende gefunden hat.

Lektion 3: Weintrauben (Ali Khalil Lubbad)

Ali Khalil Lubbad (1936–2007), palästinensischer Schriftsteller und Dichter. Er wurde in Majdal [Ashkelon, Anm. d. Übers.] geboren und erlangte 1967 an der Universität Kairo einen Abschluss in Geschichte. Er arbeitete als Lehrer an UNRWA-Schulen im Gazastreifen und veröffentlichte zahlreiche Erzählungen und Gedichte in palästinensischen Zeitungen und Zeitschriften.

Die Erzählung »Weintrauben« stammt aus dem Buch *27 palästinensische Kurzgeschichten*, an dem mehrere palästinensische Schriftsteller mitwirkten. Sie thematisiert Kinderarbeit aufgrund der extremen Armut, in der ihre Familien leben, insbesondere in den Flüchtlingslagern, und die daraus resultierende psychologische und soziale Abwärtsspirale.

Weintrauben

Sie lebte in einem kleinen Haus, das seit Erbauung durch das Hilfswerk UNRWA in einem Flüchtlingslager nie saniert wurde. Ihre Eltern lebten stets in größter Not; sie hatte viele Geschwister, alle mussten versorgt werden.

Ragaa war mit ihren zwölf Jahren das älteste Kind. Die Erkrankung ihrer Mutter zwang sie, die Schule endgültig abzubrechen und statt Buch und Heft Kehrbesen und Rührschüssel in die Hand zu nehmen. Statt ins Gesicht der jungen lebensfrohen Lehrerin musste sie ins kranke, verwelkte Gesicht ihrer Mutter blicken.

Im Eifer des grausamen Überlebenskampfes kam dem Vater eine Idee, wie er das Einkommen der Familie verbessern könnte. Er verkaufte den Schmuck seiner Frau, den sie seit der Hochzeit hatte, und kaufte eine Milchkuh. Doch dieses Projekt bedeutete eine noch größere Belastung für das junge Mädchen, da es zusätzlich den schweren Milchkrug tragen musste auf dem weiten Weg zu den wohlhabenden Bewohnern der Nachbarstadt, denen sie die Milch verkaufte.

Das Mädchen schritt barfuß auf der langen Schotterstraße, ihr schmaler Körper nur mit Stofffetzen bedeckt. Sie wanderte durch die Straßen und Gassen der Stadt und blickte in großer Trauer auf die Dinge um sie herum: die Schaufenster der Läden, den Kebab-Verkäufer, die Kinder, die mit ihren neuen Klamotten in leuchtenden Farben prahlten, den Obst- und Gemüsemarkt …

Schweigend schaute sie zu, schweigend litt sie. Ihre tägliche Reise lehrte sie Durchhaltevermögen und Lebenserfahrung. In ihrem kleinen Kopf tummelten sich die Beobachtungen menschlichen Handelns.

Eines Tages lief sie am Gemüsemarkt vorbei. Sie sah die kleinen Stände, die mit den leckeren Sommerobstsorten geschmückt waren: Trauben, Wasser- und Honigmelonen. Schön waren sie alle sortiert, sodass sie die Käufer lockten. Die Rufe der Verkäufer fand sie sehr interessant: »Süß du süße Melone«, »Reif fürs Messer, süße Wassermelone« …

Sie hörte zu, ihre Augen waren fixiert auf die Weintrauben, die zu einer Pyramide aufeinandergetürmt waren. Sie schaute auf die Käufer, die um den Preis feilschten … und von den Trauben kosteten, um sich ihrer Frische und Reife zu versichern. Sie wünschte sich so sehr, auch nur eine einzige Traube zu kaufen.

In diesem Moment erschien ihr das Bild ihres Vaters, wie er seiner harten Arbeit als Weintraubenpflücker nachging auf der Farm, auf der er arbeitete. Er kostete sie, durfte aber nichts mit nach Hause nehmen. Der Arbeitgeber überwachte die Arbeiter streng! Er bat sie immer um Verständnis, es sei noch der Saisonbeginn für Trauben, da seien sie noch zu teuer, um den Arbeitern etwas mitzugeben. Sie erinnerte sich an ihren Vater, wie er mit schmerzverzerrtem Gesicht sagte: »Der Vorsteher hat uns versprochen, Ende der Saison uns etwas von den Trauben mitzugeben.«

Ihr Appetit auf Weintrauben wuchs. Ihr lief das Wasser im Mund zusammen, doch sie schluckte es herunter. Was sollte sie nur tun? Sie näherte sich dem Weintraubenhaufen. Ihre Füße waren wie festgenagelt neben dem Stand. Ob sie ganz unbemerkt eine kosten könnte?

Sie schlug sich die Idee aus dem Kopf. Soll sie vielleicht eine kleine Traube kaufen und auf dem Weg nach Hause essen? Doch der Verkäufer holte sie brutal zurück aus diesem Gedanken mit seinem Satz »Ein Kilogramm für einen Zehner!«. Sie zählte zusammen, was sie an Einnahmen bei sich hatte, und fand heraus, dass sie nicht mal ein einziges Kilogramm kaufen könnte. Und während in ihr ein Kampf tobte zwischen der Begierde und der Tat, schlug eine Hand auf ihren Brustkorb; eine Stimme, die jede ihrer Zellen erschütterte, vertrieb jeden Funken aus ihren Augen: »Hau ab von hier, geh!«

Sie sprach kein Wort. Sie war in einem Schockzustand. Sie ging zur Seite, fernab von den Augen, die sie verfolgten, und ging weiter nach Hause. Sie war übervoll vom Gefühl der Schwäche und der Demütigung. Zu Hause war ihr plötzlich sehr übel, sie wollte überhaupt nichts zu sich nehmen. Minuten später schloss sie die Augen und schlief tief ein. Was sah sie denn da? Eine riesige Wolke, die über den Himmel glitt. Blitz und Donner, starker Regen. Es ist die Sintflut! Es ist das Ertrinken! Nein! Hier ist die Sonne. Sie scheint mitten am Himmel, groß und schön. Das Licht der Sonne leuchtet, die Wolken verziehen sich! Die Farben der Häuser ändern sich … Die Kinder kommen aus den Häusern … in schöner Kleidung …

Sie laufen in ihren neuen roten Schuhen … Sie betastete ihren Körper … Er war füllig, und die neue Kleidung erst! Sie trug den Milchkrug und lief damit hinaus. Münzen fielen aus dem Krug! Sie ging zum Markt, es gab viele Weintrauben und die Verkäufer scherzten mit den kleinen Kindern. Sie kaufte mehrere Trauben und legte sie in den Krug, um sie zu Hause ihren Geschwistern zu geben …

Plötzlich wurde sie von der Stimme ihrer Mutter überrascht: »Ragaa, Ragaa, steh auf, du hast aber lange geschlafen! Reicht dir das noch nicht? Schau, dein Vater ist zurück, er hat Weintrauben mitgebracht!«

Lektion 4: Ameisen und Bienen (Zaky Naguib Mahmoud)

Zaky Naguib Mahmoud (1905–1993) war ein ägyptischer Schriftsteller und Akademiker. Er promovierte in London im Fach Philosophie; nach seiner Rückkehr nach Ägypten wurde er Teil des Lehrpersonals im Fachbereich Philosophie der philologischen Fakultät der Universität Kairo. Zu seinen bekannten Werken gehören unter anderem *Zur positivistischen Logik* in zwei Teilen, *Der Mythos der Metaphysik* und *Zu einer wissenschaftlichen Philosophie*. Seine Werke zeichnen sich durch einen literarisch eleganten und kohärenten Stil aus. Er baute immer eine Brücke zwischen philosophischem Bewusstsein und literarischem Geschmack. Dies zeigte sich besonders in dem vorliegenden Artikel, in dem er uns das Leben der Ameisen und der Bienen vor Augen führt.

Beide sammeln ihre Nahrung, dabei sehen wir Unterschiede zwischen den beiden. Ameisen sammeln und lagern, wir sehen kein Produkt. Bienen hingegen produzieren Honig. Vergleichbar ist dies mit der Art und Weise, wie der Mensch zu seinem Wissen und Können gelangt. Denn manchmal behandelt er sie ähnlich wie die Ameisen ihr Gesammeltes, und manchmal ähnelt er den

Bienen in seinem Tun. Und darin unterscheiden sich die Völker voneinander.

Ameisen speichern Nahrung für den Winter. Dabei lagern sie die Nahrung, die sie finden, ohne sie zu bearbeiten. Denn die Aufgabe der Ameise besteht darin, Essbares zu finden und bei sich auf Bodenhöhe zu lagern oder übereinanderzustapeln. Körner lagern Ameisen in ihren feuchten warmen unterirdischen Häusern, wodurch sie nicht verderben. Die Arten des Lagerns sind kreativ und unterschiedlich, so werden Weizenkörner gespalten, Bohnen werden geschält, damit sie nicht weitersprießen, oder sie werden wochenlang bei einer bestimmten Temperatur belüftet.

In meiner Jugend habe ich etwas Erstaunliches erlebt: Es war nach heftigem Regenfall, da sah ich, wie eine Ameisenkolonie ihre Vorräte aus dem Hügel herausholte und in der Sonne ausbreitete. Sie muss sie aufgrund des eingesickerten Regenwassers feucht vorgefunden haben. Ameisenvorräte sind nicht immer kleinteilig. Es kommt durchaus vor, dass sie auf große Beute treffen. Diese werden in ihrer ursprünglichen Größe gelagert, in einem eigens gegrabenen Lager.

Davon wurde ich ebenfalls eines Tages Zeuge. Ich saß vor einem Zimmer eines Dorfkrankenhauses, weil mein kleiner Bruder krank war. Ich wich ihm nicht von der Seite und passte auf ihn auf, Gott habe ihn selig. Da sah ich im Garten, wie eine große Ameise um eine Kakerlake kreiste und sich ihr näherte. Dann stach sie sie plötzlich in den Kopf, worauf die Kakerlake erstarrte. Die Ameise entfernte sich etwas, dann fing sie an, blitzschnell ein Loch zu graben. Als sie damit fertig war, kehrte sie zu ihrer Beute zurück und zog sie zum Erdloch.

Erstaunlich! Die Ameise nahm die Maße der Kakerlake dadurch, dass sie sie abschritt und auf sie kletterte. Danach kroch sie ins Erdloch und schien festgestellt zu haben, dass es noch zu klein sei, weshalb sie noch weiter grub. Danach maß sie erneut alles aus. Als sie mit der Größe dann endlich zufrieden war, zog sie ihre Beute ins Erdloch hinein und schüttete die Öffnung wieder komplett zu. So sind Ameisen, hervorragend in der Aufbewahrung ihrer Nahrung, die sie aber unverändert lassen.

Anders als die Bienen: Diese saugen den Nektar der Blüten auf, woraufhin die inneren Labore der Biene in Betrieb gehen, um Honig zu produzieren. So hat Gott im Koran gesagt: »Und dein Herr hat der Biene eingegeben: ›Baue dir Häuser in den Bergen und in den Bäumen und in dem, was sie errichten. Dann iss von allen Früchten und folge den Wegen deines Herrn, (die Er dir) leicht gemacht hat.‹ Aus ihren Leibern kommt ein Trank, mannigfach an Farbe. Darin liegt ein Heilmittel für die Menschen. Wahrlich, hierin ist ein Zeichen für Leute, die nachdenken.« (Sure An-Nahl, 68 f.)

So war es die göttliche Weisheit, die unter den Bienen diese Gemeinschaft errichtete. Eine Gemeinschaft, die ein Höchstmaß an Kooperation aufweist, an gegenseitiger Ergänzung, Spezialisierung, produktiver unablässiger Arbeit und an der wundersamen Organisation. Es ist ein Werk der göttlichen Schöpfung, kein Auftrag. Deswegen finden wir auch keinen Defekt in dieser Gemeinschaft. Es ist die absolute Perfektion der Schöpfung, einheitlich und in sich geschlossen.

Der Mensch folgt den Ameisen und den Bienen in der Art, wie er sein Wissen und Können sammelt. Manchmal folgt er dem Beispiel der Ameisen, manchmal dem der Bienen. Und auf beiden Seiten finden wir die Völker der Welt, aber auch die verschiedenen Zeitalter. So herrscht bei einem bestimmten Volk oder in einem bestimmten Zeitalter die Methode des Sammelns und Lagerns vor, und wenn jemand von bestimmtem Wissen Gebrauch machen wollte, musste er aus den Lagern das Gesuchte herausholen. In anderen Völkern, oder Zeitaltern, wird nicht geruht, bis das angeeignete Material zu neuer Schöpfung gewoben worden ist. Durch derartige Kreativität erzielt der Mensch seinen Fortschritt.

Lasst uns gemeinsam einige Beispiele der wichtigsten kulturellen Blütezeiten der Geschichte vor unsere Augen führen, um ihren Weg zur Kreativität nachzuvollziehen. Es ist festzustellen, dass sie allesamt den gleichen Schritten folgten. So kamen erst die Ameisenschritte, bei denen das erlangte Wissen der Welt gesammelt wird. Darauf folgen Bienenschritte, bei denen die Begabten den Nektar dieses Wissens aufsaugen, nicht um ihn zu lagern, sondern um daraus Neues zu schaffen. In Zeiten der Stagnation und des Abschwungs haben die Lernenden das auswendig gelernt, was sie überliefert bekamen, um es zu gegebenen Anlässen zu rezitieren. In diesen Zeiten wird das Wissen wie eine Mumie aus seinem Sarkophag herausgeholt und wieder hineingestellt.

Als erstes Beispiel betrachten wir die kulturelle Blütezeit des Islams. Die Religion des Islam war knapp ein Jahrhundert alt, in dem die Gelehrten mit der Sprache und den damit verbundenen Regeln beschäftigt gewesen waren, ehe die Phase des Sammelns aus anderen Quellen begann. Damit meine ich die Übersetzungsbewegung aus dem Griechischen, Persischen und Indischen. Diese Bewegung erfolgte in zwei Phasen: In der ersten Phase arbeiteten die Übersetzer individuell, jeder nach eigenem Willen und fernab von staatlicher Aufsicht.

In der zweiten Phase spielte der Staat eine große Rolle. So gründete der Kalif al-Ma'mun das »Haus der Weisheit«, wo sich die Übersetzer unter Schirmherrschaft des Kalifen versammelten. Das Ergebnis war, dass den Studierenden die Übersetzungen der meisten Werke von Aristoteles, Plato, Galen sowie zahlreiche Werke aus den verschiedenen Wissenschaftsbereichen vorlagen, darunter unter anderem das Buch des Euklid und das Buch des Archimedes. Noch vor dem Ende des 9. Jahrhunderts (3. Jh. nach der Hidschra) hatte die arabische Sprache eine reiche Ernte an Werken aus vorangegangenen Kulturen gewonnen.

Blättern wir das Buch der Geschichte weiter zum 10. Jahrhundert (4. Jh. nach der Hidschra) und blicken wir auf den Bücherschatz, der in dieser Zeit entstand, damit wir die Verwandlung von Nektar in Honig beobachten. Wir lesen zum Beispiel Abū Hayyān al-Tawhīdī und finden uns vor einer neuen arabischen Denkart wieder. Er unterscheidet sich sowohl von seinen arabischen Vorfahren als auch von den übertragenen griechischen Werken. Und dieser neue Geschmack ist nicht beschränkt auf einen oder zwei Männer, sondern er ist kennzeichnend für die gesamte Ära, die sich über ein langes Zeitalter sowohl in der Levante als auch im Maghreb erstreckte. In dieser Zeit glänzten Namen hervor, wie etwa die arabischen Philosophen al-Fārābī, Avicenna und Averroes. Weitere Namen glänzten unter den Dichtern, wie Abū l-`Alā` al-Ma`arrī sowie Kritiker wie Abd al-Qahir al-Jurjani und Wissenschaftler in der Mathematik, der Astronomie, der Chemie, der Medizin und diversen Geisteswissenschaften.

Genau dies wünschen wir unserer arabischen Nation: Dass wir uns nicht wie Ameisen verhalten, uns mit dem Sammeln und Lagern zufriedengeben, sondern uns an den Bienen ein Beispiel nehmen in ihrer Kreativität und Verwandlungskunst, damit sie sich weiterentwickeln und zu ihrem alten Ruhm zurückkehren.

Die Geschichte rühmt sich unserer Taten (Prinz Abd el-Kader al-Dschaza'iri)

Prinz Abd el-Kader al-Dschaza'iri (1808–1883), Ritter, Dichter, Gelehrter und Denker. In seiner Jugend war er berühmt für seine körperliche Stärke und seine Reiterkünste. So schworen ihm die Algerier Treue als Emir und Anführer gegen die französische Besatzung. Als er 25 Jahre alt war, vereinte er die Reihen der Algerier und führte den ersten algerischen Befreiungskrieg 17 Jahre lang an (1830–1847). Der Krieg führte zu beachtlichem Schaden auf französischer Seite, weshalb die Franzosen zu einem Waffenstillstand mit ihm gezwungen waren. Während dieser Zeit arbeitete er am Aufbau des modernen algerischen Staates, womit er, neben seiner Rolle als Pionier des Widerstandes, zu einem

Gründer wurde. Als der Eroberer die Gefahr erkannte, die von Abd el-Kader ausging, mobilisierte er seine Kräfte und war in der Lage, ihn gefangen zu nehmen und jahrelang in Paris einzukerkern, bevor er ihn nach Damaskus ins Exil schickte.

In seinem Exil widmete sich der Emir den Wissenschaften und dem Schreiben. Zudem war er ein begnadeter Dichter und verfasste einen Gedichtband. Daraus wird das nachfolgende Gedicht zitiert, in dem Abd el-Kader seinen Stolz auf seine arabische Nation und ihre hehren moralischen Werte erklärt, die sie von ihren Vorfahren ererbte. Er lobt zudem die arabisch-islamische Kultur und die herausragenden Leistungen der Araber in Wissenschaft und Künsten neben ihrem Mut und Heldentum in den Kriegen und Gefechten.

Emir Abd el-Kader starb in Damaskus und wurde dort begraben. Nach der Unabhängigkeit Algeriens wurden seine sterblichen Überreste dorthin gebracht, um ihn auf dem Friedhof El Alia zu begraben, und zwar in dem Bereich, der für Präsidenten und nationale Persönlichkeiten bestimmt ist. Somit wird seiner gedacht und werden seine Leistungen als Symbole der algerischen Revolution und er als einer ihrer wichtigsten Anführer gewürdigt.

Lektion 5: Unsere Kulturgüter: Titel unserer Geschichte, Archiv unserer Kultur

Das Kulturerbe eines jeden Volkes – sei es materiell oder immateriell – ist Zeuge seiner langen Geschichte und Authentizität sowie Ausdruck seiner kollektiven Kreativität und kulturellen Errungenschaften. Insbesondere für das palästinensische Volk stellen Kulturgüter ein Hauptelement in seinem Überlebenskampf und seinem Kampf um den Verbleib in seiner Heimat neben dem Besatzer seines Landes dar, der seine Kinder vertrieb, seine Schätze plünderte und seit jeher daran arbeitete, die Bestandteile seiner Identität zu untergraben und sein Erbe zu vernichten: durch Plünderung, Verschleierung, Verfälschung und Zerstörung. Zweck dabei ist, ein verzerrtes Narrativ zu präsentieren, das auf Mythen, Lügen und falschen Behauptungen basiert.

Der vorliegende Artikel behandelt diese lebenswichtige Komponente durch die Darlegung des Konzepts der Kulturgüter und deren Bedeutung sowie der Gefahren, denen sie ausgesetzt sind, sei es Plünderung, Entziehung oder Zerstörung, und schließlich der Möglichkeiten des Kulturerhalts und der Kulturverteidigung.

In einer stark vereinfachten Definition sind Kulturgüter immobile sowie mobile Gegenstände, die vom Menschen vor mindestens zweihundert Jahren erbaut, gefertigt, produziert oder gezeichnet wurden. Mobile Kulturgüter sind Güter, die vom Menschen im Verlauf der Geschichte und der unterschiedlichen Zeitalter als persönliche Alltagsgegenstände sowohl zur persönlichen Nutzung als auch zu dekorativen Zwecken hergestellt wurden. Als Beispiele hierfür seien genannt Statuen, Münzen, Inschriften, Manuskripte, Textilien – aus welchem Material, zu welchem Zweck und für welchen Anwendungsbereich sie auch hergestellt worden sein mögen.

Kulturgüter genießen eine Sonderstellung in den Gesellschaftswissenschaften und der Anthropologie, aber auch in der Politikwissenschaft, weshalb sie erhalten und studiert werden müssen. Für das palästinensische Volk stellen Kulturgüter ein Hauptelement in seinem Überlebenskampf und seinem Kampf um den Verbleib in seiner Heimat neben dem Besatzer seines Landes und des Landes seiner Vorfahren dar. Sie wurden sogar selbst zum Gegenstand des andauernden Kampfes mit dem Besatzer seines Landes, der seine Kinder vertrieb, seine Schätze plünderte, seine Identität verzerrte und für sich selbst eine künstliche Entität aufbaute, die ihre Identität und ihre Daseinsberechtigung aus Mythen und Illusionen schöpft. Dieser Besatzer hat stets versucht, materielle Zeugnisse oder architektonische Beweise für diese Erzählungen zu finden, die ihre Glaubwürdigkeit bestätigen könnten, doch vergebens!

Es steht außer Frage, dass das palästinensische Volk, das seit Anfang des letzten Jahrhunderts Opfer eines kolonialen Angriffs auf seine Existenz, Zivilisation und Kultur wurde, des Erhalts seines kulturellen und nationalen Erbes dringend bedarf, da dies das lebende Zeugnis der Authentizität dieses Volkes sowie seiner zivilisatorischen Identität und seiner Zugehörigkeit zu diesem Ort ist. Denn Kulturgüter sind in Wahrheit keine stummen Steine, sondern eine sprechende Schrift, zwischen deren Zeilen die Vorfahren sich den Nachfahren offenbaren und ihnen ihre Errungenschaften aufzählen, die ein glaubwürdiges Zeugnis ihrer großartigen Zivilisation sind.

Der Islam misst den Kulturgütern ausgehend von seiner außerordentlichen zivilisatorischen Vision eine große Bedeutung zu. Der heilige Koran ruft uns explizit zur Betrachtung und Bewunderung der Werke der Vorfahren auf, der Guten unter ihnen sowie auch der Bösen. Gott sagt im Koran: »Sind sie denn nicht im Lande umhergezogen, sodass sie schauen konnten, wie das Ende derer war, die vor ihnen lebten?« (Sure ar-Rum, 9) Muslime haben den tiefen Sinn dieses Verses verstanden. Und so wurde nie einem der muslimischen Führer oder Befehlshaber nachgesagt, er habe ein Kulturgut absichtlich vernichtet oder zerstört. Araber und Muslime waren eines der ersten Völker, die das Kulturerbe erhielten und beschützten. Ibn al-Farrā' drückte dies in einem seiner Gedichte aus, indem er erzählt, er sei an einem Ort vorbeigelaufen und vom Anblick der Steine schockiert gewesen. Wie könne man die Geschichten der Häuser nicht für alle Besucher oder Fragenden lassen; denn die Erzählungen der Häuser seien die schönsten!

Es ist daher sehr bedauerlich, dass große Teile unserer Gesellschaften immer noch in Unwissenheit über den unermesslichen Wert dieser archäologischen Schätze sind. Das Bewusstsein über den Kulturerhalt sowie den Schutz, die Sanierung und Pflege der Kulturgüter befindet sich noch in ihren Anfängen und hat sich noch nicht im gesellschaftlichen Bewusstsein derart verankert, dass es ein Schutzschild und einen Schutzzaun bilden könnte gegen den Raub dieser Güter, deren Plünderung oder gegen die Zerstörung ihrer Stätten.

Der immense Schaden und die große Gefahr, denen die Kulturstätte ausgesetzt sind, ist die vorsätzliche Zerstörung, abgesehen von der Plünderung. Somit kann die Wissenschaft und Forschung die Stätte nicht erschließen. Wissenschaftler haben oft den Verlust wichtiger Dokumentationsmöglichkeiten aufgrund der Eingriffe in diese Kulturstätten beklagt. Wenn Kulturräuber eine Kulturstätte berauben, liegt ihr einziges Interesse im schnellen Geld. So nutzen sie in ihren illegalen Ausgrabungen primitive Mittel und zum Teil auch Geräte und schwere Maschinen, die diese Orte zerstören und vernichten. Dieser Akt dauert nur wenige Stunden, während Wissenschaftler und Archäologen Monate, wenn nicht Jahre brauchen, um eine Kulturstätte zu erhalten, zu restaurieren, und die Funde in offizielle Register aufzunehmen sowie sie wissenschaftlich zu untersuchen, um die erhofften Ziele zu erreichen.

Trotz der Gefahren, denen sich die Mitglieder dieser Banden aussetzen, erhalten sie als Gegenwert zu diesen Schätzen und archäologischen Funden einen Bruchteil des wahren Wertes dieser Schätze von nicht einmal einem Prozent des wahren Wertes, während die Mittelsmänner und Antiquitätenhändler, die über eine Zulassung der Besatzungsbehörden verfügen, den Löwenanteil erhalten. Denn diese sind der Anlaufpunkt für alle Güter.

Sie registrieren die Stücke offiziell bei den zionistischen Museumsleitungen, die wiederum das einbehalten, was sie gebrauchen können, und den Rest nach dessen Ablichtung und Registrierung exportieren lässt. Dies ist ein dreister Versuch, die wesentlichen Bestandteile unserer Identität zu untergraben, unser materielles kulturelles Erbe aufzulösen, die Merkmale unserer Geschichte und Zivilisation zu verzerren und ihre Zeugnisse über die Welt zu zerstreuen.

Zu diesem Zweck nehmen die Besatzungsbehörden systematisch und vorsätzlich unsere Kulturstätten auseinander und transportieren die Güter zu israelischen Museen. Die Errichtung der israelischen Sperranlage ist der größte Beweis dafür. Denn sie hat über 1550 Kulturstätten abgeschnitten. Zu erwarten ist, dass ein zukünftiger Abschnitt der Sperranlage, der im Jordangraben errichtet werden soll, weitere 1250 Kulturstätten abschneidet. Damit sind 2800 palästinensische Kulturstätten von der Zerstörung bedroht. Man braucht nur an die Grabungen und den Tunnelbau an der Aqsa-Moschee zu denken, um zu erahnen, was die israelischen Behörden vorhaben. Dazu kommt die Plünderung der Stätte Tell Kāmid el-Lōz während der Erstürmung des Libanon Anfang der Achtzigerjahre durch die israelischen Besatzungstruppen, bei der Tausende von wertvollen archäologischen Stücken gestohlen wurden, die aus der Zeit unserer kanaanitischen Vorfahren stammen.

Wenn man bedenkt, dass diese Kulturgüter nicht in archäologische Register oder seitens der UNESCO erfasst wurden, wird einem klar, dass ihre Zurückerlangung auf legalem Wege ein Ding der Unmöglichkeit ist. Denn das Völkerrecht und das UNESCO-Abkommen aus dem Jahre 1970 kriminalisieren zwar den Handel mit gestohlenen Kulturgütern, setzen aber für die Zurückforderung der Güter die Vorlage von Beweisen über den Besitz durch Fotos, Inventarnummern oder Inschriften auf den Stücken, so wie es der Fall mit Kāmid el-Lōz war, als die kanaanitische Keilschrift einen eindeutigen Hinweis über den Fundort gab. Dies ist aber selten der Fall.

Aus allen zuvor genannten Punkten lässt sich schlussfolgern, dass sporadische illegale Grabungen und die Zerstörung von Kulturstätten, die sie mit sich bringen, immensen Schaden für die Vergangenheit, Gegenwart und Zukunft der Nation bedeuten. Wer mit einer Pistole auf seine Vergangenheit schießt, der trifft seine Zukunft! Somit steht die Nation ohne Vergangenheit, Gegenwart oder Zukunft da! Zudem ist der Handel mit Kulturgütern und ihre Weitergabe an verfeindete Parteien eine Art Selbstberaubung, eine Plünderung der Geschichte der Nation, und eine Verschwendung, die einer Straftat gleichzusetzen ist sowie einem Betrug an den kulturellen Schätzen des palästinensischen Volkes im Besonderen und der arabisch-islamischen Nation im Allgemeinen.

Lektion 6: So traf Omar Gott (Ali Bin Ahmad Bin Mohammad Bakathir)

Ali Bin Ahmad Bin Mohammad Bakathir Al-Kindi wurde 1910 geboren. Seine Eltern waren Jemeniten aus Hadramaut. Er besuchte die Al-Nahda-Al-Ilmiya-Schule und studierte arabische Literatur und islamisches Recht bei ehrwürdigen Sheikhs. Danach zog er nach Ägypten, wo er sein Studium der englischen Literatur an der Fouad I.-Universität (der heutigen Kairo-Universität) mit einem Diplom abschloss. Zunächst arbeitete er als Lehrer und wechselte danach zur Kunstabteilung im Ministerium für Kultur und nationale Weisung, wo er bis zu seinem Tod im Jahr 1969 arbeitete.

Die literarischen Werke von Bakathir umfassten sowohl Romane als auch Theaterstücke in Dichtung und in Prosa. Zu seinen Romanen zählen: *Wa-Isalama* (Oh Islam) und *Al-Tha'ir Al-Ahmar* (Der Rote Revolutionär). Er hat viele historische Theaterstücke geschrieben, dazu gehört das Sammelwerk *Hakadha Laqia Allaha Omaru* (So traf Omar Gott), gemeint ist Omar Ibn Abdel Aziz. Das Sammelwerk besteht aus sieben Theaterstücken, unter anderem: *Al-Bait Al-Atiq* (Das alte Haus) und *Jaru Abi Hanifa* (Der Nachbar von Abu Hanifa).

Im Theaterstück *So traf Omar Gott* erzählt Bakathir von den letzten Sekunden im Leben des achten Umayyaden-Kalifen Omar Ibn Abdel Aziz. Er stellt dar, wie Omar seinem Diener Ghusain verziehen hat, obwohl er ihm Gift in die Suppe getan hatte und dafür bezahlt worden war. Der Schriftsteller zeigte dabei die großzügige moralische Seite dieses Kalifen, die nur bei den Erlesensten unter den Gefährten des Propheten und den Rechtschaffenen zu finden ist.

(Omar Ibn Abdel Aziz auf seinem Krankenbett. Er steht kurz vor dem Tod. Seine Frau Fatima und ihr Bruder Maslama Ibn Abdel Malik sind bei ihm.)

Maslama: Erinnern Sie sich nicht, o Befehlshaber der Gläubigen, wer Ihnen die Suppe an diesem Tag zu trinken gegeben hat?

Omar: Ich kann mich nur daran erinnern, dass ich sie getrunken habe. Es fühlte sich an wie flüssiges Blei.

Fatima: Keiner gibt dem Befehlshaber der Gläubigen zu trinken außer mir und Ghusain, sein Diener.

Omar: Es sei fern von dir, so etwas zu tun und von ihm auch. Er liebt mich und ich liebe ihn.

Maslama: Vielleicht hat ihn jemand dazu angestiftet, o Befehlshaber der Gläubigen?

Omar: Sag bitte nichts, Maslama, was du nicht sicher weißt.

Maslama: Mich macht die Niedergeschlagenheit des Burschen seit jenem Tag misstrauisch.

Fatima: Ja, Ghusain ist nicht mehr so, wie er früher war.

Omar: Preis sei Gott! Die Krankheit seines Herrn stimmt ihn traurig … Bei meinem Leben, ihr beiden, lasset ihn nicht merken, dass ihr ihn verdächtigt.

Maslama: Nein, o Befehlshaber der Gläubigen, wir haben ihm nichts Derartiges gezeigt.

Omar: Nicht dass er schon gespürt hat, was ihr in euren Herzen bergt und deswegen Angst bekommen hat. Bringe ihn zu mir, Fatima, vielleicht kann ich beseitigen, was ihn bedrückt.

Fatima *(kommt zurück)*: Hier ist Ghusain, o Befehlshaber der Gläubigen.

Omar: Komm herein, Ghusain. Würdet ihr mich bitte mit Ghusain alleine lassen?

Maslama: Ich verabschiede mich in Liebe und Würde, o Befehlshaber der Gläubigen.

(Maslama und Fatima treten ab.)

Omar: Fürchte dich nicht, Ghusain. Komm näher zu mir. Fragst du denn nicht, wie es mir geht?

Ghusain *(in sichtbarer Trauer)*: Wie geht es Ihnen heute, o Befehlshaber der Gläubigen?

Omar: Gott sei Dank … Ich befinde mich heute näher am Jenseits als am Diesseits.

Ghusain *(mit tränenden Augen)*: Könnte ich nur meinen Vater und meine Mutter für Sie opfern, o Befehlshaber der Gläubigen.

Omar: Wehe dir! Warum weinst du, Ghusain?

Ghusain: Ich wünschte, ich würde an Ihrer Stelle leiden.

Omar: Jeder von uns hat einen bestimmten Zeitpunkt, an dem sein Leben endet und den er nicht überschreiten kann. Und ich gehe ja zu einem gütigen Gott. Wer mich liebt, sollte deshalb besser nicht in Sorge um mich sein, denn das ist etwas Gutes. Oder liebst du mich etwa nicht, Ghusain?

Ghusain: Doch, ich schwöre bei Gott, o Befehlshaber der Gläubigen.

Omar: Würdest du mich bitte von jeder Übeltat, die ich dir unwissentlich zugemutet habe, entbinden?

Ghusain *(im Heulkrampf)*: Deine Gnade, o Befehlshaber der Gläubigen. Ich bin der Übeltäter an Ihnen und Sie sind ein gütiger Wohltäter. Verderben über mich! Verderben über mich bis ans Ende der Zeit! Ich habe es verdient, getötet zu werden. Befehlen Sie ihnen, mich umzubringen, denn ich habe den Tod verdient.

Omar: Sei leise. Sei meinetwegen bitte leise.

Ghusain *(mit gedämpfter Stimme)*: Vergeben Sie mir, o Befehlshaber der Gläubigen … Vergeben Sie mir.

Omar: Gott alleine kann vergeben. Aber ich verzeihe dir und entbinde dich von deinen Pflichten mir gegenüber, wenn du mir die Wahrheit sagst.

Ghusain: Ganz sicher, o Befehlshaber der Gläubigen. Ich sage Ihnen die Wahrheit und verberge nichts vor Ihnen.

Omar: Sei bitte leise.

Ghusain *(dämpft seine Stimme)*: Ich, der elende Unglückselige, habe Ihnen das Gift in die Suppe getan.

Omar: Ich wusste es, Ghusain, schon am Tag, an dem du sie mir zu trinken gegeben hast.

Ghusain: Sie wussten es und haben erst heute mit mir darüber gesprochen?

Omar: Ich hätte auch nicht mit dir gesprochen, wenn ich dich nicht lieben würde und mich wegen der Qualen des Jüngsten Tages um dich sorgte.

Ghusain: Und was soll mich davor retten, o Befehlshaber der Gläubigen, wo ich es für das, was ich getan, verdient habe?

Omar: Ich habe gehofft, dass du es bereust und um Vergebung bittest. Vielleicht vergibt dir Gott.

Ghusain: Ist das der Grund, warum Sie mit mir reden?

Omar: Ja. Sag mir, wer hat dich zu dem angetrieben, was du getan hast?

Ghusain: Die Gier, o Befehlshaber der Gläubigen.

Omar: Hast du etwas dafür bekommen?

Ghusain: Ja, und ich sage Ihnen, wer mich dafür bezahlt hat.

Omar: Nein, tue das bitte nicht. Aber sag mir, wie viel er dir gegeben hat?

Ghusain: Tausend Dinare, o Befehlshaber der Gläubigen.

Omar: Und hast du sie bekommen?

Ghusain: Nein, o Befehlshaber der Gläubigen, erst wenn … erst wenn …

Omar: Erst wenn ich sterbe?

Ghusain: Ja. Oh, ich Elender!

Omar: Wehe dir! Wenn ich sterbe, werden sie dir das Geld nicht geben. Vielleicht bringen sie dich auch noch um, damit du ihr Geheimnis nicht preisgibst. Ghusain, möchtest du eine bessere Lösung haben, bei der du vielleicht der Qual des Diesseits entkommst und der schlimmen Qual im Jenseits?

Ghusain: Wie denn, o Befehlshaber der Gläubigen? Weisen Sie mich dahin.

Omar: Du gehst gleich zu deinem Freund und lässt dir das Geld bezahlen. Dann kehrst du sofort mit dem Geld zu mir zurück.

Ghusain: Ich glaube nicht, dass er das akzeptiert, o Befehlshaber der Gläubigen.

Omar: Sage ihm, dass du mir seinen Namen verraten wirst, wenn er dir das Geld nicht gibt. Er wird Angst bekommen und es dir geben … Gehe jetzt los.

Ghusain: Zu Befehl, oh Befehlshaber der Gläubigen, o Sie gütigster unter den Menschen.

(Geht los)

Omar: Warte, Ghusain. Wische diese Tränen von deinen Augen weg. Und wehe, du erzählst das irgendjemandem, denn das ist ein Geheimnis zwischen mir und dir.

Ghusain *(wischt die Tränen von seinen Augen weg)*: Oh, ich Elender.

Omar *(leise vor sich hin murmelnd)*: Gott, vergebe deinem Diener Ghusain.

(Maslama und Fatima treten ein.)

Maslama: Sie haben den Burschen mit etwas beauftragt, o Befehlshaber der Gläubigen?

Omar: Ja, ich habe mich an eine Sache erinnert, die ich bei einem Freund hinterlegt hatte. So habe ich ihn losgeschickt, um sie einzufordern.

Fatima: Eine hinterlegte Sache?

Omar: Komm her, Fatima! Es ist Zeit, dass ich dir etwas mitteile, was ich auf dem Herzen habe.

Fatima: Meine Seele würde ich für Sie opfern, o Befehlshaber der Gläubigen.

Omar: Erinnerst du dich noch an deinen Schmuck und deine Juwelen, die wir in der Schatzkammer deponiert haben?

Fatima: Ich verzichte gerne auf sie, o Befehlshaber der Gläubigen. Aber was ist damit?

Omar: Sie sind unberührt … und sie tragen deinen Namen. Die Schatzkammer hat sie noch nicht genutzt. Und ich weiß, dass der, der nach mir kommt, sie nicht rechtens ausgeben wird … Wenn du sie haben möchtest, stehen sie dir zu.

Maslama: Ja, sie stehen dir zu und du hast am ehesten Anspruch auf sie.

Fatima: Wenn Sie erlauben, o Befehlshaber der Gläubigen, würde ich sie nehmen und sie als Almosen an Witwen und Waisen geben.

Omar: Gut gemacht, Fatima. Bei Gott, im Unrecht des Diesseits tröstet es mich, dass in meiner Familie und unter meinen Kindern Menschen sind, deren Rechtschaffenheit und Frömmigkeit am Jüngsten Tag Fürsprache für mich halten werden.

Fatima: Sie werden für uns alle Fürsprache einlegen, o Abu Abdel Malik.

Omar: Nein, Fatima. Indem du jenem entsagst, was die Herzen

der Frauen begehren an Schmuck und Sachen, bist du in Gottes Augen frommer als ich.

(Ghusain klopft an der Tür und bittet einzutreten.)

Maslama: Das ist Ghusain, o Befehlshaber der Gläubigen.

Omar: Komm herein, Ghusain.

(Ghusain kommt herein. Er trägt ein großes Bündel.)

Omar: Hast du das hinterlegte Geld mitgebracht, Ghusain?

Ghusain: Ja, o Befehlshaber der Gläubigen.

Omar: Ich würde gerne wieder mit ihm alleine sein. Würdet ihr bitte …?

Maslama: In Liebe, o Befehlshaber der Gläubigen.

(Geht mit Fatima ab.)

Omar: Komm näher zu mir und sprich leise. Sind das die tausend Dinare?

Ghusain: Ja, o Befehlshaber der Gläubigen.

Omar: Ich hätte dir gerne dieses Geld überlassen, Ghusain, aber ich fürchte das Lodern der Flammen um dich am Jüngsten Tag. Akzeptierst du eine bessere Idee … ich würde das Geld der Schatzkammer der Muslime zurückgeben?

Ghusain: Machen Sie, was Sie für richtig halten, o Befehlshaber der Gläubigen. Bei Gott, ich möchte das Geld nicht. Ich hasse im Leben nichts mehr als dieses Geld.

Omar: Sei gesegnet, Ghusain. Ich sehe nur, dass Gott dir vergeben will. Gehe jetzt, denn du bist frei um Gottes willen.

Ghusain *(weinend)*: Entlassen Sie mich in die Freiheit, o Befehlshaber der Gläubigen?

Omar: Ja, gehe, wohin du willst. Dahin, wo dich keiner kennt.

Ghusain: Soll ich nicht bei Ihnen bleiben, o Befehlshaber der Gläubigen, an Ihrer Seite und in Ihren Diensten?

Omar: Wehe dir, Ghusain! Womit willst du einem Sterbenden dienen. Erreicht er die Nacht, dann lebt er nicht mehr bis zum nächsten Morgen. Erreicht er den Morgen, dann lebt er nicht mehr bis zur Nacht.

Ghusain: Gott bewahre Sie, o Befehlshaber der Gläubigen.

Omar: Gehe doch. Wehe dir! Und halte dich nicht unter denen auf, sonst bringen sie dich noch um.

(Maslama tritt auf.)

Maslama: Entschuldigen Sie mich, o Befehlshaber der Gläubigen. Dieser Bursche darf der Strafe für das, was er verbrochen hat, nicht entkommen.

(Er hält den Burschen am Handgelenk.)

Omar *(wütend)*: Wehe dir, o Ibn Abdel Malik, hast du unser Gespräch belauscht?

Maslama: Nein, ich schwöre bei dem, der meine Seele in seinen Händen hält, o Befehlshaber der Gläubigen. Aber eure Stimmen drangen an unser Ohr.

Fatima *(mischt sich ein)*: Ja, o Befehlshaber der Gläubigen. Maslama sagt die Wahrheit.

Omar: Dann behaltet, was ihr gehört habt, für euch. Ich habe ihm verziehen und ihn begnadigt. Lass ihn los Maslama, ich habe ihn um Gottes willen in die Freiheit entlassen.

Maslama: Bei Gott, nein, o Befehlshaber der Gläubigen. Der Lohn eines treulosen Sklaven kann nicht die Freiheit um Gottes willen sein. Er muss für sein Verbrechen bestraft werden.

Omar *(flehend)*: Ich beschwöre dich in Gottes Namen, meinen Befehl an meinem letzten Tag in diesem Leben nicht zu missachten. Fatima, sprich bitte mit deinem Bruder.

Fatima: Maslama, höre auf den Befehlshaber der Gläubigen, denn er sieht im Licht Gottes.

Maslama *(lässt den Burschen los)*: Der Befehlshaber der Gläubigen bekommt von uns, was er mag.

Fatima: Schau weg, Ghusain, und gehe, Gott segne dich nicht.

Omar: Doch, Gott vergebe ihm und segne ihn. Gehe, Ghusain, und bitte Gott um Vergebung für mich und für dich.

(Ghusain schluchzt kurz und geht dann ab.)

Omar *(vor Schmerz wimmernd)*: Oh, mein Kopf! *(Er fällt in Ohnmacht und stürzt auf sein Bett.)*

Fatima: O Grauen! Er ist weggetreten, Maslama!

Maslama: Sei stark, Schwester. Er ist bloß in Ohnmacht gefallen und kommt wieder zu Bewusstsein.

Omar *(schlägt die Augen auf wie ein Erschrockener und versucht sich aufzurichten, schafft es aber nicht)*: Maslama! Maslama!

Maslama: Zu Ihren Diensten, o Befehlshaber der Gläubigen.

Omar: Wo ist das Bündel, das Ghusain gebracht hat?

Maslama: Da ist es, o Befehlshaber der Gläubigen. Es liegt vor Ihnen.

Omar: Das gehört mir nicht, Maslama. Es ist für die Schatzkammer. Ich trage dir auf, dieses Geld zur Schatzkammer zu bringen.

Maslama: Das werde ich tun, o Befehlshaber der Gläubigen.

Omar: Gott belohne dich, mein Cousin, für das, was du für mich tust. Und du, Fatima.

Fatima *(durchhaltend)*: Ja, o Befehlshaber der Gläubigen.

Omar: Würdest du mich von jeder Pflicht freisprechen, die ich dir gegenüber habe?

Fatima *(weinend)*: Das habe ich bereits, o Befehlshaber der Gläubigen.

Omar: Gott belohne dich, meine tugendhafte Ehefrau, für das, was du für mich tust. Ich vertraue dich Gott an. *(Schaut nach oben)* Gott, lasse mich den von dir bestimmten Tod hinnehmen und segne das von dir festgelegte Schicksal, sodass ich mir für etwas, was du festgelegt hast, keine Verzögerung wünsche und für etwas, was du verzögert hast, keine Beschleunigung. *(Sein Gesicht strahlt plötzlich vor Freude.)* Ich heiße euch willkommen …, ihr gütigen Noblen!

Fatima: Wen begrüßen Sie, o Befehlshaber der Gläubigen?

Omar: Ich begrüße diese Gesichter, die weder Menschen noch Geistern gehören.

Fatima: Meine Seele opfere ich für Ihre, Omar!

Omar *(als würde er nichts mitbekommen von dem, was um ihn passiert)* zitiert Gottes Worte aus dem Koran: »Jene Wohnstatt im Jenseits! Wir geben sie denen, die weder Selbsterhöhung auf Erden noch irgendein (anderes) Verderbnis begehren. Und der Ausgang ist für die Gottesfürchtigen.« Ich bezeuge, dass es keinen Gott außer Allah gibt, und ich bezeuge, dass Mohammed sein Diener und sein Gesandter ist.

(Maslama und Fatima sprechen das Glaubensbekenntnis mit Sanftheit und Demut aus.)

Omar *(erwacht)*: Ghusain! Wo ist denn Ghusain?

Maslama *(durchhaltend)*: Er ist seines Weges gegangen, o Befehlshaber der Gläubigen.

Omar *(mit schwacher Stimme)*: Gott sei Dank. *(Röchelnd)* Gott vergebe … deinem Diener … Ghusain … und vergebe … deinem Diener … Omar … *(Gibt den Geist auf)*

Kinder der Türkei

»Wir streben nach der Zivilisation und der Wissenschaft« – ein Zitat von Mustafa Kemal Atatürk, dem Mann, der 1923 die moderne Türkische Republik gründete und der bis heute verehrt wird. Ein Zitat, das zeigt, dass er Wissenschaft und Bildung als einen Grundpfeiler seines neuen Staates ansah – und zwar Bildung nach westlichem Standard.

Die Türkei nimmt wegen ihrer besonders starken Verflechtung mit europäischer Kultur, Geschichte und Bildung in der muslimisch geprägten Welt eine besondere Stellung ein. Aber auch wegen des einmaligen Weges, den Staatsgründer Atatürk eingeschlagen hat. Er setzte die Trennung von Staat und Religion um, sprach sich klar gegen einen »Panislamismus« aus. Atatürk stellte die Schrift von arabischer auf lateinische um, investierte in die Bildung – Schritte, die die Gesellschaft der heutigen Türkei in kürzester Zeit veränderten und ins 20. Jahrhundert führten.

Gemessen am Bildungserbe der Türkei sind unsere deutschen Bildungstraditionen nahezu bescheiden. Schon im 6. Jahrhundert vor Christus versuchte etwa der Philosoph Heraklit von Ephesus an der türkischen Ägäis-Küste, mit neuen Ideen die Welt zu erklären. Als später das Weströmische Reich langsam unterging, war es Ostrom mit Konstantinopel, dem heutigen Istanbul als Hauptstadt, das noch für rund ein Jahrtausend überdauerte und einen Großteil des antiken kulturellen Erbes für die Welt erhielt. 1453 fiel Konstantinopel an die Muslime, doch die Region blieb noch lange ein kultureller und religiöser Schmelztiegel und Zentrum der Bildung. Das änderte sich zum Ende des Osmanischen Reiches, als gesellschaftlicher Stillstand das Land prägte. Aus diesem Stillstand wollte Mustafa Kemal Atatürk sein Land befreien und in die Moderne führen.

Das Erbe Atatürks prägte und prägt die Türkei. Aber heute verändert sich etwas. Denn auch, wenn Atatürks Porträt noch immer jedem Schulbuch vorangestellt ist, zusammen mit einem Zitat von ihm, ist offensichtlich, dass der jetzige Präsident, Recep Tayyip Erdoğan, eine andere Vorstellung davon hat, wie sich Staat und Religion zueinander verhalten sollen.

Erdoğan hat das Kopftuchverbot an öffentlichen Einrichtungen abgeschafft und investiert massiv in die Errichtung neuer Moscheen. Europa ist für ihn, anders als für Atatürk, kein Vorbild für die türkische Gesellschaft. Erdoğan verändert das Bildungssystem, rückt die Religion mehr und mehr in den Vordergrund. Jede neugebaute Schule soll inzwischen eine Moschee oder einen Gebetsraum haben. Immer wieder gibt es Diskussionen über die an türkischen Schulen vermittelten Inhalte, Diskussionen, die auch bis zu uns dringen.

Bereits 2005 wurde kritisiert, dass Europa in türkischen Schulbüchern als Feind dargestellt werde: »Einige Staaten, die es auf unser Land abgesehen haben, wollen uns von innen her zerstören und teilen«, zitierte eine österreichische Zeitung damals aus einem Sozialkunde-Band für die siebte Klasse. Europa erscheine als Gebilde ohne Verbindungen zur osmanischen Geschichte, kritisierte eine regierungsunabhängige Geschichtsstiftung daraufhin in einer Analyse der Schulbücher.[1] Den unmittelbaren Nachbarstaaten der Türkei – und besonders dem langjährigen Erzrivalen und EU-Staat Griechenland – wurde in den Büchern offenbar vorgeworfen, an der Zerstörung der Türkischen Republik zu arbeiten. Athens Ziel sei die Gründung eines Groß-Griechenlands, das unter anderem Istanbul und große Teile Anatoliens umfasse, heißt es demnach in einem Buch, aus dem die Zeitung zitiert. Die Schulbücher geben eine klare Antwort auf diese angeblichen Bedrohungen: Die türkische Nation muss zusammenhalten – und sie braucht eine schlagkräftige Armee. »Staaten ohne starke Streitkräfte verlieren eines Tages ihre Unabhängigkeit«, lehrt eines der Bücher. Viel mehr als über Europa erfahren türkische Schüler demnach über die für die Außenpolitik ihres Landes weitgehend bedeutungslosen Turk-Republiken Zentralasiens. Was die EU ist, wie sie entstanden ist und wie sie funktioniert, werde in den Büchern von 2005 auf einer halben Seite abgehandelt, schreibt die Zeitung.

2015 berichtete die *Frankfurter Allgemeine Zeitung* über die falsche Darstellung des Völkermordes an den Armeniern in türkischen Schulbüchern. »Die türkischen Schulbücher vermitteln bis heute den Schülern die offizielle Position des Staats, dass 1915 die Türken Opfer der Armenier gewesen wären. So hätten Armenier in Anatolien Türken massakriert, und dennoch wären viele Armenier durch Türken vor ihren eigenen Landsleuten beschützt worden: Mit dem Umsiedlungsgesetz wurden nur jene Armenier aus dem Kriegsgebiet entfernt und in die sicheren Regionen des Landes gebracht, die sich an den Aufständen beteiligt hatten. Diese Vorgehensweise hat auch das Leben der übrigen armenischen Bevölkerung gerettet, denn die armenischen Banden haben jene ihrer Landsleute, die sich an den Terrorakten und Aufständen nicht beteiligt hatten, umgebracht.«[2]

Besonders zynisch wirkt demnach eine weitere Aussage in einem Schulbuch: »Um die Bedürfnisse der umgesiedelten Armenier unterwegs zu stillen, wurden eigens Beamte beauftragt. Damit auf dem Weg zum Zielort und am Zielort selbst niemand die Umsiedler tätlich angreift, wurden geeignete Maßnahmen ergriffen. Angreifer wurden umgehend festgesetzt und dem Kriegsgericht zugeführt. Man achtete darauf, dass der Boden an den Zielorten fruchtbar war und es an Wasser nicht mangelte. Um die Sicherheit von Leib und Leben zu gewährleisten, wurden dort Polizeistationen gegründet«, zitiert die *FAZ*.

Im Juni 2017 machte die Meldung Schlagzeilen, die türkische Regierung wolle Darwins Evolutionstheorie ab 2019 aus türkischen Schulbüchern entfernen. Das verkündete der Lehrplanbeauftragte des Bildungsministeriums, Alpaslan Durmuş. Die Evolutionstheorie sei für Schüler dieses Alters zu kontrovers und kompliziert. Daher solle das Kapitel aus dem Biologieunterricht der neunten Klassen entfernt werden und durch ein neues namens »Lebewesen und ihre Umwelt« ersetzt werden. Das diene einer »Vereinfachung des Lehrplans«. Durmuş sah sich gestützt von einer Umfrage, nach der im Jahr 2012 ganze 70 Prozent der Türken an der Evolutionstheorie zweifelten.

Ebenfalls 2017 bemängelte die türkische Zeitung *Cumhuriyet* problematische Passagen zur Ehe in türkischen Schulbüchern. Ein Werk namens *Das Leben des Propheten Mohammed* beinhalte »skandalöse Empfehlungen zur Ehe«. Ehen mit Atheisten seien nicht zulässig, soll es in dem Buch heißen. Stattdessen solle der Ehepartner religiös sein und der Mann sei klar das Familienoberhaupt. Das bedeute, die Ehefrau müsse ihm »die nötige Achtung und Ergebung« erweisen, um die »Ordnung und Harmonie in der Familie« zu gewährleisten.

Die Türkei gibt im Vergleich zu Deutschland weniger Geld für Bildung aus. 2015 machten die türkischen Bildungsausgaben 4,29 Prozent des Bruttoinlandsproduktes aus, die deutschen lagen im gleichen Zeitraum bei 4,81 Prozent.[3] Für Schüler in der Primarstufe gab die Türkei 2013 pro Kopf 2894 US-Dollar aus, Deutschland hingegen 8104 US-Dollar.

Gleichzeitig baut die AKP-Regierung das Schulsystem grundlegend um. Bisher waren die meisten Schulen in der Türkei staatliche Schulen. Die Regierung fördert nun die Gründung sogenannter Imam-Hatip-Schulen. Diese Schulform erfährt seit der AKP-Zeit eine Aufwertung. Davor waren sie Berufsschulen, deren Abschlüsse nicht oder kaum zum Studium außerhalb von Theologie-Hochschulen berechtigten. Wer früher sein Abitur an einem Imam-Hatip-Gymnasium machte, fand eine Anstellung als Imam oder Muezzin. Während damals die Schülerinnen an den regulären staatlichen Schulen kein Kopftuch tragen durften, war das an diesen Schulen erlaubt, weshalb fromme Familien ihre Töchter lieber auf diese Schulen schickten. Auch Erdoğan selbst besuchte eine dieser Schulen.

In den 15 Jahren unter AKP-Regierungen wurden mehrere Bildungsreformen durchgesetzt. Eine davon war die sogenannte

»4+4+4-Reform 2012. Damit wurde die Schulpflicht auf zwölf Jahre (statt bisher acht) angehoben: vier Jahre Grundschule, vier Jahre Mittelschule, vier Jahre Oberschule. Diese Reform habe allerdings in erster Linie dazu beigetragen, die Stellung der Imam-Hatip-Schulen im Schulsystem zu stärken beziehungsweise sie den anderen Schulen gleichzustellen, kritisieren Experten. Durch die Reform dürfen Schüler eine solche Schule bereits nach der 4. Klasse – statt bisher nach der 8. Klasse – besuchen. Wurden 2003 noch 85 000 Schüler an Imam-Hatip-Schulen unterrichtet, waren es 2017 bereits 1,3 Millionen.[4] Darüber hinaus wurden zahlreiche reguläre Schulen in Imam-Hatip-Gymnasien umgewandelt.

Ein türkischer Kollege übersetzt mir den Lehrplan einer sechsten Klasse an einer staatlichen Schule: sechs Stunden Türkisch, fünf Stunden Mathematik, vier Stunden Naturwissenschaften, drei Stunden Sozialkunde, drei Stunden Fremdsprache, zwei Stunden Religionskultur und Ethik, eine Stunde Kunst, eine Stunde Musik, zwei Stunden Sport, zwei Stunden IT und Programmieren.

Die genannten Pflichtfächer an den regulären Schulen gelten weitestgehend auch für die Imam-Hatip-Schulen. Hinzu kommen sieben Stunden für zusätzliche Pflichtfächer: jeweils 2 Stunden »Der Koran«, »Das Leben des Propheten Mohammed«, Arabisch und eine Stunde »Grundkenntnisse der Religion«. Die Bücher sind teilweise die gleichen wie auf den anderen staatlichen Schulen.

Ich habe mir die Schulbücher einer sechsten Klasse besorgt. Was mir zuerst auffällt: Von den Büchern, die ich mir für meine Recherche aus verschiedenen Ländern besorgt habe, sind die türkischen die mit Abstand hochwertigsten. Sie erscheinen neu, qualitativ hochwertig gedruckt mit ansprechenden Grafiken und Abbildungen. Gemeinsam mit einer türkischstämmigen Kollegin gehe ich die Bücher durch. Ich hatte natürlich die Diskussionen um Inhalte in türkischen Schulbüchern, die es immer wieder mal gab, mitbekommen. Ich erwartete also eindeutig problematische nationalistische und religiöse Inhalte.

Das bestätigte meine Stichprobe aber nicht. Offensichtlich ausgrenzende und extreme islamische Inhalte werden vermieden. Die Bücher bleiben in der Regel sehr deskriptiv und wenig wertend.

Im Religionsbuch fiel mir zwar die Ausschließlichkeit des Islams auf. Andere Religionen kommen nicht vor. Eher geht es darum, wie sich der Muslim richtig auf das Gebet vorbereitet. In Bildern sind Kinder gezeigt, die die Gebetswaschung durchführen und dann in der korrekten Reihenfolge die einzelnen Schritte des muslimischen Gebets vollziehen. Ein sehr junges Mädchen wird verschleiert dargestellt. Das fällt mir auf, weil Mädchen nach muslimischer Lehre eigentlich erst mit dem Einsetzen der Pubertät ein Kopftuch oder einen Schleier tragen sollen. Dieses Mädchen ist dafür eigentlich viel zu jung.

Mir fällt auch hier auf, dass die Bücher, in denen es um Kultur und Geschichte geht, auf Homogenität setzen. Dabei hat kaum ein Land in seiner Geschichte eine größere Vielfalt erlebt als die Türkei. Bis zu ihrer Vertreibung waren etwa 15 Prozent der Einwohner des heute türkischen Territoriums Griechen. Noch um die Wende zum 20. Jahrhundert waren die Mehrheit der Einwohner Istanbuls Christen, dort lebten Armenier, Juden und viele mehr. Sie alle haben wesentlich zu der heutigen Kultur der Türkei beigetragen. Bis heute sitzt das Oberhaupt der griechisch-orthodoxen Kirche in Konstantinopel, wie Istanbul bis heute auf Griechisch genannt wird. All das findet in den türkischen Schulbüchern, die ich gesehen habe, keine Erwähnung. Türkische Schüler bekommen auf diese Weise eine sehr einseitige und unvollständige Darstellung der Geschichte und Tradition ihres Landes.

Ich schaue mir das Sozialkunde-Buch genauer an, zu dem ich mir auch die Übersetzung habe anfertigen lassen. Es klingt alles zunächst ganz wunderbar. Zu Beginn werden die Charakteristika der Demokratie ausgeführt, der Pluralismus etwa, der unterschiedliche Sichtweisen und Glaubensrichtungen zulässt. Das Buch beschreibt die Freiheit in einer Demokratie, denken und glauben zu können, was man möchte. Dass sich das explizit auch auf die Türkei bezieht, zeigt die Bemerkung, »die Türkei hat sich zur demokratisch-republikanischen Staatsform bekannt«. Nachdem einige grundlegende Eigenschaften der Demokratie benannt wurden, geht es um das Wesen der Republik. Auch dies klingt alles sehr richtig und gut. So wird auch explizit festgestellt, dass das Volk die Regierenden auswechseln kann, wenn es mit ihnen nicht zufrieden ist, oder dass Gewaltenteilung, Rechtsstaat, Vielfalt dazugehören.

So weit, so gut, denke ich, doch müsste nicht ein Lehrer, der das anhand dieses Materials in der Klasse behandelt, eigentlich sagen: All das ist in unserem Land gerade in Gefahr. Unser Präsident bedroht die Gewaltenteilung, bedroht die Meinungsvielfalt. Doch tun das Lehrer tatsächlich? Oder wie gehen sie mit diesen Passagen um? Was passiert, wenn Schüler kritische Nachfragen stellen? Denn im Grunde kann dieses Material nicht unwidersprochen, unhinterfragt eingesetzt werden.

Über Bekannte nehme ich Kontakt zu einer Lehrerin in der Provinz Kocaeli auf. Sie will nicht namentlich genannt werden, da sie Angst vor Repressionen hat. Ich nenne sie hier Yasemin. Sie unterrichtet in den Klassen fünf bis acht. Über den Sozialkundeunterricht denkt sie, dieser solle den Schülern ein Bewusstsein für Individualität verleihen. »Eigentlich sollten die Schüler darin lernen, welche Rechte und Freiheiten sie als Individuen haben. Anschließend könnte man ihnen die gesellschaftlichen Regeln, individuelle sowie gesellschaftliche Pflichten, ferner Werte wie Respekt, Verständnis, Toleranz vermitteln«, erklärt sie mir. In den staatlichen Schulbüchern sei das aber nicht Sinn und Zweck. »Die Inhalte in den kostenlosen Schulbüchern, die vom Nationalen Bildungsministerium verfasst werden, orientieren sich natürlich an der offiziellen Staatsideologie«, sagt Yasemin. »Selbst in den Büchern, die sich auf den ersten Blick nicht für Propagandazwecke eignen dürften, werden in den Lesetexten entsprechende Themen behandelt.« Sie könne und dürfe das nicht kritisch hinterfragen. Yasemin: »Wir müssen die Themen abhaken, und das mache ich dann kurz.«

Im Abschnitt »Unsere Führer und wir« geht es unter anderem um politische Parteien. Natürlich stößt mir der Begriff »Führer« unangenehm auf. Wir würden hier eher das Wort »Politiker« verwenden. Nicht nur weil Führer historisch für uns eine eindeutige Konnotation hat, sondern es auch eine sehr starke Wertung beinhaltet: Führung impliziert Stärke, etwas sehr Kraftvolles. Es werden unterschiedliche Staatsformen ausgeführt und erklärt, angefangen mit der Monarchie. Ich finde interessant, dass als Beispiele für Monarchien ausschließlich Saudi-Arabien, Katar, Bahrain und Oman angeführt werden. Dabei handelt es sich ausschließlich um Beispiele für absolutistische Monarchien am Persischen Golf. Viele von uns in Deutschland würden wahrscheinlich zunächst an Großbritannien denken, das überhaupt nicht erwähnt wird, aber immerhin mit dem Commonwealth bis heute eine globale Bedeutung hat. Oder Japan, die bevölkerungsreichste Monarchie der Welt. Beide Länder wären zudem wegen ihres Systems der parlamentarischen Monarchie etwas zeitgemäßere Beispiele für diese Staatsform.

Als Nächstes wird die Oligarchie aufgeführt. Als Beispiel hierfür wird Syrien genannt. Auch das verwundert mich, denn hierfür würden viele aus unserer Perspektive wohl Russland nennen. Danach folgt als Staatsmodell das der Theokratie. Das türkische Schulbuch nennt interessanterweise den Vatikan als Beispiel für einen »Gottesstaat«. Dabei ist die staatliche Natur des Vatikans sehr umstritten. Es gibt Gründe dafür, in ihm eine Theokratie zu erkennen. Immerhin regiert der Papst als »Stellvertreter Christi auf Erden«. Gleichzeitig hat der Vatikan eine Verfassung, die sich in Teilen an die italienische Gesetzgebung anlehnt und keine Festschreibung von Gottesgesetzen beinhaltet. Insofern sehen viele wegen dieser weltlichen Gesetzgebung und aufgrund der fehlenden Gewaltenteilung im Vatikan eher ein absolutistisches Staatsmodell. Außerdem ist dieser Staat winzig und nur dazu geschaffen, damit der Papst in Unabhängigkeit von anderen Regierungen eine weltumspannende Religionsgemeinschaft leiten kann. Ein wesentlich klareres Beispiel für eine Theokratie wäre der – große und bevölkerungsreiche – Iran gewesen. Denn die Mullahs regieren explizit auf Grundlage von Allahs Gesetzen.

Ganz zum Schluss wird nur kurz die Demokratie genannt – deren Bestandteile gleichwohl bereits am Anfang des Kapitels erklärt wurden. Ein Beispiel für eine Demokratie wird aber im Gegensatz zu den anderen Staatsformen gar nicht genannt. Es ergibt sich nur aus dem Kontext und dem weiteren Verlauf des Buches, dass die Autoren die Türkei als Beispiel für Demokratie sehen. Das alles hinterlässt bei mir viele Fragen. Warum wählen die Autoren des Buches bei den ersten drei Staatsformen Beispiele, die für mich nicht gerade naheliegend gewesen wären? Warum wird nicht einmal ein einziges Beispiel für eine Demokratie genannt?

Wenn zunächst Demokratie und Gewaltenteilung sachlich richtig dargestellt werden, ändert sich das in dem Abschnitt, in dem es um die Medien geht. Zu Beginn steht eine Aufgabe zur Rolle des Journalismus in der Demokratie: »Was könnten die Gründe dafür sein, dass die Medien nach der Legislative, der Exekutive und der Judikative als vierte Gewalt bezeichnet werden? Diskutiert das.« Danach folgt eine für mich etwas kryptische Passage darüber, wie »Respekt im Verkehr, Respekt im Leben mit Medien« unterstützt werden können. »Der Vizepolizeipräsident sagte: ›Manchmal stimmt das, was Sie in den Medien sehen, nicht mit der Wirklichkeit überein. Wir können das Thema Respekt im Verkehr, Respekt im Leben und Respekt gegenüber uns selbst mithilfe der Medien zu einem Teil unseres Lebens machen.‹« Die Aufgabe dazu lautet: »Warum könnte der Vizepräsident laut der vorstehenden Nachricht Unterstützung von den Medien erwartet haben? Diskutiert das!« Auch nach mehrmaligem Lesen und Nachdenken komme ich nicht darauf, was gemeint sein könnte. Dann dreht sich der Duktus aber in Richtung Misstrauen gegenüber Medien. Es klingt für mich fast nach Verschwörungstheorie: »Auch wenn ein Teil der Medien ihren Einfluss auf positive Weise nutzt, kann ihn ein anderer Teil mit bösen Absichten nutzen. Sie können beispielsweise versuchen, die Menschen mit falschen Nachrichten zu manipulieren.« Anschließend heißt es, man müsse gegenüber Nachrichten »achtsam« sein.

Mich interessiert, wie Yasemin mit problematischen Inhalten wie diesen umgeht, etwa wenn vor Medien gewarnt wird. Sie erklärt mir, dass der Lehrplan und die dafür vorgesehenen Schulbücher verbindlich sind. »Wir müssen täglich den Stoff, den wir durchgenommen haben, in ein Klassenbuch eintragen. Das heißt, selbst wenn wir auf problematische Inhalte stoßen, müssen wir sie an die Schüler vermitteln, auch wenn es uns nicht gefällt. Ich persönlich versuche dann, solche Themen in ein paar Sätzen abzuhandeln«, erklärt sie. Und was passiert, wenn Schüler kritische Nachfragen stellen? »In meinen Klassen sind die Schüler nicht unbedingt in der Altersgruppe, bei der sie sich für politische Themen interessieren«, so Yasemin. »In den wenigen Fällen, in denen ich mit solchen Fragen konfrontiert war, habe ich mich zurückgehalten und sie mit dem Hinweis, dass solche Fragen nicht in den Unterricht gehörten, nicht beantwortet.«

Am Ende driftet das Buch aus meiner Perspektive ins Absurde ab. Im Kapitel »Ruhmreicher Widerstand« nämlich, in dem es um den Putschversuch gegen die Regierung Erdoğan von 2016 geht. Ich hatte nicht erwartet, hierzu eine differenzierte Darstellung zu finden. Aber dieses Kapitel kontrastiert vor allem auch sprachlich in krasser Weise mit dem zuvor sehr nüchternen und sachlichen Duktus. So wird geschildert, wie einfache Bürger nur mit der »roten, glorreichen türkischen Flagge in der Hand« und mit »stolzgeschwellter Brust« sich den Putschisten entgegenstellten. Wie die »Finsternis durch das Rot des Blutes übermalt wurde« und der glorreiche Widerstand »mit goldenen Buchstaben in die Geschichtsbücher geschrieben wurde«. Wie die »Kampfentschlossenheit« die »Welt verblüfft« habe. Pathetischer geht es kaum.

»Der 15. Juli ist als Jahrestag des Putschversuchs inzwischen ein offizieller Feiertag«, führt Yasemin aus. »Dieser Jahrestag ist in Schulbüchern allgegenwärtig. Darüber hinaus muss in allen Schulen eine offizielle Gedenkstätte eingerichtet werden. Ich finde das Ganze nicht gut. Allerdings kommt, wie bereits erwähnt, kein Lehrer daran vorbei, ein Thema auf die Art und Weise im Unterricht zu behandeln, wie es der Lehrplan vorsieht.« Die zunehmend autokratische Regierung Erdoğan polarisiert auch die Menschen in der Türkei. Yasemin ist Lehrerin in Kocaeli. Die Provinz, die östlich der Metropole Istanbul liegt, hat das höchste Pro-Kopf-Bruttosozialprodukt der Türkei. Es gibt dort eine breite Schicht an Akademikern und Unternehmern, die in großer Zahl Erdoğan-kritisch eingestellt sind. Für Yasemin ist dies ein Grund dafür, dass es an ihrer Schule nicht zu größeren ideologischen Auseinandersetzungen kommt. An ihrer früheren Schule sei das anders gewesen. »Die befand sich in einem konservativen Umfeld, und dort kam es wiederholt zu Vorfällen wegen Meinungsverschiedenheiten, insbesondere zu Streit zwischen meinen Kollegen und den Eltern.«

Sozialkundebuch aus der Türkei, 6. Klasse

»Aktive Staatsbürgerschaft«

Was werdet ihr lernen?

- Ihr werdet lernen, aus Sicht der Grundsätze der Demokratie die unterschiedlichen Regierungsformen zu vergleichen.
- Ihr werdet in der Lage sein, das Verhältnis von Legislative, Exekutive und Judikative im Staatswesen der Türkischen Republik zu erläutern.
- Ihr werdet die Faktoren einordnen können, die sich auf den Prozess der Entscheidungsfindung auswirken.
- Ihr werdet in der Lage sein, die Bedeutung der Demokratie in eurem gesellschaftlichen Leben zu erklären.
- Als ein aktiver Staatsbürger der Türkischen Republik werdet ihr darlegen können, dass eure Rechte und Pflichten durch die Verfassung geschützt sind.
- Von der türkischen Geschichte und aktuellen Beispielen ausgehend, werdet ihr bemerken, welche Wertschätzung den Frauen im gesellschaftlichen Leben zukommt.

Was für eine Regierung?

Was fällt euch ein, wenn man von Demokratie spricht?

Ihr seid dran: Erinnert euch daran, was ihr in der Zeit der Wahlen des Klassensprechers oder des Schülerparlaments erlebt habt. Tragt diese Zeit berücksichtigend die Begriffe *»gleichberechtigt,* *frei, die Mehrheit, wählen und gewählt werden«* in die leeren Felder unten ein.

Unsere Freunde hatten mit …… Willen kandidiert. Wir haben unter …… Bedingungen unsere Stimmen abgegeben. Die Stimmzettel, die wir unter Inanspruchnahme unseres Rechts auf …. in die Wahlurne geworfen hatten, wurden auf unparteiische Art und Weise ausgezählt. Derjenige Freund, den …… bevorzugt hat, wurde gewählt.

Vergleicht die bereits erwähnten Wahlen mit den allgemeinen und kommunalen Wahlen und diskutiert die Gemeinsamkeiten.

Was ihr in diesem Wahlprozess getan und erlebt habt, ist die Praxis in den Ländern, in denen Demokratie herrscht. Gleichzeitig hängen sie mit Prinzipien der Demokratie zusammen, die die Macht des Volkes verteidigt. Einige der grundlegenden Prinzipien der Demokratie sind folgende:

- **Gleichheit** bedeutet, dass alle Bürger vor dem Gesetz dieselben Rechte besitzen.
- **Mehrheit** bedeutet, dass diejenige Person oder Partei, die bei den Wahlen die meisten Stimmen bekommen hat, das Recht besitzt, das Land im Namen des Volkes zu führen.
- **Nationale Souveränität** sagt aus, dass die Regierungsbefugnis dem Volk übergeben wird. Das Volk übt dieses Recht nicht direkt aus, sondern durch die Parlamentarier. Das nennt man repräsentative Demokratie.
- **Teilhabe** bedeutet, dass das Volk nach der Wahl seiner Führer die Möglichkeit hat, Einfluss auf Regierungsentscheidungen zu nehmen und diese im Bedarfsfalle zu ändern.
- **Pluralismus** bedeutet, dass unterschiedliche Meinungen, Sichtweisen und Glaubenslehren respektiert werden. Er be-

deutet, dass unterschiedliche Meinungen sich in der Führung widerspiegeln.

- **Freiheit** bedeutet, dass Menschen – vorausgesetzt, dass man innerhalb der Grenzen der Verfassung und Gesetze bleibt – denken und glauben können, was sie möchten, wenn sie dabei die Freiheit der anderen nicht einschränken.

Republik (Cumhuriyet): Der Begriff Cumhur bedeutet Bevölkerung oder große Ansammlung. Und Republik bezeichnet eine Regierungsform, bei der das Volk bei der Staatslenkung mitreden kann. Bei dieser Regierungsform ist das Prinzip der nationalen Souveränität, die zu den Grundsätzen der Demokratie zählt, wichtig. Die Regierungsgewalt ist also in der Hand des Volkes. Mithilfe von Parlamentariern, die das Volk selbst gewählt hat, übt es diese Gewalt aus und nimmt an der Führung des Staates teil.

Das Staatsoberhaupt und die Parlamentarier kommen durch Wahlen, die in bestimmten, gesetzlich festgelegten Abständen abgehalten werden, für eine bestimmte Zeit ins Amt. Die Führer können ausnahmslos nicht auf Lebenszeit im Amt bleiben. Wenn das Volk nicht zufrieden mit seinen Regierenden ist, kann es sie durch Wahlen auswechseln. In der Regierungsform der Republik sind nicht die Interessen eines Einzelnen oder einer Gruppe wichtig, sondern die des ganzen Volkes. In dieser Hinsicht ist der Grundsatz der Gleichheit wichtig. Jeder ist verpflichtet, sich an die Verfassung und an die Gesetze zu halten.

Atatürk sagte zu diesem Thema: »***Das Regime der Republik ist die Summe aus dem System der Demokratie und der Staatsform.***« Eine Republik, die demokratische Grundsätze anwendet, wird als *demokratische Republik* bezeichnet. Die Türkei hat sich zu der demokratisch-republikanischen Regierungsform bekannt.

Wie aus der Bezeichnung der Regierungsform des Staates, die Türkische Republik, hervorgeht, wurde sie als Republik konstatiert. Dieser Umstand wurde im Artikel 1 der Verfassung folgendermaßen hervorgehoben:

I. Die Form des Staates
ARTIKEL 1 – Der türkische Staat ist eine Republik.

Ihr seid dran: Welche Grundsätze der Demokratie könnt ihr als Schüler der 6. Klasse nutzen? Schreibt es auf!

Monarchie: In Staaten mit dieser Regierungsform liegt die Regierungsgewalt nicht in den Händen des Volkes, sondern in der eines Einzelnen. Dieser Regierende kann den Staat auf Lebenszeit führen. Hier wird das Volk nicht nur von der Mitwirkung bei der Regierung ausgeschlossen, sondern hat auch kein Mitspracherecht bei Gesetzesentwürfen. Die Beamten und Führer des Staates verrichten ihre Arbeit im Namen des Alleinherrschers. Staaten wie Saudi-Arabien, Katar, Bahrain oder der Oman werden mittels der Monarchie geführt.

Wenn in irgendeinem Land der Herrscher ein Parlament akzeptiert hat, das die Gesetze ausarbeitet und aus Volksvertretern besteht, wird diese Regierungsform als Konstitutionelle Monarchie bezeichnet.

Ihr seid dran: Welche elementaren Grundsätze der Demokratie sind in der Monarchie nicht gegeben? Schreibt es in die frei gelassenen, gepunkteten Felder.

Das Recht zu wählen und gewählt zu werden

....

....

Oligarchie: Bei dieser Regierungsform liegt die Souveränität, also die Regierungsgewalt, in den Händen einer Gruppe oder einer kleinen Minderheit. Diese Personen gehören in politischer, militärischer und ökonomischer Hinsicht zu den führenden Eliten. Sie erkennen die Freiheiten des Volkes nicht in genügendem Maße an. Andere an der Staatsführung Beteiligte werden von diesen Eliten ernannt. Die heutige Führung in Syrien legt ein solches Regierungsverständnis an den Tag. Oligarchien und Monarchien waren in der Vergangenheit öfter anzutreffen.

Ihr seid dran: Tragt die Besonderheiten, die die Regierungsform der Oligarchie ausmachen, in die gepunkteten Felder ein.

Das Volk besitzt nicht die gleichen Rechte

....

....

Theokratie: Eine Regierungsform, bei der religiöse Vorschriften Einfluss auf die Staatsführung haben. Das heißt, der Staat wird nach religiösen Regeln geführt. Die gesetzgebende, ausführende und rechtsprechende Gewalt müssen an die religiösen Grundsätze gebunden sein. Diejenigen, die in der Lenkung des Staates Ämter übernehmen, müssen ihren Auftrag im Namen Gottes erfüllen. Aus diesem Grund sind hier die Sichtweisen von Geistlichen bestimmend.

Ihr seid dran: Der Vatikan ist ein Staat, der theokratisch geführt wird. Schreibt unter Berücksichtigung der Grundsätze der Demokratie stichwortartig die Merkmale der Regierung in diesem Staat auf.

1) Die Sichtweise von Mehrheiten existiert hier nicht.

2) ....

3) ....

4) ....

Ihr seid dran: Kreuzt die Regierungsform an, die zu den unten angegebenen allgemeinen Merkmalen passt.

ALLGEMEINE MERKMALE	REPUBLIK	THEO-KRATIE	MONAR-CHIE	OLIGAR-CHIE
Das Volk besitzt vor dem Gesetz die gleichen Rechte	X			
Bei der Regierung sind religiöse Vorschriften wirksam				
Das Volk wählt seine Regierung auf bestimmte Zeit				

ALLGEMEINE MERKMALE	**REPUBLIK**	**THEO-KRATIE**	**MONAR-CHIE**	**OLIGAR-CHIE**
Es ist eine Regierungsform, die mit Demokratie verknüpft werden kann				
Eine einzige Person mit grenzenlosen Befugnissen ist an der Macht				
Diejenigen mit dem Regierungsauftrag werden von einer auserwählten Klasse ernannt				
Bei der Führung des Staates kann das Volk mitreden				
Der Einfluss der Geistlichen ist noch größer				
Eine Gruppe oder eine Minderheit hat Einfluss auf die Regierung				
Die Regierungsform, bei der der Staat im Namen Gottes geführt wird				

ALLGEMEINE MERKMALE	REPUBLIK	THEO-KRATIE	MONAR-CHIE	OLIGAR-CHIE
Der Führer lenkt den Staat ein Leben lang				
Die politische Autorität hat sich im Zuge der Erbfolge auf eine einzige Person konzentriert				

Die drei Gewalten

Wozu könnte es kommen, wenn der Klassensprecher, seine Stellvertreter oder die Schüler mit Klassendienst ihren Pflichten nicht nachkommen oder sich jeweils in die Aufgabenbereiche der anderen einmischen?

Damit die Regierenden in einem demokratischen Staat ihre Pflichten auf eine geordnete Art und Weise durchführen können, werden ihre verschiedenen Aufgaben und Verantwortlichkeiten auf drei Hauptkräfte verteilt. Diese sind die Legislative, die Exekutive sowie die Judikative. Lasst uns diese drei Hauptkräfte nun der Reihe nach kennenlernen.

Die Legislative entwirft die (Verfassungs-)Gesetze des Staates; sie ändert sie und setzt sie außer Kraft. Die Aufgaben der Gesetzgebung haben im Laufe der Geschichte verschiedene Kräfte übernommen. Von den Epochen, als ein König oder ein Regierender allein die Gesetzgebung bestimmte, ist man in einer

Ära angekommen, in der nun Parlamente die Gesetze im Namen des Volkes verabschieden.

Das Gesetz über die Melde-Dienstleistungen

Das Gesetz über die Melde-Dienstleistungen sowie der Gesetzesentwurf, mit dem der Istanbuler Bezirk Eyüp in Eyüpsultan umbenannt wird, wurden von der Großen Türkischen Nationalversammlung abgesegnet. Mit der Veröffentlichung des Gesetzes im Amtsblatt wurde der Name des Bezirkes Eyüp in Eyüpsultan umgeändert. *(Aus Tickermeldungen zusammengestellt.)*

Wie der vorstehende Bericht zeigt, liegt in unserem Land die Befugnis, Gesetze zu erlassen, bei der Großen Türkischen Nationalversammlung. Diese Zuständigkeit wurde im Grundgesetz folgendermaßen formuliert:

VII. Gesetzgebungskompetenz

ARTIKEL 7 – Die Gesetzgebungskompetenz liegt im Namen der Türkischen Nation bei der Großen Türkischen Nationalversammlung. Diese Zuständigkeit kann nicht übertragen werden.

Gemäß dem Grundgesetz setzen sich die Mitglieder der Großen Türkischen Nationalversammlung aus Abgeordneten zusammen, die in allgemeinen Wahlen gewählt wurden. Diese Repräsentanten vertreten nicht nur ihren Wahlkreis oder die Wähler in ihrem Wahlkreis, sondern das ganze Volk.

Warum ist es wichtig, dass die verfassungsgemäß gewählten Abgeordneten das ganze Volk vertreten sollen? Diskutiert das.

Mein Tipp
https://cocuk.tbmm.gov.tr/

[Link auf der Website des Türkischen Parlaments für Kinder]

Zu den Aufgaben und Befugnissen der Großen Türkischen Nationalversammlung, die sich als Legislative auf charakteristische Befugnisse und Verantwortlichkeiten beruft, gehören unter anderem:

Gesetze erlassen, sie ändern und aufheben	Allgemeine und persönliche Amnestie beschließen
Das Drucken von Geld beschließen	Kriegserklärungen beschließen

Die *Exekutive* setzt die Gesetze um, die vom Parlament beschlossen wurden. Das heißt, der Staat wird im Rahmen der Gesetze geführt. Dank ihr dient der Staat dem Land und der Gesellschaft. Die ausübende Gewalt wird im Grundgesetz folgendermaßen formuliert:

VIII. Die Befugnisse und Aufgaben der Exekutive

ARTIKEL 8 – Die Befugnisse und Aufgaben der Exekutive werden durch den Präsidenten und die Minister gemäß der Verfassung und den Gesetzen erfüllt.

Aufgrund der Änderungen im Grundgesetz durch die Volksabstimmung wurde die Exekutive wie folgt neu gefasst:

VIII. Die Befugnisse und Aufgaben der Exekutive

ARTIKEL 8 – Die Befugnisse und Aufgaben der Exekutive werden durch den Präsidenten gemäß der Verfassung und den Gesetzen erfüllt.

Nach den Wahlen vom 24. Juni 2018 wurde in unserem Land zu einem Präsidialen Regierungssystem übergegangen.

Der Präsident, der an der Spitze der Exekutive steht, nimmt gemäß der Verfassung unter anderem folgende Aufgaben wahr:

Der Präsident ist der Führer des Landes	Er ratifiziert zwischenstaatliche Verträge und veröffentlicht sie
Im Namen der Großen Türkischen Nationalversammlung ist er der Oberbefehlshaber der Streitkräfte	Zusammen mit seinen Stellvertretern ernennt der Präsident die Minister und entlässt sie

Die Aufgabe der Rechtsprechung ist es, Rechtswidrigkeiten zu bestimmen, die im gesellschaftlichen Leben auftreten, Rechtsstreitigkeiten beizulegen und Gesetzesverstöße zu ahnden. Die Gerichtsbarkeit stellt für den Rechtsstaat die wichtigste Sicherung dar. Das Ziel der Rechtsprechung ist es, die Rechtsordnung umzusetzen und zu schützen. Gemäß dem Grundgesetz ist die Republik Türkei ein Rechtsstaat. Die Gerichtsbarkeit wird durch unabhängige und unparteiische Gerichte vollzogen. Dieser Umstand wird im Grundgesetz folgendermaßen formuliert:

> IX. Die Gerichtsbarkeit
>
> Artikel 9 – Die Gerichtsbarkeit wird im Namen der türkischen Nation durch unabhängige und unparteiische Gerichte vollzogen.

Warum ist es wichtig, dass die Gerichtsbarkeit durch unabhängige und unparteiische Gerichte vollzogen wird? Diskutiert das.

Die Gerichtsbarkeit wird in unserem Land durch verschiedene Gerichte vollzogen, wie etwa durch das Verfassungsgericht, den Kassationsgerichtshof, den Verwaltungsgerichtshof, die Verwaltungsgerichte und so weiter.

Die Große Türkische Nationalversammlung nutzt ihre gesetzgebende Gewalt im verfassungsmäßigen Rahmen. Um den elementaren Grundsätzen und Regeln des Staates Kontinuität zu verleihen, wurde das Verfassungsgericht gegründet und den Gerichten die Möglichkeit eingeräumt, zu überprüfen, ob Gesetze verfassungskonform sind. Das Verfassungsgericht prüft, ob die

Gesetze, die Notverordnungen und die Geschäftsordnung der Großen Türkischen Nationalversammlung formal und inhaltlich verfassungskonform sind.

Auch die ausübende Gewalt ist verpflichtet, sich bei der Ausführung ihres Auftrags an die Verfassung und die Gesetze zu halten. Auch die Taten der Regierenden sind der Aufsicht der Rechtsprechung unterstellt. Die Rechtmäßigkeit der Praxis prüfen hohe Gerichte wie das Oberverwaltungsgericht oder die Verwaltungsgerichte.

Wenn die Legislative, die Exekutive und die Judikative nicht mehr in der Lage sind, ihre Pflichten zu erfüllen, bricht die staatliche Ordnung zusammen. Und das bringt das Land in Bedrängnis.

Dass die Staatsmacht und ihre Bediensteten in gesetzgebende, ausführende und rechtsprechende Organe aufgeteilt werden, wird als *Gewaltenteilung* bezeichnet. Mit anderen Worten müssen die Legislative, die Exekutive und die Judikative getrennt voneinander arbeiten, ohne sich jeweils in den Aufgabenbereich der anderen einzumischen. Dies zählt zu den Hauptmerkmalen der Demokratie. In diesem Sinne tritt die Demokratie auch als ein Gleichgewicht der Gewalten auf.

In Demokratien ist die Gewaltenteilung zudem auch im Hinblick auf das richtige Funktionieren der staatlichen Ordnung wichtig. Heute hat sich der Staat der Republik Türkei zu dem Grundsatz der Gewaltenteilung bekannt.

Schreibt die betreffenden Wörter zur Legislative, Exekutive und Judikative wie in dem aufgeführten Beispiel unten auf.

(Richter, Parlamentspräsident, Große Türkische Nationalversammlung, Gesetzgebung, unabhängige und unparteiische Gerichte, Justiz, Minister, Regierung, Gerichtsverhandlung, Abgeordneter, Regierung)

LEGISLATIVE	EXEKUTIVE	JUDIKATIVE
Parlaments-präsident	Minister	Gerichts-verhandlung

Ihr seid dran: Betrachtet die unten gezeigten Abbildungen und beantwortet die Fragen.

1) Was versteht ihr unter dem Ausspruch »Das Gesetz ist das Fundament des Eigentums«, das auf der ersten Abbildung zu sehen ist? Schreibt eure Gedanken dazu auf.

2) Was sind die Unterschiede zwischen den Institutionen, die auf der zweiten und der dritten Abbildung zu sehen sind? Schreibt eure Gedanken dazu auf, indem ihr ihre Aufgaben miteinander vergleicht.

Unsere Regierenden und wir

Würdet ihr es wollen, dass die Schulleitung nach eurer Meinung fragt, wenn sie Entscheidungen bezüglich eurer Klasse oder eurer Schule trifft? Warum?

Organisationen, die versuchen an die Führung des Staates zu gelangen, um dort ihre politischen Ansichten und Programme umzusetzen, werden *Politische Parteien* genannt. Politische Parteien gehören zu den wichtigen Faktoren, die den Prozess der Entscheidungsfindung der Regierung beeinflussen.

Die Vielfalt an Kandidaten verschiedener Parteien, die sich um die Macht bewerben, vergrößert die Wahlalternativen der Wähler. Dies gleicht einer Klassensprecherwahl, bei der es verschiedene Kandidaten gibt. Es ist leichter, einen unter den verschiedenen Kandidaten zu wählen, von dem ihr glaubt, dass er seinen Auftrag am besten erfüllt.

Politische Parteien befinden sich miteinander im Wettbewerb um die Macht im Staat, das heißt um die Regierung. Aus diesem Grund versuchen sie ihre Führer, ihre Gedanken und ihre Vorhaben der Wählerschaft vorzustellen. Diese Bemühungen werden kurz als *Propaganda* bezeichnet. Bei den Wahlen, die nach diesen Bemühungen stattfinden, tun die Bürger kund, welche politische Partei sie bevorzugen, indem sie sie für eine festgelegte Zeitspanne durch ihre Stimmabgabe wählen.

Welche Arbeiten, die die Kandidaten vor der Wahl zum Klassensprecher oder in das Schülerparlament machen, kann man mit den Propaganda-Bemühungen der politischen Parteien vergleichen? Diskutiert das.

Für das Wohlergehen in der Gesellschaft unterbreiten politische Parteien Lösungsvorschläge. An die Regierung gelangt, bemühen sie sich darum, die höchste Stufe des Wohlstandes für ihre Bürger zu erreichen. Sie tragen dazu bei, eine Verbindung zwischen den Regierenden und dem Volk aufzubauen. Sie helfen dabei, die Bürger über die Entwicklungen zu informieren. Weil sie die Meinung, Wünsche und Beschwerden des Volkes direkt an das Parlament zu vermitteln vermögen, können sie die Zeit für die Entscheidungsprozesse verkürzen und damit vereinfachen.

Welche Rolle können politische Parteien an eurem Aufenthaltsort bei der Lösung irgendeiner Angelegenheit spielen? Diskutiert das.

Ein weiterer Faktor, der Einfluss auf die Entscheidungsprozesse nimmt, sind die *Organisationen der Zivilgesellschaft.* Neben den staatlichen gibt es eine Reihe von politischen, kulturellen, wirtschaftlichen und sozialen Organisationen, die ehrenamtliche Arbeit leisten; sie werden als Organisationen der Zivilgesellschaft bezeichnet, kurz »NGOs«. »NGOs« führen ihre Aktivitäten als Vereine, Stiftungen, Gewerkschaften und so weiter durch. Diese Organisationen entwickeln sich in demokratischen Ländern, in denen die Menschenrechte und Freiheiten geschützt werden.

Organisationen der Zivilgesellschaft sind Organisationen, die die rechtsstaatlichen Praktiken unterstützen und zur Weiterentwicklung demokratischer Rechte beitragen.

Welche Merkmale von Organisationen der Zivilgesellschaft lassen sich aus der unten stehenden Abbildung[5] zum »Grünen Halbmond« feststellen? Diskutiert das.

Die Einnahmen von Organisationen der Zivilgesellschaft, die ihre Arbeit unabhängig von staatlichen Institutionen verrichten, werden durch Spenden oder Mitgliedsbeiträge generiert. Die Mitglieder verfolgen nicht das Ziel, Profit zu machen. Die Mitglieder orientieren sich am Grundsatz der Freiwilligkeit beziehungsweise des Ehrenamts. Diesen Organisationen liegen Faktoren wie Kameradschaft, Freundschaft und das Gefühl gemeinsamen Erfolgs zugrunde.

Heutzutage sind die NGOs von Wirtschaft über Kultur, von Bildung bis Gesundheit in allen Bereichen aktiv. Bei der Entwicklung, der Aufklärung und dem Schutz der Gesellschaft sowie bei der Lösung bestimmter Schwierigkeiten übernehmen die NGOs eine wichtige Rolle. Sie unterstützen die Entwicklung des Bürgerbewusstseins durch Schaffung von Öffentlichkeit zu individuellen Forderungen. Aus diesen Gründen sind Organisationen der Zivilgesellschaft besonders in demokratischen Staaten ein wichtiger Faktor, den die Regierungen beim Prozess der Entscheidungsfindung berücksichtigen müssen.

Erläutert, welche Rolle eine euch bekannte Organisation der Zivilen Gesellschaft beim Entscheidungsfindungsprozess der Regierung spielen könnte.

Die Massenkommunikationsmittel wie Zeitungen, Zeitschriften, das Radio, das Fernsehen und das Internet sind die wichtigsten Organisationen des Kommunikationsprozesses und werden als Medien bezeichnet. Heutzutage nehmen die Massenmedien im Zuge der technologischen Entwicklungen immer mehr Platz in unserem Leben ein. Somit wurde einerseits der wirtschaftliche, gesellschaftliche und politische Einfluss von Medien auf die Gesellschaft immer stärker. Andererseits stieg auch ihre Bedeutung für den Entscheidungsfindungsprozess der Regierung.

Was könnten die Gründe dafür sein, dass die Medien nach der Legislative, der Exekutive und der Judikative als vierte Gewalt bezeichnet werden? Diskutiert das.

NACHRICHTEN

Wir können das Thema Respekt im Verkehr, Respekt im Leben mit Medien unterstützen.

Der Vizepolizeipräsident sagte: »Manchmal stimmt das, was Sie in den Medien sehen, nicht mit der Wirklichkeit überein. Wir können das Thema Respekt im Verkehr, Respekt im Leben und Respekt gegenüber uns selbst mithilfe der Medien zu einem Teil unseres Lebens machen.«
Der Vizepolizeipräsident sagte, es sei nötig, dass die Fahrer im Verkehr gegenseitigen Respekt zeigten. Ferner betonte er, die Medien hätten einen großen Einfluss auf das menschliche Verhalten.

(Aus Internetmeldungen zusammengestellt.)

Warum könnte der Vizepolizeipräsident laut der voranstehenden Nachricht Unterstützung von den Medien erwartet haben? Diskutiert das.

Heutzutage können die Medien die Menschen auf verschiedene Art und Weise beeinflussen und lenken. Auch wenn ein Teil der Medien ihren Einfluss auf positive Weise nutzt, kann ihn ein anderer Teil mit bösen Absichten nutzen. Sie können etwa versuchen, Menschen mit falschen Nachrichten zu manipulieren. Deshalb müssen wir gegenüber Nachrichten, die über verschiedene Wege in den Medien verbreitet werden und uns in eine falsche Richtung lenken sollen, achtsam sein. Als Nutzer von Medien sollte man in der Lage sein, ihre Botschaften zu bewerten und zu analysieren, sie also kritisch hinterfragen.

Im Hinblick auf die Gesellschaft kommen den Medien unter anderem folgende Aufgaben zu:

- Dazu beizutragen, dass die Wertvorstellungen und die Ziele der Gesellschaft deutlich werden.
- Dabei zu helfen, dass der Wissensstand und das Bildungsniveau ansteigen.
- An der Entwicklung der Gesellschaft mitzuwirken.
- Einen Beitrag dazu zu leisten, dass der Einzelne unterhalten wird.
- Während die Medien die Bevölkerung über die Arbeit der Regierung informieren, tragen sie auch dazu bei, dass die Wünsche und Beschwerden des Volkes an die Regierenden übermittelt werden. Auf diese Weise nehmen sie in demokratischen Staaten Einfluss auf den Entscheidungsprozess der Regierung.

Wie wird der Entscheidungsprozess beeinflusst, wenn die Medien ihre Aufgaben nicht richtig erfüllen? Diskutiert das.

Ein weiterer Faktor, der den Entscheidungsprozess der Regierung beeinflusst, ist die Öffentlichkeit. Die Vorstellungen oder Meinungen der Gesellschaft oder eines Teils von ihr zu irgendeinem Thema bezeichnet man als *Öffentliche Meinung*.

Der Einfluss der Massenkommunikationsmittel und somit auch der Medien auf sie ist sehr groß.

Welche Faktoren außer den Medien können die Entstehung der öffentlichen Meinung beeinflussen? Diskutiert das.

In demokratischen Gesellschaften bildet die Öffentlichkeit ein kollektives Bewusstsein und trägt so dazu bei, den Anliegen der Gesellschaft Gehör zu verschaffen und sie zu lösen. In Demokratien bildet sich die öffentliche Meinung frei. Denn Nachrichten und Meinungen können unter diesen Umständen frei diskutiert und verbreitet werden. Es ist wichtig, dass die Informationen und Nachrichten, die die Bevölkerung erreichen, richtig und vielfältig sind. Wenn die öffentliche Meinung auf Grundlage einseitiger Einflüsse gebildet wird, können auch die anstehenden politischen Entscheidungen einseitig sein. Ein solcher Umstand verhindert die Meinungsvielfalt, die für eine Demokratie nötig ist.

In einer Demokratie werden die Abgeordneten für einen bestimmten Zeitraum gewählt. Indem sie die Gesamtheit der Bevölkerung vertreten, treffen sie in ihrem Namen Entscheidungen. Aus diesem Grund sind sie angehalten, die öffentliche Meinung zu berücksichtigen. Politische Entscheidungen, die ohne die Berücksichtigung der Wünsche und Bedürfnisse der Öffentlichkeit getroffen werden, bleiben nicht von langer Dauer oder ihre Wirkung ist schwach. Die Öffentlichkeit trägt also in gewissem Sinne dazu bei, dass die Regierenden von den Zu-Regierenden kontrolliert werden.

Lest den Text unten. Schreibt entsprechend auf, welche Faktoren den Entscheidungsprozess der Regierung beeinflussen.

Herr Hasan war an diesem Tag sehr glücklich. Als er am von Wellen überspülten Strand lief, schaute er nach rechts und lächelte leicht. Er schaute auf den Strand, der sich in die Länge erstreckte und von dem leuchtend grünen Waldgebiet umarmt wurde. Wie sehr wurde er dabei noch vor einigen Monaten so traurig darüber, als er hörte, dass die Bäume gefällt werden sollten, damit dort ein Hotel gebaut werden konnte. Wenn dieser Fall nicht mithilfe der Medien bei der

Bevölkerung und den Abgeordneten Gehör gefunden hätte, hätte sich kein Widerstand in der Öffentlichkeit gebildet; vielleicht würden dort jetzt anstelle des Grüns betongraue Gebäude emporragen. Zum Glück haben Medien wie Zeitungen, Zeitschriften oder das Internet die Bevölkerung darüber informiert, wodurch die Klagen der Bevölkerung berücksichtigt wurden und die Stadtverwalter von dem Plan abgelassen haben, die Bäume zu fällen und Hotels zu bauen.

(Der Text wurde von den Autoren erstellt.)

Ihr seid dran: Schreibt in die gepunkteten Felder die zu diesem Beispiel passenden Faktoren, die den Entscheidungsprozess der Verwaltung beeinflussen, sowie damit verbundene Begriffe auf.

Politische Parteien

Damit verbundene Begriffe	**Damit verbundene Begriffe**
Wähler	....
Stimme	....
Verwaltung	....

Faktoren, die den Entscheidungsfindungsprozess beeinflussen

Stellt euch vor, dass ihr Bürgermeister irgendeines Bezirks seid. Welcher der Faktoren, die sich auf den Entscheidungsprozess auswirken, würde euch am stärksten beeinflussen? Vergleicht die Faktoren und diskutiert mit den Mitschülern über ihre Begründungen.

Die Demokratie im Leben

Was können Faktoren sein, die das Zusammenleben von Menschen erleichtern?

Mustafa Kemal Atatürk, der Gründer unserer Republik, hatte im Interview mit einem Zeitungsjournalisten eine Kindheitserinnerung folgendermaßen geschildert:

»… das Erste, woran ich mich erinnere, hängt mit dem Schulbesuch zusammen. Meine Mutter und mein Vater hatten deshalb einen großen Streit. Meine Mutter wollte, dass ich den Schulunterricht mit religiösen Liedern beginne und in eine Gemeindeschule gehe. Mein Vater, der Beamter in einem Zollamt war, war hingegen dafür, dass ich weiter auf die Semsi-Efendi-Schule gehe und nach dem neuen Bildungssystem unterrichtet werde.«

(www.atam.gov.tr)

Wie in diesem Beispiel aus Atatürks Leben zu sehen ist, sind Menschen nicht immer derselben Meinung oder teilen nicht die gleichen Ansichten.

Kommen manchmal Themen vor, bei denen ihr mit euren Familienmitgliedern oder Freunden verschiedener Meinung seid? Was macht ihr in einer solchen Situation? Diskutiert das.

Dass Menschen verschiedene Ansichten haben, steht ihrer Zusammenarbeit nicht im Wege.

Wenn wir einen Blick auf unsere Geschichte werfen, sehen wir, dass unsere Vorfahren große Erfolge erzielten, wenn sie Differenzen beiseitelegten und sich um gemeinsame Werte wie Vaterland, Flagge und Nation scharten. Dass die Abgeordneten der Großen Türkischen Nationalversammlung sich in den Jahren des Nationalen Befreiungskriegs[6] trotz unterschiedlicher Meinungen zusammengetan haben, um das Vaterland von den Feinden zu befreien, ist ein schönes Beispiel hierfür.

In der Nacht des 15. Juli 2016 haben sich die Abgeordneten der Großen Türkischen Nationalversammlung gemeinsam dem Putschversuch entgegengestellt. Auch das zeigt, dass Menschen mit verschiedenen Überzeugungen zusammenarbeiten und erfolgreich sein können.

1) Wie sollten sich Menschen mit unterschiedlichen Ansichten und Vorstellungen in einer demokratischen Gesellschaft einander nähern? Diskutiert das.

2) Welchen Reichtum verleiht es einer Gesellschaft, wenn die Menschen in ihr unterschiedliche Meinungen haben? Diskutiert das.

Wenn zu Hause oder in Freundeskreisen zu irgendwelchen Themen Entscheidungen getroffen werden und dabei jeder nach seiner Meinung gefragt wird, ist das ein Anzeichen dafür, dass die Meinung jedes Einzelnen wertgeschätzt wird. Dass eine auf diese Weise getroffene Entscheidung auch umgesetzt wird, ist wahrscheinlicher. Gesellschaften, in denen individuelle, kollektive und humanistische Werte geachtet werden, werden noch glücklicher. Wahlen sind wichtig, weil sie in Demokratien die Meinung der Individuen widerspiegeln.

Das gesellschaftliche demokratische Leben ist auf Gleichheit, dem Recht und Gerechtigkeit aufgebaut. Um die gesellschaftliche Ordnung zu schützen, müssen Menschen gegenseitig ihre Rechte und Freiheiten respektieren, sich an die Gesetze halten und gerecht sein. Wenn man mit irgendeiner Ungerechtigkeit konfrontiert wird, darf man nicht still bleiben; man muss die entsprechenden Anträge stellen oder verwarnen. Vergessen wir nicht, dass in einer Gesellschaft nur dann von Demokratie die Rede sein kann, wenn jedes Individuum sein Recht einfordern kann, ohne Angst haben zu müssen.

Ihr seid dran: Welche der unten abgebildeten Verhaltensweisen sind angemessen?

Wie kann man sie mit einem demokratischen Gesellschaftsverständnis in Zusammenhang bringen? Schreibt es auf.

Damit die Menschen, die das gesellschaftliche Leben teilen, zusammen in Frieden leben können, bedarf es einer bestimmten Ordnung. Einige dieser Regeln, die diese Ordnung gewährleisten, sind schriftlich festgehalten, andere nicht. Während zum Beispiel die Manieren nicht schriftlich festgehalten sind, sind Gesetze schriftlich festgehalten. An die gesetzlichen Vorschriften, die das gesellschaftliche Leben regeln, muss sich jeder halten. Wenn es um das Leben innerhalb eines Rechtssystems geht, treten die Begriffe Recht, Freiheit, Gleichheit und Gerechtigkeit in den Vordergrund.

Die Demokratie tritt für eine Regierungsform ein, die den Menschen die Möglichkeit bietet, die Menschenrechte und -freiheiten wahrzunehmen. Die Demokratie zielt auf eine Gesellschaft ab, in der die Individuen sich gegenseitig respektieren, ihre Meinung frei äußern und sich an der Regierung beteiligen können. Sie strebt eine aus Individuen bestehende Gesellschaft an, die sich die demokratischen Werte zu eigen gemacht haben, die freiheitlich und kritisch denken und gebildet sind. All das zeigt, wie wichtig die Demokratie in unserem Leben ist.

Ihr seid dran: Schreibt in die frei gehaltenen Felder unten Worte oder Sätze, die die Bedeutung der Demokratie in unserem Leben zum Inhalt haben.

Gleichheit	**Die Menschen müssen sich an Regeln halten**	....
....	....	....

Diejenige Person oder Partei, die bei der Wahl die meisten Stimmen erhalten hat, kommt an die Regierung. Dadurch werden Grundsätze der Demokratie wie Partizipation, aktives und passives Wahlrecht, Mehrheiten oder Pluralismus umgesetzt. Auf diesem Weg beteiligt sich das Volk an der Regierung. Die Regierenden übernehmen ihre Pflichten für den in der Verfassung vorgesehenen Zeitraum. Falls die Bürger diese gewählte Person nicht wollen, können sie das ändern, indem sie bei der nächsten Wahl ihre Stimme für einen anderen Kandidaten abgeben. Die Voraussetzung dafür, die gewählten Regierenden zu ersetzen, ist wiederum eine Wahl, also der Volkswille.

Ruhmreicher Widerstand

Der Staat der Türkischen Republik hat sich zur demokratischen Republik bekannt. Demzufolge ist es einzig und allein von Wahlen abhängig, ob diejenigen, die in der Regierung des Landes Ämter übernehmen, ausgewechselt werden. Allerdings war dies in der Praxis nicht immer so. In manchen Epochen griffen Putschisten in die Demokratie ein und übernahmen gewaltsam die Regierung. Einen ähnlichen Eingriffsversuch erlebten wir am 15. Juli 2016.

Angehörige von Terrororganisationen, die die türkische Armee unterwandert und die Demokratie nicht verinnerlicht hatten, missachteten alle demokratischen Gesetze. Sie wollten die verfassungsmäßige Ordnung stürzen und eine andere Regierung einsetzen. Unter Missachtung des Volkswillens versuchten sie die Macht mit Gewalt an sich zu reißen.

In der Nacht des 15. Juli sperrten einige Angehörige der Terrororganisation die Bosporus-Brücke sowie wichtige Straßen mit Panzern. Sie besetzten das Gebäude des Staatsfernsehens TRT und begannen mit der Ausstrahlung von Sendungen, in denen der Putsch als gerechtfertigt dargestellt wurde. Sie wollten einen Anschlag auf den Staatspräsidenten Recep Tayyip Erdoğan verüben.

Mit Überschalljets versuchten sie das Volk einzuschüchtern und ihm Angst zu machen. Aus Flugzeugen und Hubschraubern, die mit den Steuergeldern der Nation gekauft worden waren, schossen und warfen sie Bomben auf das Volk. Sie bombardierten die Große Türkische Nationalversammlung, die die nationale Souveränität repräsentiert, den Präsidentenpalast, Polizeiquartiere und die Gebäude des Nationalen Nachrichtendiensts. Allerdings folgte das Volk dem Aufruf des Präsidenten, der laut Verfassung der Oberbefehlshaber ist. Es trat für die Souveränität, die Unabhängigkeit, das Vaterland und die Flagge ein und strömte auf die Straßen.

Sie nahmen nur die rote, glorreiche türkische Flagge in die Hand und leisteten gegen die Kanonen, die Gewehre, die Panzer und die Flugzeuge der Putschisten Widerstand. Mit stolzgeschwellter Brust kämpften sie gegen die Bomben und Kugeln. Denjenigen, die das Verlangen des türkischen Volkes nach einem Leben in Unabhängigkeit ignorierten, erteilten sie eine Lektion und stellten erneut unter Beweis, dass der Geist des Befreiungskriegs nicht verloren gegangen ist.

Jener Tag wurde zu einem Tag, an dem die Kräfte, die nach der Zukunft des türkischen Volkes greifen wollten, eine schwere Niederlage erlitten. Am Morgen dieser Nacht, in der die Finsternis durch das Rot des Bluts übermalt wurde, vollendete die Nation in der Dämmerung ihren glorreichen Widerstand erfolgreich, der mit goldenen Buchstaben in die Geschichtsbücher geschrieben wurde. Mit seinen Frauen, Männern, Jugendlichen und Alten hat unser Land, das dem Ideal des einen Vaterlandes, der einen Nation, der einen Flagge und des einen Staates verbunden ist, mit seiner Kampfesentschlossenheit, die es in den schwierigsten Zeiten seiner Geschichte immer wieder an den Tag gelegt hat, die Welt aufs Neue verblüfft.

Um diesen Tag nicht zu vergessen, um den glorreichen Widerstand und den Geist dieses Tages an die kommenden Generationen zu übermitteln, wurde der 15. Juli als »Tag der Demokratie und nationalen Einheit« ausgerufen.

Übersetzung zur Abbildung:

15. JULI
TAG DER DEMOKRATIE UND DER NATIONALEN EINHEIT
WIR GEDENKEN UNSERER MÄRTYRER MIT HOCHACHTUNG

Ihr seid dran: Schreibt die Folgen des Putschversuchs vom 15. Juli in die freien Felder.

Ihr seid dran: In der unteren Tabelle sind Meinungen über die Demokratie vorgegeben.

Tragt in die Tabelle ein, ob und warum ihr die Auffassungen teilt oder nicht.

Auffassungen	**Ich teile sie, weil …**	**Ich teile sie nicht, weil …**
Um in unserem gesellschaftlichen Leben frei für unsere Meinung eintreten zu können, ist eine demokratische Regierung nicht notwendig		
Damit die Menschen ihre Rechte verteidigen können, muss auch das Gerechtigkeitsverständnis entwickelt sein		
Um unsere Rechte in unserem gesellschaftlichen Leben verteidigen zu können, ist Demokratie wichtig		
Eine der schönsten Seiten der Demokratie ist, dass die Stimmen aller Bürger ohne Unterschied gleich sind		

Das türkische Schulbuch war dasjenige, über dessen Wirkung auf Schüler ich am längsten nachgedacht habe, und darüber, für wie problematisch ich es halte. Bei den anderen Büchern – Afghanistan, Iran, Palästina, Ägypten – waren die falschen Fakten, ideologischen und religiösen Bestandteile so offensichtlich und häufig überzogen, dass es einfacher war, zu sagen: Das ist verwerflich, das geht nicht. Mit Ausnahme des letzten Teils des Kapitels über Medien und den Putschversuch kann man hier so schnell nicht urteilen. Ich glaube aber, dass der Effekt eines solchen Kapitels dennoch perfide ist. Denn Lehrer können sich nicht vor die Klasse stellen und sagen: Eine solche Demokratie, wie sie hier beschrieben wird, ist die Türkei gar nicht, weil unser Präsident diese Werte aushöhlt. Das hätte für sie wahrscheinlich gravierende Folgen. Lässt man das Buch aber einfach im Raum stehen, entsteht der Eindruck, die Türkei sei genau so eine Demokratie, wie sie darin beschrieben wird. Es bedürfte schon einer gewissen kritischen Grundhaltung der Schüler und deren Recherche außerhalb der Schule, um hierzu eine umfassendere Einschätzung zu erhalten. Insofern ist ein solches Buch aus meiner Sicht ein Beispiel für besonders fortschrittliche Ideologisierung, weil es vordergründig harmlos erscheint, aber unhinterfragt eine irreführende Wahrnehmung des eigenen staatlichen Systems vermittelt.

Für die Beurteilung knüpfe ich an das an, was Susanne Lin-Klitzing und Julia Schwanewedel bei den anderen Büchern an Kriterien angelegt haben. Dabei waren stets drei Punkte besonders wichtig:

Was für Sprache nutzt das Schulbuch? Appelliert es an Emotionen der Jugendlichen? Und: Welche Aufgaben werden gestellt?

Gerade zu Beginn erscheint die Sprache sehr sachlich. An den Darstellungen fällt auf, dass wertende Adjektive fehlen. Das ändert sich teilweise in der zweiten Hälfte des Textes, etwa wenn davon die Rede ist, dass sich die »Vorfahren« um »gemeinsame Werte wie Vaterland, Flagge und Nation scharten«. Da wird ein nationalistisches Bild aufgebaut, das sich klar von der vorherigen, bewusst deskriptiven und weitgehend neutralen Sprache abhebt. Wenig später wird beschrieben, wie wichtig es sei, sich trotz unterschiedlicher Meinungen zusammenzutun, »um das Vaterland von den Feinden zu befreien«. Hierdurch wird der Eindruck erweckt, dass die Türkei im Visier verschwörerischer Kräfte stünde, gegen die es sich zu wehren gelte – ein weiteres Beispiel für eine Verschwörungstheorie in einem der Schulbücher, die ich übersetzen ließ.

Vollends unsachlich werden die Ausführungen im letzten Abschnitt, dessen Überschrift »Ruhmreicher Widerstand« bereits eine starke nationalistische Wertung beinhaltet. Dort wird ausgeführt, wie Türken »mit stolzgeschwellter Brust« gegen Bomben und Kugeln kämpften. Wie der Widerstand »mit goldenen Buchstaben in die Geschichtsbücher geschrieben wurde«.

Diese Passagen sind es auch, die durchaus an die Emotionen der Schüler appellieren: Einheit und Nation werden als heroische Werte vermittelt, die in Gefahr seien und folglich besonders geschützt werden müssten. Die entsprechenden Schulbuchstellen sollen ganz offenbar eine Art Nationalstolz in den Jugendlichen wecken und stärken.

Die Aufgaben fordern die Schüler zu selbstständiger Beurteilung heraus. Sie müssen Kästen vervollständigen und sich inhaltlich mit dem Dargestellten beschäftigen. Es geht nicht um bloße Wiederholung, sondern um offene Fragen mit Transfer und Diskussion. Zum Beispiel, wenn es heißt: *»Wie sollten sich Menschen mit unterschiedlichen Ansichten und Vorstellungen in einer demokratischen Gesellschaft einander nähern? Diskutiert das.«*

Das wird selbst im letzten Abschnitt beibehalten, der ja ansonsten einen sehr starken Appell an den Nationalstolz der Schüler beinhaltet. Im Anschluss an den Text werden aber Fragen gestellt wie: *»Um unsere Rechte in unserem gesellschaftlichen Leben verteidigen zu können, ist Demokratie wichtig. Diese Aussage teile ich, weil … / teile ich nicht, weil …«.*

Vieles bleibt jedoch undefiniert und damit der eigenen Auffassung überlassen. Zum Beispiel, wenn von den Feinden des Vaterlandes die Rede ist. Oder aber, wenn es heißt, man solle »gerecht sein«. Und weiter: »Wenn man mit irgendeiner Ungerechtigkeit konfrontiert wird, darf man nicht still bleiben.« Was ist gerecht? Gerade vor dem Hintergrund der jüngsten Gesetzgebung in der Türkei, die Minderheitenrechte zunehmend eingrenzt, würde das, wenn man den Begriff der Gerechtigkeit konkretisiert, kritische Fragen aufwerfen.

Überhaupt frage ich mich: Wie passen die Ausführungen zur Demokratie mit der heutigen Realität in der Türkei zusammen? Denn schon beim ersten Durchlesen ist mir klar: Einige der Darstellungen passen nicht zur heutigen Lage, ganz zu Beginn etwa, wenn die Grundzüge der Demokratie erklärt werden. Gleichheit, Pluralismus und Freiheit werden so erläutert, dass alle Bürger vor dem Gesetz »die gleichen Rechte besitzen«, dass »unterschiedliche Meinungen, Sichtweisen und Glaubenslehren respektiert werden« und dass Menschen »denken und glauben können, was sie möchten«. Diese Grundsätze bezieht das Schulbuch explizit auf die Türkei, denn es heißt: »Die Türkei hat sich zu der demokratisch-republikanischen Regierungsform bekannt.« Das vermittelt den Eindruck, als ermögliche die Türkei Menschen unterschiedlicher Religion und Herkunft gleichberechtigte Teilhabe. Und das ist falsch.

Zwar lebt in der Türkei eine große Zahl ethnischer und religiöser Minderheiten. Aber nur drei – Armenier, Griechen und Juden – werden tatsächlich als Minderheiten anerkannt. Andere große und wichtige gesellschaftliche Gruppen wie die Kurden, Alewiten, Schiiten, orthodoxe Christen oder Araber hingegen nicht. Experten stellen immer wieder fest, dass es der Türkei schwerfällt, eine moderne Haltung zu Minderheiten zu entwickeln. So attestiert die Friedrich-Naumann-Stiftung der türkischen Mehrheitsgesellschaft, dass diese »in den ›Anderen‹ und einer Anerkennung unterschiedlicher, vom ethnisch türkischen und religiös sunnitisch-islamischen ›Normalfall‹ abweichender Identitäten immer noch eine ›Bedrohung‹ für die Integrität der Nation« sehe.[7] Schon die anerkannten Minderheiten erleben häufig Repression bis hin zu Gewalt. Die hat es vor allem historisch gegeben, wie etwa den Völkermord an den Armeniern, der aber bis heute ein nicht aufgearbeitetes politisches Tabu darstellt. Oder aber auch die Pogrome gegen die griechische Bevölkerung in Istanbul in den 1970er-Jahren. Die im Land verbliebenen etwa 100 000 Christen sind nach wie vor Diskriminierungen ausgesetzt. Besonders starke Repressionen erfahren die Kurden und Alewiten. Letztere ringen bis heute mit der Religionsbehörde Diyanet um die Anerkennung ihrer Glaubensgemeinschaft.

Letztlich ist die Darstellung demokratischer Grundsätze im Schulbuch nicht falsch. Es fehlt aber jegliche Verbindung zur Realität in der Türkei. Durch die Auslassung unangenehmer Fakten und die Vermeidung kritischer Reflexion wird den Schülern ein falscher Eindruck vermittelt: Dass die Türkei, so wie sie jetzt ist, den dargestellten demokratischen Grundsätzen entspricht.

An späterer Stelle wird nicht nur durch Auslassung ein verzerrtes Türkei-Bild gemalt, sondern auch mittels einer weiteren sehr offensichtlichen Verschwörungstheorie. Und zwar, wenn es um die Rolle der Medien geht. Da heißt es: »Auch wenn ein Teil der Medien ihren Einfluss auf positive Weise nutzt, kann ihn ein anderer Teil mit bösen Absichten nutzen. Sie können beispielsweise versuchen, die Menschen mit falschen Nachrichten zu manipulieren. Aus diesen Gründen müssen wir gegenüber Nachrichten, die über verschiedene Wege in den Medien verbreitet werden und uns in eine falsche Richtung lenken sollen, achtsam sein. Als Nutzer von Medien sollte man in der Lage sein, ihre Botschaften zu bewerten und zu analysieren, sie also kritisch hinterfragen.«

Das ist zum einen Propaganda und Diffamierung. Zum anderen wird aber auch hier wieder ein Teil der damit verbundenen Realität ausgespart. Und zwar, dass die türkische Regierung Journalisten und Medien aktiv unterdrückt und verfolgt. Etwa 180 Medienorganisationen – TV-Sender, Zeitungen, Radiostationen – wurde seit dem Putschversuch in der Türkei die Lizenz entzogen. Gegen mindestens dreihundert türkische Journalisten ist bis Ende 2018 ein Haftbefehl erlassen worden. Besondere Aufmerksamkeit in Deutschland haben die Fälle des deutschen Journalisten Deniz Yücel und der deutsch-türkischen Übersetzerin und Journalistin Mesale Tolu erlangt. Reporter ohne Grenzen berichtet, dass inzwischen über siebenhundert Presseausweise annulliert wurden und vielen Journalisten aus dem Ausland die Einreise verweigert werde. Gleichzeitig gelangen immer mehr Medien in die Hände von regierungsnahen Personen und Unternehmen. So übernahm 2018 die Demirören-Holding die Dogan-Mediengruppe, zu der unter anderem CNN Türk gehört und die bereits 2011 die Zeitungen *Milliyet* und *Vatan* übernommen hatte. Die Demirören-Familie steht Präsident Erdoğan nahe. All diese Entwicklungen stehen im Einklang mit der medienfeindlichen Einstellung des Präsidenten, der inhaftierte Journalisten selbst als »Terroristen« diffamierte.

Eine zentrale Stellung in diesem Buch wie auch in anderen nimmt der Putschversuch ein. Dabei übernimmt das Buch das Narrativ der türkischen Regierung, dass die Türken mit ihrem Eintreten für die Regierung Erdoğan die Demokratie gerettet hätten. Erneut unterbleibt jede kritische Kontextualisierung. Unerwähnt bleibt etwa, dass mehr als 125 000 Personen seit 2016 aus dem öffentlichen Dienst entlassen oder suspendiert wurden, unter ihnen etwa 25 000 Polizisten. Oder, dass weitere 120 000 Personen unter dem Vorwurf der Kooperation mit den Putschisten festgenommen wurden. Gegen etwa 50 000 Menschen wurde Anklage erhoben. Unmittelbar nach dem Putschversuch ließ die Regierung Tausende Schulen und Universitäten im Land schließen, auch Stiftungen, wohltätige Organisationen, Gewerkschaften, Vereine, medizinische Einrichtungen und NGOs. Die Begründung: »Terrorverdacht«. Mehrere Tausend Justizmitarbeiter, vor allem Richter und Staatsanwälte, wurden aus dem Dienst entfernt, in vielen Fällen wurde zusätzlich deren Eigentum konfisziert. Über 60 000 Lehrer wurden entlassen, auch Universitätsrektoren. Unerwähnt bleibt auch, dass der am 21. Juli 2016 in Folge des Putsches ausgerufene Notstand insgesamt siebenmal verlängert wurde und Erdoğan per

Notstandsdekret regieren konnte. Dass im Rahmen der Anti-Terror-Gesetzgebung bürgerliche Freiheiten wie Ein- und Ausreise massiv beschränkt wurden und werden, was insbesondere viele Intellektuelle oder Wissenschaftler zu spüren bekommen.

All dies spart das Schulbuch komplett aus. Gleichzeitig ist in Betracht zu ziehen, dass in der türkischen Gesellschaft die Geschehnisse des Putschversuches sehr präsent sind und auch unterschiedlich bewertet werden. Letztlich teilt sich an ihrer Beurteilung die Gesellschaft in Erdoğan-Anhänger und Erdoğan-Kritiker. Indem das Schulbuch einseitig die Darstellung der Erdoğan-Anhänger beziehungsweise die offizielle Regierungsdarstellung übernimmt, diskreditiert sich das Buch als ideologisch.

Resümee

Was zieht man für ein Fazit, wenn man sich über Monate hinweg Schulbücher aus ganz unterschiedlichen muslimisch geprägten Ländern angesehen hat? Welche Themen sind aufgefallen? Sicher: Ich habe nicht alle Bücher gesehen, die die Regierungen dieser Länder zur Verfügung stellen, nicht alle Klassenstufen, nicht alle Fächer, aber dennoch zieht sich für mich ein roter Faden durch die Bücher, die ich gesehen habe. Leider – so möchte man sagen – ist mir vor allem das ins Auge gestochen, was vielen Menschen vorurteilshaft einfallen würde, wenn sie an für uns problematische Bildung in diesen Ländern denken: Islambild, Frauenbild, Antisemitismus.

In allen Büchern stellt die Religion des Islam eine Art Bindeglied dar. Dabei erscheinen Muslime weltweit etwa in dem besprochenen iranischen Ethikbuch als ein einziges »Volk«: »Es leben bereits mehr als eineinhalb Milliarden Muslime in 57 mehrheitlich islamischen Ländern«, heißt es dort. Wenn dieses »massive Volk vereint« sei, könne keine Macht es besiegen. Feinde würden versuchen, die islamische Gesellschaft zu zerstören. Die Muslime müssten daher für die »Bewahrung ihrer Macht« kämpfen. Dabei seien geografische Grenzen kein Hindernis für die »Einstimmigkeit« der Muslime. Man muss kein Islamexperte sein, um zu wissen, dass es dieses einheitliche Volk nicht gibt.

Das hier besprochene afghanische Religionsbuch bringt Jugendlichen bei, dass es für einen Muslim unerlässlich sei, »sein ganzes Leben in allen Aspekten und Bereichen, ob klein oder groß, in der Verehrung Allahs des Allmächtigen zu verbringen«. Die »anderen« hingegen werden als Feinde dargestellt. So warnt das afghanische Buch vor den »Ungläubigen«. Wer nicht dem Islam folge, befände sich in einem »Irrtum« und verdiene es, »gequält zu werden«.

In den von mir untersuchten Büchern wird ein äußerst traditionelles und rückschrittliches Frauenbild gezeichnet. In ägyptischen Schulbüchern werden Frauen einerseits auf die Rolle als dekoratives Accessoire reduziert, andererseits auf die einer tüchtigen Hausfrau. Das besprochene iranische Schulbuch elaboriert pseudowissenschaftlich, warum Geschlechtertrennung notwendig und auch im Westen auf dem Vormarsch sei. Frauen sollten »nicht aufreizend« sprechen, müssten sich bedecken. Denn: Die Nichtbeachtung der Verschleierung sei »einer der tiefsten Abgründe«, der »unser Leben, unseren Glauben und unsere geistigen Fähigkeiten vernichtet«.

Antisemitische Elemente sind sehr präsent und explizit. Im palästinensischen Schulbuch ist von »zionistischen Banden« die Rede, die »lauthals lachend« Massaker zur »ethnischen Säuberung« begehen. Im afghanischen Schulbuch heißt es, die Juden würden »aus Rache« die Menschen »vom rechten Weg abbringen«. Weiter rufe der Koran dazu auf, »die Taten der Juden abzulehnen und zu schmähen«. Allah lehre die Juden, »ihre Herzen zu reinigen und ihre Absichten zu verbessern«. Das ägyptische Schulbuch schreibt, dass der »Zionismus expansive Ziele« in der Region habe, und Israel ein »Komplott« mit »Kolonialisten« schmiede. Dagegen habe Ägypten einen »Heiligen Krieg« geführt.

Meine Interviewpartner haben nach ihren Betrachtungen jeweils eine Einschätzung abgegeben, welches Schulbuch aus ihrer westlichen Sicht das am wenigsten konstruktive sei. Für Susanne Lin-Klitzing war es das ägyptische Schulbuch. Es enthalte so viele falsche Fakten, dass jemand, der sich nicht ohnehin schon gut in Geschichte des Nahen Ostens auskennt, sich anhand des Buchs ein falsches Geschichtswissen aneigne. Für Julia Schwanewedel war das afghanische das schwierigste Beispiel, weil es auf mittelalterlichem Niveau

Schülern Angst vor Gott mache und ihnen eine Schwarz-Weiß-Welt beibringe.

Einig waren sich die Erziehungswissenschaftlerinnen in der Gesamtbeurteilung, die Julia Schwanewedel so zusammenfasst: »Das sind alles keine Schulbücher.« Die Bücher teilten die Welt auf in Gut und Böse – gut der Islam, böse alle Islamfeinde. »Alle Texte zielen auf homogene gesellschaftliche Strukturen und Verhaltensweisen. Nicht auf Unterschiede und Vielfalt. Hierin zeigt sich ein Unterschied zu Deutschland, wo Unterschiede und Vielfalt als Normalitäten gelehrt und begriffen werden«, erläuterte Schwanewedel.

Ich habe lange darüber nachgedacht, was es bedeutet, eines dieser Bücher im Unterricht einsetzen zu müssen. Ich konnte für mich kein Buch benennen, das ich für akzeptabel hielte. Jedes hat aus meiner Sicht das Potenzial, in dem Land, wo es eingesetzt wird, Unheil anzurichten. Das hat auch mit dem jeweils unterschiedlichen Entwicklungsstand der Länder und der Gesellschaften zu tun.

Ich könnte mir gar nicht vorstellen, dass türkische Schüler ein Werk wie das afghanische Religionsbuch akzeptieren würden. In der Türkei, die durchaus eine akademische Schicht hat und einen grundsätzlich wesentlich höheren Bildungsgrad sowie seit Atatürk ja auch eine eigene Tradition der Trennung von Staat und Religion, würde ein Buch über religiöse Unterwerfung wie das afghanische wohl kaum Wirkung entfalten. Aber in Afghanistan sieht das anders aus. Da fällt das Buch offenbar auf einen fruchtbaren Boden – unter anderem auf eine Zivilgesellschaft, die nach Jahrzehnten von Krieg und Instabilität den Islam nach wie vor als einigendes Element begreift.

Für mich folgt daraus, dass die jeweiligen Schulbücher auf unheilvolle Art die jeweils problematischen gesellschaftlichen Tendenzen verstärken, die es in den einzelnen Ländern bereits gibt: in Ägypten und der Türkei den Nationalismus, in Palästina den Hass auf Israel, in Afghanistan die extrem konservative islamische Gesellschaftsordnung. In diesem Sinne dienen die Bücher nicht der Bildung, sondern der Ideologisierung beziehungsweise der Festigung eines Narrativs.

Ich würde die Schulbücher eher dahingehend unterscheiden, wie plump oder wie geschickt in den jeweiligen Werken versucht wird, bestimmte problematische Inhalte zu vermitteln. Am durchschaubarsten ist dabei sicherlich das afghanische Buch. Auch das palästinensische Schulbuch verhehlt nicht seine unsachliche Darstellung. Im Falle Ägyptens zeigen die zahlreichen Kommentierungen, auf welch vielfältige Weise dort falsche oder verzerrte Tatsachen vermittelt werden. Ich fand das »intelligenteste« Schulbuch, wenn es um die geschickte Indoktrination von Schülern geht, aber das türkische, da es bestimmte Narrative auf perfide Weise mit demokratischen Termini verknüpft, sodass es sehr schwierig für Schüler wird, die suggerierte Botschaft kritisch zu hinterfragen. Erkennbar war, dass die untersuchten Schulbücher in Ägypten und der Türkei weniger pan-arabisch oder pan-islamisch waren, sondern eher national bis nationalistisch. Im Iran, Afghanistan und Palästina war das Verbindende die Vorstellung, dass die Muslime weltweit eine Gemeinschaft bilden, die sich gemeinsamen Feinden gegenübersieht.

Welche Wirkungen üben solche Schulbücher auf Kinder aus?

Allen Büchern war nach Aussage der Experten gemein, dass sie versuchen, die Schüler auf emotionaler Ebene zu beeinflussen und zu prägen. »Man hat in verschiedenen Studien festgestellt, dass emotionale Erziehung gravierende Folgen haben kann«, erklärt Julia Schwanewedel dazu. »Etwa, dass junge Menschen Ängste entwickeln. Das bewirkt Schäden in der Entwicklung von Kindern und Jugendlichen und führt meist zu Abwehrhaltungen. Hier sehen wir, dass in diesen Schulbüchern Angst provoziert wird. In der Folge kann das dazu führen, dass junge Menschen nicht mehr offen in einen Diskurs gehen können. Man wird so sehr in einer bestimmten Weltsicht gefangen gehalten, dass man starr wird und hilflos gegenüber anderen Ansichten. Und das sitzt so tief, dass es später im Zweifel fast unmöglich wird, ein anderes Weltbild zu vermitteln.« Umgangssprachlich würde man so etwas wohl Gehirnwäsche nennen.

Was bedeutet es, wenn junge Menschen, die einer solchen Bildung ausgesetzt waren, nach Deutschland kommen? Julia Schwanewedel hat zu diesem Themenkomplex in einem ihrer Kurse Interviews mit Menschen verschiedener Nationalitäten geführt. Ihre Studierenden hatten den Auftrag, eine Person zu finden, die in einem anderen Land zur Grundschule gegangen ist. Sie haben zum Beispiel mit Personen aus Polen, Frankreich, der DDR, der Türkei, Indonesien, der Ukraine, dem Libanon, Niger, Kasachstan und dem Iran gesprochen. Anhand eines Interviewleitfadens wurden allen Personen die gleichen Fragen gestellt. Zentral war dabei die Frage: Woran erinnern Sie sich? Dabei stellten sie fest, dass eine auf Emotionen zielende Erziehung sehr kraftvoll ist und sich selbst Erwachsene davon nur schwer lösen können. Sechzigjährige konnten sich nach all den Jahren beispielsweise sehr genau an Gefühle erinnern, die sie in der Grundschule mit bestimmten Themen verbanden. »Das würde man so ausgeprägt gar nicht unbedingt erwarten«, sagt Schwanewedel. Inwieweit der Einzelne auch entsprechend handele oder wie sehr das den Alltag bestimme, ließe sich nicht allgemein sagen. Auf die Inhalte der vorliegenden Schulbücher übertragen hieße das: Der in Schulen vermittelte Antisemitismus, das Frauenbild und Religionsverständnis kann Menschen ihr Leben lang prägen.

Für die Bildung von Zuwanderern der ersten Generation sieht Schwanewedel erheblichen Aufholbedarf. Auch weil es nach wie vor viele weiße Flecken in der wissenschaftlichen Auseinandersetzung mit Bildung in muslimischen Ländern gebe. »Wenn wir an die schulische Bildung bei Kindern denken, aber auch bei Angeboten an erwachsene Zuwanderer, müssten wir eigentlich ganz genau wissen, wie die Bildung in ihren Heimatländern erfolgt ist. Wir müssen mehr über die Systeme wissen, aus denen sie kommen. Weil wir sonst deren Wertebild gar nicht abschätzen können.« Selbst Wissenschaftler hätten aber häufig keine Zugänge zu Informationen aus muslimischen

Ländern, »weil es dort de facto gar keine Transparenz gibt, was in den Schulen läuft«. Deswegen könne man Unterricht in Deutschland auch gar nicht entsprechend weiterentwickeln. »Die Situation jetzt ist, dass Lehrerinnen und Lehrer in Deutschland noch zu wenig auf diese neue Interkulturalität vorbereitet sind«, so Schwanewedel.

Letztlich liegt das Problem darin, dass das schulische Konzept von Unterricht in Deutschland auf einer ganz anderen Ebene erfolge als in den muslimischen Heimatländern. Bei uns ist Bildung versachlicht. Aber: »Wenn du aber auf emotionaler Ebene von etwas überzeugt wirst, können so viele Fakten kommen wie wollen, du bist nicht zu überzeugen. Emotion wird nicht geschlagen durch Wissen«, führt die Erziehungswissenschaftlerin Schwanewedel weiter aus.

Diese Überlegungen betrafen nun zunächst die Gruppe der Zuwanderer in erster Generation. Aber spiegeln die Inhalte der Schulbücher darüber hinaus sogar ein allgemeines muslimisches Weltverständnis wider, das sich unabhängig davon in den Köpfen und Herzen hält, wann jemand nach Deutschland gezogen ist und in welcher Generation er hier lebt? Ein vermeintlich allgemeingültiges muslimisches Weltverständnis, das emotional fest eingeprägt ist?

Bereits 2013 veröffentlichte etwa das Wissenschaftszentrum Berlin für Sozialforschung unter Ruud Kopmans eine Umfrage, die für Schlagzeilen sorgte. Demnach lehnten fast 60 Prozent der befragten Muslime Homosexuelle als Freunde ab, 45 Prozent glaubten, dass man Juden nicht trauen könne und ebenso viele glaubten, dass der Westen den Islam zerstören wolle. An der Umfrage wurde kritisiert, die 9000 befragten Menschen aus sechs Ländern seien nicht repräsentativ ausgewählt worden, sondern man hätte einen Schwerpunkt auf Personengruppen gesetzt, die konservativer seien als ein großer Teil der Muslime.

Ob Fälle von Rassismus, Antisemitismus oder Frauenfeindlichkeit unter muslimischen Zuwanderern als Einzelfälle hochgespielt werden oder doch tatsächlich einem breiteren Phänomen entsprechen, kann keiner der Experten sicher beurteilen. Es ist aber auch aus meiner

Sicht gar nicht die zentrale Frage. Denn was niemand in Abrede stellt: Es gibt Ereignisse, die einen Wertewiderspruch ausdrücken. Und jeder einzelne ist problematisch. Oder würden wir bei Fällen von »deutschem« Rassismus auch verlangen, dass erst eine bestimmte kritische Masse erreicht sein muss, damit man sich des Themas annimmt?

Die Frage lautet also: Wenn es unbestreitbar vorkommt, dass Menschen mit muslimischem Migrationshintergrund Werte vertreten, die für uns problematisch sind – Frauenbild, Religionsbild, Israelbild –, wie kann man Prävention leisten oder dieses Werteverständnis sogar umformen? Schulen kommt dabei eine zentrale Rolle zu. Denn sie sind der biografisch letzte Ort, an dem wir muslimische Jugendliche zuverlässig erreichen. Doch wie könnte das im Unterricht aussehen?

Beispiel Geschlechterbilder: Das Frauenbild in muslimischen Communities ist sehr eng mit Sexualität verbunden und angeblichen Regeln für Frauen, die sich aus einem sexualisierten Kontext ergeben. Sexualkundeunterricht ist seit Ende der Sechzigerjahre ein immanenter Bestandteil schulischer Bildung in Deutschland. In dem Unterricht, der sich meist im Rahmen des Faches Biologie abspielt, lernen Schüler heute natürlich die physischen Merkmale von Männern und Frauen. Aber sie lernen auch, dass es verschiedene sexuelle Orientierungen gibt, in manchen Bundesländern lernen sie das Konzept des Gender Mainstreaming, wonach es mehr als zwei Geschlechter gibt. Es geht um Geschlechtskrankheiten, um Missbrauch. Nur um eines geht es im Sexualkundeunterricht nach den Bildungsplänen der Bundesländer nicht: um Religion. Wir haben es aber nun mit einem seit Einführung des Sexualkundeunterrichts ganz neuen Phänomen zu tun: dass nämlich immer mehr Schülerinnen und Schüler im Unterricht sitzen, die Sexualkundeunterricht aus religiösen Gründen grundsätzlich ablehnen, oder aber die dort vermittelten Inhalte. Die Frage, ob Sexualität einen religiösen oder kulturellen Aspekt hat, wird im deutschen System bewusst ausgespart. Julia Schwanewedel: »Jüngste Untersuchungen zeigen, dass man die kulturellen und religiösen

Einflüsse eigentlich in den Unterricht nehmen müsste, weil sonst bei etwa muslimisch geprägten Zuwanderern eine an unseren Wertvorstellungen orientierte Sexualerziehung gar nicht möglich ist.«

Beispiel Antisemitismus: Ein ganz zentraler Punkt ist die Frage, ob und wie sich das in der muslimischen Welt so mächtige antiisraelische und antisemitische Narrativ wirksam bekämpfen lässt. Immer wieder gibt es beispielsweise den Vorschlag, Muslime durch Pflichtbesuche in KZ-Gedenkstätten für das Thema Antisemitismus zu sensibilisieren. Dafür plädierte unter anderem die Berliner Staatssekretärin für Bürgerschaftliches Engagement, Sawsan Chebli, ohne dass dem Taten gefolgt wären.

Ich besuchte im Herbst 2018 mit einer Klasse der Otto-Hahn-Schule aus Berlin-Neukölln die Gedenkstätte Sachsenhausen. Der Kontakt zur Schule kam nach der Veröffentlichung meines Buches *Inside Islam* zustande. Die Schule kontaktierte mich und berichtete von massiven Problemen, wenn es um das Thema Israel und Judentum ging. Eine Veranstaltung der Oberstufe, bei der über den Nahostkonflikt diskutiert wurde, musste abgebrochen werden, nachdem einige Schüler angefangen hatten, das Podium mit Koransuren niederzubrüllen.

Als wir in der KZ-Gedenkstätte Sachsenhausen waren, erschienen mir die Schüler als sehr diszipliniert, informiert und neugierig. Sie kannten sich aus. Es war nicht so, dass sie mit dem Holocaust nichts anfangen konnten. Sie wussten über Details Bescheid, wie etwa, welches Häftlingsabzeichen in welcher Farbe welche Bedeutung hatte. Bei der Feedback-Runde waren sich alle einig, dass es schlimm war, was die Deutschen damals den Juden angetan hatten. Die Schüler waren durchaus betroffen. Ich fragte dann, was das aus ihrer Sicht für den Konflikt im Nahen Osten bedeutet. Ob es nicht gefährlich sei, wenn es heute vor dem Hintergrund des Holocaust neuen Hass auf Juden gebe. Ein Junge antwortete: »Das heute sind andere Juden.« Die anderen nickten.

Das zeigt sehr anschaulich das Problem: die in den Köpfen getrennte historische Welt der Deutschen und die der muslimischen Zuwanderer. Und wie kann man das überwinden? Geht das überhaupt? Der Islamwissenschaftler Samuel Schidem, der über Jahre im Berliner Dokumentationszentrum Topographie des Terrors dazu gearbeitet hat, jungen Geflüchteten aus dem Nahen Osten die Geschichte des Holocaust zu vermitteln, ist grundsätzlich skeptisch. Es sei ein mühsamer Prozess, »weil wir etwa damit anfangen mussten, zu erklären, dass es Beweise für den Holocaust gibt, dass er wirklich stattgefunden hat. Zu glauben, man schickt junge Menschen einfach in eine Gedenkstätte und dann kommen sie raus und haben mehr Verständnis für das Judentum, das funktioniert nicht.« Der gesamte Ansatz sei problematisch, denn durch Besuche in Gedenkstätten werde das Bild von Juden als Opfer vermittelt. Entscheidend bei der Vermittlung solcher Inhalte sei zudem die Frage: Wer erzählt was? »Es gibt in den Gedenkstätten in ganz Deutschland kaum Referenten mit Migrationshintergrund. Erinnerungskultur ist letztlich ein Thema von privilegierten Deutschen mit Fokus auf christlich-jüdischen Dialog. Das müsste sich ändern, wenn man auch andere Personen erreichen will. Ein großer Teil der Migranten in Deutschland ist vollkommen ausgeschlossen in der noch immer praktizierten Form der Erinnerungskultur.« Letztlich bedürfe es aber einer Großanstrengung, die verschiedene Bereiche des Lebens umfasst.

Problematisch ist auch: Antisemitische Inhalte, die auf Deutsch unvorstellbar oder sogar verboten und strafbar sind, sind über arabische Medien auf Arabisch in Deutschland überall verfügbar. So habe ich Zeitungen am Hamburger Hauptbahnhof gesehen, die auf Arabisch über zionistische Verschwörungen berichten. Wer nicht Arabisch spricht, geht daran vorbei. Arabischsprachige Migranten werden aber damit in Deutschland sozusagen auf offener Straße konfrontiert. Über elektronische Medien erfolgt das natürlich mindestens genauso intensiv. Solange diese Einflüsse auf muslimische Migranten in Deutschland wirken, kann kein Besuch in einer Gedenkstätte dies korrigieren.

Zurück zur Rolle der Schule. Julia Schwanewedel hält es für denkbar, muslimische Schüler speziell zu unterrichten. »Zumindest punktuell«, so die Expertin. »Wir müssen darüber nachdenken, wie wir mit Schülerinnen und Schülern über Wertvorstellungen ins Gespräch kommen.« Das Ziel dabei müsse sein, Menschen, deren Weltbild auf Homogenität ausgerichtet ist, beizubringen: Heterogenität müsst ihr aushalten. »Meine persönliche Erfahrung ist: Viele muslimische Schüler sind bei dem Thema hoch emotional. Sie denken, das andere darf es einfach nicht geben.« Werteerziehung beziehe sich dabei vor allem auf Geschlechtergerechtigkeit, Antisemitismus und Religionsbild. Oder findet das vielleicht längst in deutschen Schulen statt?

So gibt es seit 2013 islamischen Religionsunterricht als Schulfach, zuerst eingeführt in Hessen. Derzeit existieren unterschiedliche Modelle. In Hessen und Niedersachsen wird der Unterricht in Zusammenarbeit mit muslimischen Verbänden erteilt. Im Saarland, Baden-Württemberg, Rheinland-Pfalz und Nordrhein-Westfalen bestehen Modellprojekte, ebenfalls in Zusammenarbeit mit Verbänden. In Hamburg und Bremen gibt es interkonfessionellen Religionsunterricht für Schüler aller Glaubensrichtungen. Und in Bayern und Schleswig-Holstein wird islamische Religionskunde ohne Einbeziehung der Verbände durchgeführt. Keine Angebote bestehen in den fünf östlichen Bundesländern.

Aber wird in diesen Fächern über die Beziehung von Islam zu Antisemitismus, Sexualität, Überzeugungen in einer Weise gesprochen, die dazu geeignet ist, unseren Werten widersprechende Vorstellungen aufzubrechen? Nachgefragt beim Religionspädagogen Tarek Badawia von der Universität Erlangen: »Natürlich sind das Themen, die in den muslimischen Religionsunterricht gehören. Dabei werden traditionell überlieferte Positionen dargestellt, aber auch kritisch hinterfragt. Sicherlich ist das immer auch abhängig von der religionspädagogischen Kompetenz der jeweiligen Lehrkraft.« Kritisches Hinterfragen klingt ja erst einmal gut. Was aber, wenn die Schüler trotzdem bei einem frauenfeindlichen, antisemitischen Weltbild bleiben, etwa weil sie stark durch andere Einflüsse geprägt sind?

Problematisch sieht Badawia außerdem den Einfluss muslimischer

Verbände, wie etwa des aus der Türkei gelenkten Moscheeverbands Ditib, die an der Konzeption des Unterrichts beteiligt sind. »Viele Akteure können nicht im Detail verstehen, dass muslimischer Religionsunterricht nach unserem Verständnis religiöse Mündigkeit fördern soll und nicht der religiösen Gefügigkeit dient. Ein solches Konzept ist vielen nicht vertraut.«

In Deutschland gibt es darüber hinaus in den meisten Bundesländern Ethikunterricht, oder das Fach Werte und Normen, das fakultativ anstelle eines Religionsunterrichts angeboten wird. In Berlin ist Ethik ein verpflichtendes Schulfach. Wäre das vielleicht ein Modell? Diesen Werteunterricht deutschlandweit als Pflichtfach einzuführen, um problematische Weltbilder zu verändern?

Die Frage ist auch hier, ob etwa im Berliner Ethikunterricht tatsächlich über die Probleme muslimischer Antisemitismus und traditionelles muslimisches Frauenbild gesprochen wird. Nachgefragt beim Berliner Senat für Bildung, Jugend und Familie, drückt man sich dort um eine klare Aussage. Mit Bezug auf den Ethikunterricht heißt es stattdessen, »das Thema Antisemitismus kann in unterschiedlichen Kontexten thematisiert werden«. Von einzelnen Lehrkräften könnten darüber hinaus im Rahmen der regionalen Fortbildung »Angebote zum Verhältnis von Islam und Judentum« wahrgenommen werden. Das klingt nicht danach, als ob die besonders relevanten und sensiblen Themen auch wirklich im Ethikunterricht vorkommen. Damit ginge der Anspruch des Unterrichts an der Realität und ihren Herausforderungen vorbei.

Was bedeuten die Befunde für den Umgang Deutschlands mit anderen Ländern?

Die eine Sache ist, in Deutschland das auszubaden, was schlechte Bildung in muslimischen Ländern anrichtet. Solange aber in diesen Ländern immer weiter junge Menschen mit Inhalten beschult werden, die so sind wie in den hier vorliegenden Schulbüchern, bekämpft man allein das Symptom. Dabei haben wir durchaus einige Instrumente an der Hand, um dem ursächlich zu begegnen. Der Westen, und damit auch Deutschland, sitzt an einem sehr langen Hebel: dem der Finanzierung. Ägypten, Afghanistan, Palästina – all diese Länder stünden ohne umfangreiche Finanzhilfe aus dem Westen innerhalb kürzester Zeit vor (noch größeren) Problemen. Und die dort Verantwortlichen wissen das auch.

Ich habe in meinem Jura-Studium gelernt, dass bestimmte Rechte universell sind, die Menschenrechte nämlich. Dazu zählen sogenannte Freiheitsrechte wie die Meinungs-, aber auch die Religionsfreiheit. Außerdem sogenannte Selbstbestimmungsrechte, wie etwa die Gleichberechtigung von Mann und Frau. Dabei handelt es sich nicht nur um einfache Bürgerrechte, sondern um fundamentale Rechte aller Menschen, überall. Und sie sind egalitär, gelten also für alle Menschen in gleicher Weise. Auch Frauen im Iran haben demnach das Recht auf Gleichberechtigung. Auch Menschen in Afghanistan haben das Recht, ihre Religion frei zu wählen oder keiner Religion anzugehören. Und weil das so ist, muss jeder, der es mit Gleichberechtigung, Frauenrechten und Selbstbestimmung ernst meint, zustimmen, dass solche Inhalte aus Schulbüchern verschwinden müssen – und, dass Deutschland sich nicht mitschuldig machen darf an der Indoktrination junger Menschen in anderen Ländern.

Niemand muss sich in Afghanistan engagieren. Aber wenn man es tut, hat man die Pflicht, auf die Einhaltung dieser universellen Rechte zu bestehen. Lehrer professioneller auszubilden, damit sie dann mittels von deutschem Geld finanzierten Missionierungsbüchern Schülern Angst vor Gott machen und verbreiten, Ungläubige verdienten es, gequält zu werden, läuft dem zuwider. Hier herrscht eine erschreckende kulturrelativistische Sichtweise – nur weil es in Afghanistan nun einmal so ist, dass dort eine sehr konservative Auslegung des Islam herrscht, halten wir uns aus den Inhalten heraus. Dies aber kann kein Leitbild einer offiziellen deutschen Entwicklungshilfeorganisation sein. Islam-konforme Handouts, wie sie die GIZ für solche Fälle vorsieht, sind nicht die Lösung.

Die Widersprüchlichkeit geht aber noch weiter. Auch wenn Vielfalt, oder Diversity, kein Menschenrecht ist, so gilt sie in Deutschland wie in vielen anderen Ländern des Westens als immer wichtigeres Leitbild und Schlüssel zu einer erfolgreichen Gesellschaft. Unternehmen sollen auf Diversity achten. Die deutsche Regierung setzt sich mit einer Vielzahl von Programmen in Deutschland dafür ein, Menschen vielfältiger Herkunft und unterschiedlichen Glaubens zu fördern und am gesellschaftlichen Leben zu beteiligen. Wenn dies ein Teil unserer Grundüberzeugungen ist und zudem ein Schlüssel für erfolgreiche Gesellschaften sein soll – wieso setzen wir uns dann in Ländern wie Afghanistan nicht genauso dafür ein, sondern tragen dort zur Verbreitung von Schulbüchern bei, die ein »Schwarz-Weiß-Bild« der Welt fördern, die auf »Homogenität statt Vielfalt setzen« und ausschließlich den Islam propagieren? Juden und Christen waren und sind in der Geschichte des Nahen Ostens fest verwurzelt – auch wenn religiöse Minderheiten in vielen Ländern der Region in den vergangenen Jahren unterdrückt, getötet und vertrieben wurden. Wäre es da nicht besser und sogar geboten, in Büchern und Lehrerausbildung den Fokus auf Vielfalt statt auf Homogenität zu setzen?

Im Falle Afghanistans muss das konsequenterweise heißen: die Zahlungen an die Regierung in Kabul einfrieren, bis sichergestellt ist, dass keine Inhalte an Schulen gefördert werden, die unseren Werten diametral entgegenstehen. Das Einfrieren der Finanzierung bedeutet: ein Stopp der Beiträge an den Afghanistan Reconstruction Fund, ein Stopp der Arbeit der GIZ im Bildungsbereich vor Ort. Sich damit herauszureden, dass man sich nur um die Infrastruktur und nicht die Inhalte kümmere, ist bewusstes Wegschauen. Ein Land, das mit dem Holocaust für den Tod von Millionen Juden verantwortlich ist, darf nicht einen einzigen Euro zu antisemitischen Schulbüchern in der muslimischen Welt beisteuern oder sich an einem Bildungssystem beteiligen, das entsprechende Inhalte propagiert.

Offensichtlich existiert ja aber über den konkreten Fall Afghanistan hinaus ein Fehler im System. Bisher ist es so, dass manche Länder mit

Fördermitteln geradezu geflutet werden, ohne dass klare Vorbedingungen gestellt werden. Ein Weg wäre nun, den Grundsatz umzukehren und zu sagen: Erst fordern, dann fördern! Verdeutlichen, dass Geld erst dann fließt, wenn bestimmte Vorgaben erfüllt sind. Wenn in Entwürfen für Schulbücher religiöse Toleranz festgeschrieben ist, wenn Übersetzungen und der Nachweis ihres Einsatzes vorliegen – und nicht bloß durch mündliche Versicherungen eines Projektträgers. Nur dann darf es Geld geben. Antisemitische, frauenverachtende Ausführungen dürfen nicht als bedauerliche einzelne Ausfälle abgetan werden. Stattdessen muss es die Möglichkeit zur Umsetzung sofortiger Sanktionen geben: Wenn Inhalte auftauchen oder propagiert werden, die unserem universellen Menschenrechtskodex entgegenstehen, muss das Folgen haben.

Das grundsätzliche Problem ist dabei: Man kommt mit der Kontrolle kaum nach. Es wird immer eine zeitliche Verzögerung zwischen dem Einsatz von Büchern im Unterricht und der anschließenden Kontrolle geben. Wirksamer wäre es, wenn die geförderten Bücher für Afghanistan, Palästina und andere muslimische Länder auch in Zusammenarbeit mit Experten aus den Fördernationen erstellt werden. Dann würde auch die etwas eigenartige Trennung wegfallen zwischen der Lehrerausbildung vor Ort, die durch Hilfsorganisationen erfolgt, und dem Lehrmaterial, das von den dortigen Regierungen kommt – mit häufig hochproblematischen Inhalten.

Die betroffenen Länder reagieren bei Eingriffen in die Lehrinhalte allerdings allergisch mit dem Einwand, dies sei ein Eingriff in ihre Bildungshoheit. So etwa 2017, als das Hilfswerk UNRWA in Palästina schädliche Einflüsse durch antisemitische Schulbücher mittels eines neuen Curriculums und ergänzender Materialien abfedern wollte.[1] Aber anders geht es nicht. Das Argument, frauenfeindliche oder antisemitische Inhalte an Schulen zu bekämpfen sei ein Eingriff in die Bildungshoheit der Länder, überzeugt nicht. Nicht alles ist, selbst unter stark kulturrelativistischen Gesichtspunkten, eine bewahrenswerte kulturelle Eigenheit. Und was nutzen Demokratieförderprojekte, wenn gerade dort, wo junge Menschen die Welt verstehen lernen – an den Schulen –, mittelalterliche Unterweisungen stattfinden, die man mit Verweis auf die sakrosankte Bildungshoheit jeder echten inhaltlichen Reform verschließt?

Dabei geht es ja auch nicht nur um die eigene Linientreue. Indem wir jungen Menschen in anderen Ländern bessere Bildung zukommen lassen, sollen sie, so die Idee, die Möglichkeit auf ein besseres Leben bekommen. Als Einzelne und als Gesellschaft insgesamt. Fraglich ist, ob wir den Menschen durch Inhalte, wie ich sie vorgefunden habe, tatsächlich helfen oder sie nicht vielmehr in einem rückständigen Weltbild gefangen halten. Länder wie Afghanistan kämpfen seit Jahrzehnten mit immensen Problemen: Korruption, Islamismus, Terror, Rechtsunsicherheit. Dass das Land so weit abgehängt ist, ist nicht nur Folge der Armut. Sondern die Armut ist ihrerseits Folge der widrigen Umstände. Wenn Frauen nicht arbeiten dürfen, die öffentliche Verwaltung korrupt ist, in Schulen nichts Vernünftiges beigebracht wird, dann haben die Menschen keine Chance. Und durch das Fortsetzen schlechter, rückwärtsgewandter Bildung verbessert sich nichts.

Vor allem aber müssen dringend wirksame Mechanismen zur Kontrolle von Hilfsorganisationen aufgebaut werden, um zu wissen, wer was macht und was mit welchem Geld passiert. Ich erhielt während meiner Recherche Rückmeldung von Ministerien, dass man mir gar nicht genau sagen könne, was exakt mit deutschem Hilfsgeld finanziert wird, weil es eben einfach überwiesen wird und dann in irgendeinem Topf landet. Ansprechpartner vor Ort wissen offenbar gar nicht, wer was macht. Wenn man von unterschiedlichen vor Ort agierenden Organisationen sich komplett widersprechende Auskünfte zu Zuständigkeiten und Finanzierungen erhält, die sich am Ende als falsch herausstellen, man sich stattdessen über schlecht erstellte Finanzauflistungen die Zusammenhänge erschließen muss, dann entspricht das nicht im Ansatz dem grundgesetzlich gebotenen Anspruch einer transparenten Verwaltung. Immerhin geht es nicht um »Peanuts«.

Meine Recherche für Afghanistan war ernüchternd. UNICEF, USAID,

UNESCO, GIZ, GPE (Global Partnership for Education), SBC (State Building Contract) sind nur ein paar der in Afghanistan wirkenden Organisationen und Initiativen. Die meisten erhalten Geld von der westlichen Gebergemeinschaft, also auch aus Deutschland. Es ist überhaupt nicht recherchierbar, was mit dem Geld geschieht. Und schlimmer noch: Journalistische Anfragen blieben oft entweder unbeantwortet, oder die Reaktionen entpuppten sich als unschlüssig. Das entspricht nicht den Mindeststandards, die wir von Organisationen in Sachen Transparenz fordern. Zuständigkeiten und Finanzströme bleiben so vollkommen undurchsichtig. Die Finanzierung eines mir vorliegenden Buches konnte auf meine Nachfrage keine einzige der handelnden Organisationen nachvollziehen. Aus den jeweiligen Ländern, beispielsweise Afghanistan, bekam ich keine Antwort von den entsprechenden Stellen.

Ich fragte mich im Laufe der Recherche immer wieder, wie überhaupt Kontrolle ausgeübt wird. In Deutschland gibt es als Kontrolleinrichtung den Bundesrechnungshof. Prüft man dort die Verwendung deutscher Gelder, die über internationale Organisationen ins Ausland fließen? »Nein«, lautet die Antwort auf meine Anfrage beim Bundesrechnungshof, »wir haben als Bundesrechnungshof keine Prüfrechte, was die mit dem Geld machen.« Daher sei es auch so, dass man »keine Prüfungserkenntnisse zu eventuell beanstandeten Schulbüchern hat«, die mit deutscher Finanzierung etwa in Afghanistan oder den Palästinensischen Gebieten eingesetzt werden.

Richtig ist: Es gibt Auflistungen in Jahresberichten, die zeigen, in welche Bereiche das Geld jeweils geflossen ist, allerdings im technischen Sinne, das heißt, welche Summe in welchen Finanzposten geflossen ist. Was im Unklaren bleibt, sind die konkret vermittelten Inhalte. Dabei ist es doch für Sinn und Zweck des Ganzen essenziell, was dort eigentlich etwa im Bereich Bildung vermittelt wird. Dass man nicht in jeder Klasse sitzen kann, ist klar, aber ein Schulbuch in Zeiten von Scannern und Internet transparent zu machen, wäre banal.

Richtig ist weiterhin: Für die UN und andere multinationale Organisationen gibt es eigene Kontrollmechanismen, die aber ganz offenbar nicht ausreichen. Im Falle des Afghanistan Reconstruction Fund etwa ist es das »Board«, also das Aufsichtsgremium. Eine Mitarbeiterin einer deutschen Hilfsorganisation, die nicht genannt werden möchte, weil ihr sonst Konsequenzen drohten, berichtete mir, dass es faktisch unmöglich sei, sämtliche Durchführungsberichte zu Einzelprojekten, die in allen Ländern durchgeführt werden, zu lesen und auszuwerten. Eine externe Evaluierung findet grundsätzlich nicht statt.

Dies ist eine ernüchternde Bilanz, was Inhalte, Strukturen und auch unsere eigene Rolle bei der Indoktrination der jungen Generation in muslimischen Ländern angeht. Nun kann ich bereits einige der erwartbaren Reaktionen prognostizieren: Das sei nicht repräsentativ. Eine einseitige Auswahl. Verzerrend. Natürlich konnte ich nicht jedes einzelne Schulbuch der muslimischen Welt betrachten. Und nein, wissenschaftlich-repräsentativ ist es nicht, sondern eine journalistische Auseinandersetzung mit dem Thema. Aber: Es sind nicht nur Einzelfälle. Für die Recherche habe ich mir gut hundert Bücher angesehen, die ich mir habe zuschicken lassen, oder die die Bildungsministerien einiger Länder ins Internet gestellt hatten. Ich bin auf kein Buch gestoßen, das mir positiv aufgefallen wäre, aber auf viele, die ich erschreckend fand. Und ich bin ja nicht der Erste und Einzige, der entsprechende Probleme thematisiert hat. Im Falle Palästinas wird seit Jahren immer wieder auf problematische Inhalte hingewiesen. Auch aus Pakistan oder Saudi-Arabien gibt es Berichte über Schulbücher, die junge Menschen indoktrinieren, ihnen ein verzerrtes Weltbild beibringen oder einfach falsche Fakten lehren.

Natürlich sind diese Inhalte Spiegel einer gesellschaftlichen Wirklichkeit. Das habe ich selbst immer wieder bemerkt, etwa im Dezember 2017, als ich wieder einmal vertretungsweise als ARD-Korrespondent aus Kairo berichtete. Nach der Ankündigung der US-Regierung, ihre Botschaft von Tel Aviv nach Jerusalem zu verlegen, wollte ich Stimmen von Menschen in Kairo für einen ARD-Beitrag einfangen. Was ich zu hören bekam, war erschreckend. Die Äußerungen waren so rassistisch, antisemitisch, gewaltverherrlichend, dass wir in der Redaktion gemeinsam entschieden, dass wir keine einzige davon in einem Beitrag verwenden können. Und jeder, der sich in dem Themenbereich auskennt, der einmal vor Ort war oder selbst einen entsprechenden Hintergrund hat, weiß das auch. Wenn man die Durchdringung der muslimischen Welt mit Antisemitismus abstreitet, das sehr häufig antiquierte Frauenbild, die tiefe Religiosität, die häufig Toleranz vermissen lässt, dann hat das etwas mit Realitätsverweigerung zu tun. Denn auch wenn es unbestreitbar tolerante, säkulare und moderne Muslime im Nahen Osten gibt, so ist der gesellschaftliche Mainstream, genauso unbestreitbar, ein anderer.

Worum es mir geht: Wenn wir Rassismus oder Antisemitismus in Deutschland thematisieren, machen wir das ja auch nicht zu dem Zweck, mit dem Finger auf jemanden zu zeigen. Sondern in der Hoffnung, dass durch die Thematisierung, das Sichtbarmachen, ein Umdenken stattfindet, dass sich Menschen mit den Missständen auseinandersetzen und sich dafür einsetzen, dass sich etwas zum Besseren ändert.

Nichts anderes kann und sollte hier das Ziel sein. Denn es ist vor allem tragisch für die jungen Menschen, die diesen Einflüssen ausgesetzt sind. Wenn in der Schule versucht wird, ihnen Hass, Angst und Ablehnung beizubringen. Wäre es nicht so viel besser, alle Schüler würden einen positiven Blick auf andere Menschen, Kulturen und Religionen lernen?

Danksagung

Ich habe den Inhalt dieses Buches nicht allein zusammengetragen. Ich habe ihn mithilfe von vielen Freunden, Bekannten, Freunden von Freunden und Kollegen aus vielen verschiedenen Ländern der muslimischen Welt gesammelt. Für deren Hilfe und Unterstützung bin ich sehr dankbar. Ich weiß aber – spätestens seit meinem Buch »Inside Islam – Was in Deutschlands Moscheen gepredigt wird« – dass, wer sich kritisch mit Inhalten, die die muslimische Welt betreffen, auseinandersetzt, sich nicht nur Freunde macht. Ich wurde bedroht, beschimpft, beleidigt. Aus diesem Grunde werde ich hier auch niemanden namentlich nennen, der mich bei der Recherche zu diesem Buch unterstützt hat. Ich danke ihnen aber allen aufs Herzlichste. Ich danke auch vor allem denjenigen, die mich immer wieder ermutigen, Themen aufzubringen, über die es sich zu diskutieren lohnt – sachlich, konstruktiv und mit Aussicht auf Erfolg darauf, uns alle dadurch gemeinsam ein Stück weiterzubringen.

Anmerkungen

Kinder Afhanistans

1 www.hrw.org/report/2017/10/17/i-wont-be-doctor-and-one-day-youll-be-sick/girls-access-education-afghanistan# (abgerufen am 21.1.2019)

2 www.unesco.org/new/en/kabul/education/youth-and-adult-education/enhancement-of-literacy-in-afghanistan-iii/ (abgerufen am 21.1.2019)

3 Koranstellen sind nach der Übersetzung von Hartmut Bobzin zitiert (C.H. Beck, München 2010).

4 »Afghanistan – Systematic Country Diagnostic«, World Bank Group, 1. Februar 2016, documents.worldbank.org/curated/en/302911468190767498/Afghanistan-Systematic-country-diagnos tic (abgerufen am 21.1.2019)

5 www.auswaertiges-amt.de/blob/1787152/c23bcd183458dd556b b159b0c97bce20/180315-perspektivbericht-data.pdf (abgerufen am 21.1.2019)

6 portal.unesco.org/es/ev.php-URL_ID=6664&URL_DO=DO_TO PIC&URL_SECTION=201.html (abgerufen am 21.1.2019)

7 www.globalpartnership.org/download/file/fid/75097 (abgerufen am 21.1.2019)

8 reliefweb.int/sites/reliefweb.int/files/resources/FINANCING%20 EDUCATION%20IN%20AFGHANISTAN.pdf (abgerufen am 21.1. 2019)

Kinder des Iran

1 Traditionelles Kopftuch, das in der arabischen Welt von Männern getragen wird

2 Die Stelle (33:32) in der Übersetzung von Hartmut Bobzin: »Ihr Frauen des Propheten! Ihr seid nicht wie die anderen Frauen. Wenn ihr gottesfürchtig seid, dann redet nicht unterwürfig, sodass jemand, in dessen Herzen eine Krankheit ist, begehrlich wird. Sprecht auf angemessene Weise!« Offensichtlich ist die Übersetzung im iranischen Schulbuch deutlich schärfer.

3 Der Begriff »Mahram« bezeichnet im Islam ein Verwandtschaftsverhältnis, in dem Heirat beziehungsweise Geschlechtsverkehr als verboten angesehen wird, oder Personen, vor denen sich eine Muslima nicht verhüllen muss, das heißt, dass sie keinen Hidschab oder Ähnliches tragen muss. Personen, auf welche beides nicht zutrifft, fallen unter die Kategorie »Narahman« [Anm. d. Übers.].

In der Sure an-Nūr Vers 31 wird aufgezählt, vor welchen Personen (= Mahram) eine Frau vom Verhüllen befreit ist.

»Und sprich zu den gläubigen Frauen, dass sie ihre Blicke senken und ihre Scham bewahren und ihren Schmuck nicht zeigen sollen, bis auf das, was ohnehin zu sehen ist, und dass sie ihren Schal um den Ausschnitt schlagen und dass sie ihren Schmuck nur ihren Gatten zeigen sollen, den Vätern und den Schwiegervätern, den Söhnen und den Stiefsöhnen, den Brüdern und den Söhnen ihrer Brüder und Schwestern, dann ihren Frauen oder ihren Sklavinnen und den Eunuchen und den Kindern, die die Scham der Frauen noch nicht kennen. Ihre Beine sollen sie nicht eins auf das andere legen, sodass man ihren dort verborgenen Schmuck bemerke. Und wendet euch alle Gott reumütig zu, ihr Gläubigen! Vielleicht wird es euch dann wohlergehen!«

4 Zu den verbotenen Blicken gehört auch das Anschauen von sündhaften Bildern und Filmen.

5 In der Übersetzung von Hartmut Bobzin: »Verleumdet einander nicht.«

Kinder Ägyptens

1 Ahron Bregman (*Israel's Wars. A history since 1947*, London [3]2010, S. 20) nennt die Zahl von 750 000 geflohenen und vertriebenen Palästinensern. Das Buch ist ein Überblick über die bewaffneten Konflikte mit israelischer Beteiligung. Es soll hier der Darstellung im ägyptischen Schulbuch gegenübergestellt werden.

2 Es bleibt an dieser Stelle unklar, welche Ambitionen das sein sollen, wahrscheinlich aber die im Schulbuch einige Absätze später erwähnte Expansion »vom Euphrat zum Nil«.

3 Bregman (a.a.O., S. 56f.) nennt folgende Kriegsgründe: Großbritannien und Frankreich, von denen die Initiative ausging, wollten die Verstaatlichung des Suezkanals durch Ägypten verhindern. Sie verbündeten sich mit Israel, das freie Schifffahrt durch die Straße von Tiran, eine Schwächung der ägyptischen Armee sowie die Eroberung des Gazastreifens erreichen wollte. Von letzterem aus drangen Fedajin genannte Angreifer nach Israel ein und verübten dort Anschläge auf Soldaten und Zivilisten. Der israelische Angriff sollte Paris und London den Vorwand zum Eingreifen liefern, damit sie die Kontrolle über den Kanal zurückerlangen könnten.

4 Israelische Truppen besetzten die gesamte Sinai-Halbinsel innerhalb von hundert Stunden und zerschlugen die ägyptischen Kräfte in der Region (Bregman, a.a.O., S. 59). Der Angriff begann am frühen Morgen des 29. Oktober 1956. Franzosen und Briten flogen ab dem 30. Oktober Luftangriffe und eroberten Port Said am 6. November, als die Israelis die Halbinsel längst vollständig besetzt hatten. Alles andere hätte auch nicht dem Vorhaben entsprochen, die israelische Invasion als Vorwand für das britisch-französische Eingreifen zu nutzen.

5 »Am 4. November fand eine große landesweite Demonstration auf dem Trafalgar Square statt, mit geschätzten 30 000 oder mehr Teilnehmern.« (www.socialismtoday.org/104/suez.html) Zur Demonstration aufgerufen hatten leitende Mitglieder der Labour Party. Meinungsumfragen ergaben, dass 53 Prozent der Briten das Vorgehen ihrer Regierung unterstützten, 32 Prozent waren dagegen. (Dominic Sandbrook, *Never Had It So Good: A History of Britain from Suez to the Beatles*, London 2006, S. 18) In Frankreich gab es keine Demonstrationen gegen den Krieg.

6 So kommt doch noch indirekt zum Ausdruck, dass Ägypten im Vorfeld des Krieges die israelische Schifffahrt im Roten Meer behindert hatte.

7 Diese Aussage stammt ursprünglich aus der Bibel, etwa in Genesis 15,18–21. »Vom Nil zum Euphrat« war aber zu keinem Zeitpunkt offizielle Politik Israels. Selbst der revisionistische Zionismus forderte »nur« die Einbeziehung des heutigen Jordaniens in den jüdischen Staat.

8 Bregman (a. a. O., S. 60 f.): »[…] 1963 unterzeichnete Nasser gemeinsam mit dem irakischen Präsidenten Abdul Salam Arif ein Kommuniqué, das erklärte, ›Das Ziel der Araber ist die Zerstörung Israels‹. Am 11. Juni 1965 verkündete er: ›Die endgültige Abrechnung mit Israel wird, wenn wir geduldig sind, innerhalb der nächsten fünf Jahre erfolgen.‹«

9 Bregman (a. a. O., S. 67–73) nennt als Auslöser des Krieges eine am 13. Mai 1967 an die ägyptische Führung gegebene sowjetische Fehlinformation, Israel habe Truppen an der syrischen Grenze konzentriert und werde bald losschlagen. Die Sowjets versprachen sich offenbar davon, ihre Handlungsfähigkeit auch ohne ein direktes militärisches Eingreifen zu demonstrieren und für die USA neben Vietnam einen zweiten Krisenherd zu schaffen. Da Nasser in den Medien anderer arabischer Länder dafür kritisiert wurde, diese zu wenig zu unterstützen, habe er daraufhin gehandelt und Militäreinheiten auf den Sinai verlegen lassen, um die Israelis von

Syrien abzulenken. Obwohl es keine Anzeichen für eine israelische Mobilisierung gab, ließ Nasser die Truppen auf dem Sinai weiter verstärken. Er wies die UN-Truppen an der Grenze zu Israel an, ihre Posten zu verlassen. Die UN bestand darauf, alle oder keine ihrer Truppen abzuziehen, also auch jene in Sharm el-Sheikh, welche die freie Schifffahrt im Roten Meer kontrollierten. Nasser reagierte aus Sorge vor einem Gesichtsverlust hart, die UN-Truppen zogen aus Sharm el-Sheikh ab, und Nasser erklärte die Meerenge am südlichen Sinai für israelische Schiffe gesperrt. 1957 hatte Israel einen solchen Schritt öffentlich als Kriegsgrund bezeichnet, Frankreich und die USA hatten damals die freie Schifffahrt durch den Golf von Akaba garantiert. Womöglich suchte Nasser einen Waffengang, um Israel aus Eilat und dem südlichen Negev zu vertreiben, wo es, entgegen dem Waffenstillstand von 1948, Truppen stationiert hatte und eine geografische Barriere zwischen Ägypten und Jordanien bildete. Öffentlich sprach er von der Zerstörung Israels als Ziel des Waffengangs.

10 Bregman nennt (S. 63f.) Versuche Syriens, zwei Quellflüsse des Jordans umzuleiten, während Israel Wasser vom Jordan in die Negev-Wüste leitete. 1965/66 kam es deshalb zu vier Grenzzwischenfällen. »Der zweite Streitpunkt zwischen Israel und Syrien […] war die Unterstützung, die das syrische Regime palästinensischen paramilitärischen Gruppen dabei gewährte, nach Israel hinein überzuwechseln und seine Bürger zu terrorisieren. Dies führte zu israelischen militärischen Vergeltungsaktionen, die darauf zielten, Syrien dazu zu zwingen, Einfällen von seinem Territorium Einhalt zu gebieten.« Ein dritter Streitpunkt bestand in militärischen Zwischenfällen bezüglich der demilitarisierten Zonen an der syrisch-israelischen Grenze, die auch von Israel ausgingen. Vor diesem Hintergrund schlossen Syrien und Ägypten im November 1966 einen Beistandspakt.

11 Die englische Version der UN-Resolution 242: »Rückzug israelischer Streitkräfte aus im jüngsten Konflikt besetzten Gebieten«,

die französische: »Rückzug der israelischen Streitkräfte aus den im jüngsten Konflikt besetzten Gebieten«.

12 Tatsächlich griffen israelische Flugzeuge das US-Spionageschiff *Liberty* an und töteten 34 Seeleute. Es gab keine direkten Hilfen der Vereinigten Staaten und Israel. Der israelische Historiker Avi Shlaim: »Amerika spielt eine Hauptrolle in den arabischen Verschwörungstheorien, die vorgeben, die Gründe und den Ausgang des Juni-1967-Krieges zu erklären. Zum Beispiel behauptet Mohammed Heikal, Nassers Vertrauter, dass Präsident Lyndon Johnson von Nasser besessen war und dass Johnson mit Israel konspirierte, um ihn zu Fall zu bringen. Solche Erklärungen sind aber in durchsichtiger Weise eigennützig, indem sie jegliche Schuld am Krieg Amerika und Israel zuweisen und übersehen, welche Rolle arabische Provokationen und Fehleinschätzungen spielten.« (*The 1967 Arab-Israeli War*, Cambridge 2012, S. 8)

13 Verschwiegen wird, dass die israelischen Gegenmaßnahmen wie Luftangriffe Ägypten im August 1970 zu einem Waffenstillstand veranlassten (vgl. Bregman, a. a. O., S. 99 f.).

14 Am 18. Juli 1972 verwies Ägyptens Präsident Sadat 15 000 sowjetische Militärberater des Landes. Sie hatten sich 1967 bis 1970 zum Teil direkt an Kampfhandlungen gegen israelische Streitkräfte beteiligt (vgl. Bregman, a. a. O., S. 107). Sie waren maßgeblich am Aufbau des »Raketen-Walls« aus Luftabwehrraketen sowjetischer Produktion beteiligt. Das Ziel des kommenden Krieges bestand nicht darin, »die usurpierten arabischen Territorien« zu befreien, sondern darin, das Ostufer des Suezkanals zurückzuerobern (vgl. Bregman, a. a. O., S. 125).

15 Am Ostufer des Kanals befanden sich 450 israelische Soldaten, 16 der dreißig Stützpunkte waren nicht bemannt (Bregman, a. a. O., S. 126 f.). In den ersten 24 Stunden nach Angriffsbeginn strömten 100 000 ägyptische Soldaten auf ganzer Front über den Kanal (ebd., S. 133).

16 »Ohne sich für Schwerpunktbildung Zeit zu nehmen, starteten

die Israelis eine Großoffensive, die darauf zielte, die ägyptische Militärmaschinerie außer Betrieb zu setzen und die über den Kanal gelangten Kräfte zu vernichten. Doch das Ergebnis war ein katastrophales Scheitern und die Israelis zahlten einen hohen Preis an Menschen und Material für den misslungenen Versuch.« (Bregman, a. a. O., S. 137)

17 Zwischen dem 14. Oktober und dem 14. November lieferten US-Flugzeuge 22 325 Tonnen Kriegsmaterial nach Israel (Simon Dunstan, *The Yom Kippur War, The Arab-Israeli War of 1973*, Oxford 2007, S. 88). Syrien, Ägypten und der Irak erhielten auf dem Luftweg 12 500 bis 15 000 Tonnen militärische Güter aus der Sowjetunion (Ze'ev Schiff, *A history of the Israeli Army*, New York 1985, S. 303).

18 Den eigentlichen Angriff am Boden lässt der Autor aus. Bregman: »Bis zum Mittag wurden die angreifenden Kräfte, denen es lediglich gelungen war, wenige Kilometer vorzustoßen, vollständig zum Halten gebracht und begannen – bei schweren Verlusten von 250 Panzern und damit mehr als dem Doppelten im gesamten Krieg bis zu diesem Zeitpunkt – auf ihre Ausgangsstellungen zurückzufallen.« (S. 141)

19 Der ägyptische Staatschef El-Shazly berichtet, dass am 13. und 15. Oktober US-Höhenaufklärer auf dem ägyptischen Radar erschienen (Saad el Shazly, *The Crossing of the Suez*, San Francisco 2003, S. 251 f.).

20 Bregman (a. a. O., S. 141 f.): »Am Montag, dem 22. Oktober, wurde ein Waffenstillstand verkündet und trat um 17 Uhr 52 in Kraft. Doch am 23. Oktober brach Israel, das entschlossen war, seine Verhandlungsposition zu verbessern, den Waffenstillstand und startete einen koordinierten Angriff mit vier gepanzerten Brigaden. Sie umzingelten die ägyptische 3. Armee entlang des südlichen Teils des Suezkanals und in der Stadt Suez, rückten weiter nach Süden vor und erreichten Adabiah, an der Küste rund 16 Kilometer südlich von Suez gelegen. Am 24. Oktober war die 3. Armee – zwei verstärkte Divisionen, rund 45 000 Mann und 250 Panzer – voll-

ständig abgeschnitten, und am Abend, nach sowjetischen Drohungen und amerikanischem Druck, stimmte Israel einem zweiten Waffenstillstand zu. Es lehnte jedoch ab, sich auf die Linien vom 22. Oktober zurückzuziehen, wo nun israelische Kräfte 101 Kilometer vor Kairo und 45 Kilometer vor Damaskus standen.«

21 Der mehrfache Bruch der Waffenstillstandsvereinbarungen wird von anderer Seite bestätigt, auch mehrfache Versuche, die Stadt Suez einzunehmen. »Am 25. [Oktober] unternahmen die Israelis ihren dritten Angriff auf Suez ungefähr um 8 Uhr früh. [...] Obwohl die Kämpfe bist etwa 15 Uhr 50 anhielten, konnten die Israelis nicht ins Stadtzentrum durchbrechen. [...] Suez, zuvor eine Stadt mit rund 200 000 Einwohnern, war nun entlang der Hauptstraße geteilt; die Ägypter hielten das Stadtzentrum, während die Israelis die äußeren Viertel, die Hafenanlagen und die Ölraffinerie kontrollierten und auf diese Weise die Ägypter einschlossen.« (Edgar O'Ballance, *No Victor, No Vanquished. The Yom Kippur War*, London 1978, S. 261 f.)

22 Bregman (a. a. O., S. 142) schreibt von 2250 zerstörten arabischen Panzern und 400 israelischen.

23 Vgl. Fußnote 20. Tatsächlich wurde die Anwesenheit starker israelischer Einheiten auf dem Westufer des Suezkanals allgemein als großer israelischer Erfolg gewertet, zumal diese Truppen eine ägyptische Armee eingekesselt hatten.

24 Bregman (a. a. O., S. 143): »[...] wir sehen, dass nach allgemeinem Empfinden Ägypten den Krieg letztlich verloren, es nichtsdestoweniger eine wichtige Schlacht in der Eröffnungsphase der Feindseligkeiten gewonnen und den bis dahin unbesiegbaren Israelis Rückschläge zugefügt hatte. Ägypten bewies seine Ebenbürtigkeit und stellte den Stolz, die Selbstachtung und die Ehre der Nation wieder her.«

25 Das »Rahmenwerk für Frieden« zur Regelung der Palästina-Frage, das Israel und Ägypten 1978 in Camp David unterzeichneten, ließ tatsächlich »riesige Bereiche von Unsicherheit« (Benny Morris,

Rightous Victims. A History of the Zionist-Arab Conflict, New York 2001, S. 474).

26 Der Friedensvertrag zwischen den beiden Ländern enthielt keine Verpflichtung für Israel, sich aus dem Gazastreifen und dem Westjordanland zurückzuziehen. Die Verhandlungen um eine Autonomie der Palästinenser zwischen Ägypten, Israel und Jordanien – die PLO als Vertretung der Palästinenser war nicht eingeladen – wurden 1982 ergebnislos abgebrochen (vgl. Morris, a.a.O., S. 487 f.).

27 Ein Zusammenhang zwischen dem ägyptisch-israelischen Friedensvertrag von 1979 – und damit mit dem Oktoberkrieg von 1973 – und dem israelisch-palästinensischen Abkommen von Oslo 1993 existiert nicht. Die direkten Verhandlungen zwischen Palästinensern und Israelis kamen aus folgenden Gründen zustande: die Erste Intifada 1987–91, der Aufstand der Palästinenser gegen die israelische Besatzung, verlor an Kraft, weil die Palästinenser unter deren wirtschaftlichen Folgen litten; die Unterstützung der PLO für den irakischen Diktator Saddam Hussein im Zweiten Golfkrieg 1990/91 hatte ihre außenpolitische Stellung geschwächt; die USA übten Druck auf beide Seiten aus (vgl. Morris, a.a.O., S. 612–616).

28 *Spiegel-online* schätzte Mursis Regierung so ein: »Mursi machte seine Sache denkbar schlecht und verprellte mit seinem autokratischen Politikstil erst seine ehemaligen Verbündeten von der demokratischen Opposition und später sogar viele seiner Anhänger. Plötzlich waren es die Muslimbrüder, die sich dauerhaft an der Staatsspitze etablieren zu wollen schienen – und die Opposition rief nach den Militärs, gegen die sie doch noch eineinhalb Jahre vorher so heftig protestiert hatten.« www.spiegel.de/politik/ausland/aegypten-militaerputsch-mit-ankuendigung-a-908880.html (abgerufen am 4.3.2019)

29 Human Rights Watch berichtete über das Ereignis: »Der unvermittelte und exzessive Einsatz tödlicher Gewalt durch ägyp-

tische Sicherheitskräfte bei der Räumung von Protestlagern am 14. August 2013 führte zu den grausamsten rechtswidrigen Massentötungen in der modernen Geschichte des Landes. […] Das Innenministerium sprach von 638 Menschen, die landesweit am 14. August getötet wurden, darunter 43 Polizisten. […] Bis zum 18. August seien mindestens 173 weitere Menschen getötet worden, so das Gesundheitsministerium.« www.hrw.org/de/news/2013/08/19/agypten-exzessive-gewaltanwendung-durch-sicherheitskrafte (abgerufen am 4.3.2019)

Kinder Palästinas

1 www.cia.gov/library/publications/resources/the-world-factbook/geos/gz.html (abgerufen am 30.1.2019)
2 pcbs.gov.ps/site/881/default.aspx#Population (abgerufen am 30.1.2019)
3 pcbs.gov.ps/site/881/default.aspx#Population (abgerufen am 30.1.2019)
4 www.unrwa.org/what-we-do/education (abgerufen am 30.1.2019)
5 Drucksache 19/1126, Seite 16 (abgerufen am 30.1.2019)
6 kleineanfragen.de/bundestag/19/2545-geldmittel-an-unrwa-und-die-kontrolle-durch-die-bundesregierung (abgerufen am 30.1.2019)
7 Siehe dazu: Benny Morris, »The Tantura Massacre«, in: *The Jerusalem Report*, 9. Februar 2004, www.ee.bgu.ac.il/~censor/katz-directory/04-02-06morris-the-jerusalem-report-tantura.pdf (abgerufen am 6.3.2019)
8 Siehe dazu: Benny Morris, »The Tantura Massacre«, in: *The Jerusalem Report*, 9. Februar 2004, www.ee.bgu.ac.il/~censor/katz-directory/04-02-06morris-the-jerusalem-report-tantura.pdf (abgerufen am 6.3.2019); Ilan Pappé, »The Tantura Case in Israel: The

Katz Research and Trial«, in: *Journal of Palestine Studies*, 30, 3/2001, S. 19–39, ore.exeter.ac.uk/repository/bitstream/handle/10871/15238/Tantura%20Case%20in%20Israel.pdf?sequence=2 (abgerufen am 6.3.2019)

9 Wahrscheinlich stammt das Zitat im Schulbuch aus einer Sammlung von Interviews, die der palästinensische Forscher Mustafa al-Wali sammelte und in dem Artikel »Majzarat Tantura fi al-Siyaq al-Tarichi li-Tahawid Filastin«, in: *Majallat al-Dirasat al-Filastiniyya*, 43/2000, S. 101–17, veröffentlichte.

10 www.mideastfreedomforum.org/index.php?id=470 (abgerufen am 30.1.2019)

Kinder der Türkei

1 derstandard.at/1879723/Tuerkische-Schulbuecher-sehen-europaeische-Staaten-als-Feinde (abgerufen am 2.3.2019)

2 www.faz.net/aktuell/feuilleton/hundert-jahre-nach-dem-massenmord-an-den-armeniern-13503941.html (abgerufen am 2.3.2019)

3 data.uis.unesco.org/?queryid=181 (abgerufen am 2.3.2019)

4 www.nzz.ch/international/erdogan-kehrt-sich-ab-ld.1302814 (abgerufen am 2.3.2019)

5 Zu sehen ist die Webseite vom »Grünen Halbmond«. Die Organisation setzt sich analog zum »Roten Halbmond« als eine nicht staatliche Organisation gegen Suchtkrankheiten ein. Auf der Webseite wird eine Spendenkampagne vorgestellt und zu Spenden aufgerufen.

6 Gemeint ist hier offenbar der Türkische Befreiungskrieg (1919 bis 1923), der sich gegen Armenier, Griechen und Franzosen richtete.

7 www.freiheit.org/die-tuerkei-und-ihre-minderheiten (abgerufen am 2.3.2019)

Resümee

1 www.timesofisrael.com/pa-suspends-ties-with-unwra-over-planned-curriculum-reform/ (abgerufen am 27.2.2019)